Adam M.
»Mein Name ist Adam ...«

W0174729

BASTEI
LÜBBE

Adam M.

»Mein Name ist Adam...«

Ein Bericht
über Jahre der Abhängigkeit

BASTEI-LÜBBE-TASCHENBUCH
Band 61 220

1. Auflage Februar 1992
2. Auflage März   1992

© Autor und AVA-Autoren- und Verlagsagentur GmbH,
München-Breitbrunn
Lizenzausgabe im Gustav Lübbe Verlag GmbH,
Bergisch Gladbach
Printed in Great Britain
Umschlaggestaltung: Manfred Peters
Titelfoto: Sam Haskins
Satz: Kremerdruck GmbH, Lindlar
Druck und Bindung: Cox & Wyman, Ltd.
ISBN 3-404-61220-5

Inhalt

Die Namen der in diesem
Bericht genannten Personen
wurden geändert.

Die Ernte des Lebens

Jenen siebzehnten Juni, einen Tag wie viele, begann ich mit dem Vorsatz, nicht zu trinken. Jedenfalls nicht am Vormittag. In keinem Fall wollte ich trinken, bevor der Streit mit meiner Frau beigelegt war. Das nahm ich mir fest vor.

Ich mußte nüchtern sein, unbedingt nüchtern und klar im Kopf, denn dieser Tag bot die letzte Chance, Angela, meine Frau, und Regine, meine Tochter, festzuhalten. In den letzten Wochen hatte ich manche Schwäche gezeigt, aber das war doch nicht der ganze Adam, der da versagt hatte, sondern nur seine schlechte Seite, der trinkende Adam. Angela kannte mich auch anders. Darf man einiger Schwächen wegen einen Menschen in Bausch und Bogen verurteilen und im Stich lassen, wie Angela es vorhatte?

Sie hatte mich lieb, ich wußte es, sie zögerte, den entscheidenden Schritt zu tun. Sie ließ mir die Chance eines letzten Versuches.

Gestern war ich betrunken gewesen. Ich hatte etliches mehr gekippt, als ich mir eigentlich hatte genehmigen wollen. Allein, in einer fremden Kneipe, ohne Ansprache, hatte ich vor mich hin getrunken, ein stiller Zecher und höflicher Gast. Kein Zungenschlag, kein glasiger Blick, kein unsicherer Gang.

Es tat mir leid, daß das gestern passiert war, aber

warum wollte mir Angela nicht glauben, daß ich nicht aus Jux und Tollerei getrunken hatte, sondern aus guten Gründen? Oder sind es etwa keine guten Gründe, daß ich meinen Direktorenposten verloren hatte, so daß die Familie von Resten des Bankkontos und Zufallseinnahmen lebte, da keine angemessene Stellung in Aussicht stand? Drei Personen in einen Raum zusammengepfercht, mit Büchern und Möbeln vollgepackt. Auch Angela litt unter diesen Verhältnissen. Aber sie hatte den Direktorensessel stets mißtrauisch als einen Schleudersitz bezeichnet und meinte, wir könnten alle froh sein, daß mein Hinauswurf noch mit einer Abfindung gepolstert war, so daß wir fürs erste weich landeten.

Gelegentlich ließ meine Frau vorsichtig durchblicken, der Job wäre mir ewig geblieben, wenn ich mir weniger Blößen gegeben hätte. Mit dem vom Alkohol noch nicht betäubten Rest meines Verstandes brachte ich dann und wann ähnliche Überlegungen zustande. Ich hatte wirklich zu oft nach dem Glas gegriffen. Aber, wandte ich regelmäßig ein, ohne einen tüchtigen Schluck dann und wann wäre es überhaupt nicht zu schaffen gewesen.

»Du kannst nicht sagen, ich hätte dich nicht gewarnt«, warf Angela ein.

Wieder eine dieser widerwärtigen Bemerkungen, die ich nicht gelten lassen wollte. Was verstand meine Frau, mit ihrer Volksschulbildung, schon von meinem Beruf, den ich seit dreißig Jahren ausübte, den ich im kleinen Finger hatte, in dem mir keiner so schnell was vormachen konnte?

»Meinetwegen hättest du nicht Direktor werden müssen«, sagte meine Frau.

Wieder nannte ich sie bei mir eine dumme Gans, die den Boden nach Würmern durchwühlt, während der Adler hoch in den Lüften seine Kreise zieht.

Ehe Direktor R. mich nach F. berief, lebten wir auskömmlich und boten das Bild einer sozial intakten Familie, wie die Leerformel heißt, in einer hübschen Vierzimmerwohnung am Rande der Stadt, mit viel Grün ringsum. Angela ging einem Halbtagsjob nach, während ich, ohne mich anzustrengen, das Mehrfache verdiente, so daß wir gut über die Runden kamen.

Dann und wann bedrückte es mich, daß ich aus meiner Position längst nicht das herausholte, was sie mir bot. Der Posten war mir mehr oder weniger zugefallen. Ich hatte nicht gewagt, mich darum zu bewerben, nicht, weil ich mich unfähig gefühlt hatte, sondern weil ich mich vor der Enttäuschung einer Absage fürchtete.

Es war mein ehemaliger Psychotherapeut, der, in dem Bestreben, über äußere Ordnung mir inneren Frieden zu verschaffen, den zuständigen Abteilungsleiter bewogen hatte, mir vor vielen Mitbewerbern den Vorzug zu geben.

Mit guter Arbeit hatte ich sein Vertrauen gerechtfertigt, aber mein eigenes Verlangen blieb ungestillt. Die Unzufriedenheit begleitete mich auf tausend Füßen. Ich konnte mehr, als ich durfte. Warum ließ man mich nicht?

Direktor F., Generalbevollmächtigter eines angesehenen Familienunternehmens in der Provinz, war überzeugt, das große Los gezogen zu haben, als er mich aus dieser Stellung eines einfachen Mitarbeiters herausholte und zum Direktor und Chef von mehr als fünfzig Mitarbeitern machte. Er habe das schon lange im Sinn gehabt, sagte er, als wir den Vertragsabschluß feierten. Meine Leistungen in den ersten Nachkriegsjahren hätten ihm enorm imponiert, aber er hätte sich nicht vorstellen können, daß ich in die Provinz gehen würde. Ich würde es nie bereuen müssen, versprach er mir. Ein sattes Gehalt – genau die Summe, die ich mir vorgestellt hatte, wurde vereinbart.

»Sie sind jetzt in dem Alter, in dem man die Ernte des Lebens einbringt«, sagte er. »Wer mit Fünfzig nichts ist, wird nichts mehr«, sagte er.

Ich war neunundvierzig.

Wie ein Verzweifelter warf ich mich in die Arbeit. Ich wollte den Erfolg erzwingen. Ich wollte zeigen, daß ich meine Arbeit verstand wie keiner mehr. Schluß mit den Halbheiten! Perfekte Leistung! Alles sollte schneller und besser als zuvor gemacht werden.

Ich gab das Beispiel des Chefs, der rund um die Uhr im Dienst ist. Morgens war ich der erste am Schreibtisch, den ich spät in der Nacht als letzter verließ. Ich brannte vor Ungeduld und merkte nicht, daß meine Unruhe, die ich als heilsame Kur für einen behäbigen Haufen selbstzufriedener Opas einzusetzen gedachte, nur mich vorantrieb und sonst niemand.

Angela und Regine sollten nachkommen, sobald ich eine Wohnung gefunden hatte. Jeden Abend telefonierte ich mit ihr. Während ich um diese Stunden meist prächtiger Stimmung war, aufgeputscht von Arbeit und Alkohol, und begeistert schilderte, wie wohl ich mich fühlte, klang die Stimme meiner Frau besorgt und mutlos. Zu jedem Wochenende versprach ich meinen Besuch, aber weil sie meine Ankündigung nur mit einem fragenden Ja beantwortete, hatte ich den innerlich willkommenen Grund, nicht zu fahren. Einmal kam ich sogar bis zum Bahnhof. Weil noch Zeit bis zur Abfahrt des Zuges blieb, ließ ich mir in der Bahnhofsgaststätte einen Kaffee geben. Dann einen zweiten mit Kirschwasser. Ob Angela mich abholt? Ich war dessen nicht sicher. Und die Bahnfahrt sollte fünf Stunden dauern. Eigentlich mutete meine Frau mir da allerhand zu. Es kam mir wie ein Wink des Himmels vor, als eine Zugverspätung angesagt wurde. Den Anschlußzug in B. erreichte ich nun auch nicht mehr. Die Bedienung, der ich mein Leid in allen Details schilderte, brachte mir gerne noch einen Doppelten. Und weitere.

Als Frau und Kind mit den Möbeln eine Woche später endlich kamen, war der tägliche Rausch schon die Regel. Noch brauchte und vertrug ich enorme Mengen von Bier. Den Schnaps mied ich nur, weil er mich zu schnell und nachhaltig betrunken machte, denn ich trank ihn wie Wasser.

Zum ersten Mal in meinem Leben brauchte ich den Alkohol während meiner Arbeit. Auf meinem Schreibtisch stand, solange die Sonne schien, stets Kaffee. Erst wenn Direktor F. das Haus verlassen hatte, ließ ich mir Bier geben.

Meine unentbehrliche Stärkung untertags nahm ich in kurzen Abständen und langen Schlücken in einer kleinen Kneipe nebenan zu mir, die von den Kollegen als unsolides Haus gemieden wurde. Dieses heimliche Trinken betrieb ich mit Selbstverachtung, weil es mir eines Mannes unwürdig erschien, der mit dem Alkohol umgehen kann, wie ich von mir glaubte. Ich legte mir die prächtige Ausrede zurecht, daß ich im Büro nicht trinken dürfe, um den Kollegen kein schlechtes Beispiel zu bieten.

Angela sah klar, was los was. Sie wußte, daß ich fast jede Nacht in den frühen Morgenstunden noch trinken mußte, um abschalten zu können, und daß ich immer ein Schlaf- oder Beruhigungsmittel brauchte. Sie versuchte mir zu helfen. Nacht für Nacht stand sie, wenn ich spät kam, auf, um mir das Alleinsein zu erleichtern, denn ich fand erst in mein Bett, wenn ich bei einigen Flaschen Bier die Last des Tages in langen Reden losgeworden war.

»Du machst diese Leute ganz verrückt mit deiner Antreiberei«, mahnte sie manchmal.

Das mochte ich nicht hören. Sie sollte mein Echo sein, nicht der Widerspruch.

Auch Direktor F. versuchte, mich zur Vernunft zu bringen. Patzig warf ich ihm die Drohung hin zu kündigen, wenn er mich nicht schalten und walten lasse, wie ich es für richtig hielt. Angela erschrak, als ich es ihr erzählte. »Laß ihm doch seine Ruhe«, sagte sie. »Er will ja gar nicht, daß du so viel arbeitest. Die Hälfte würde reichen. Du stürmst davon und fragst nicht, wo die anderen bleiben. Neben dir hält es keiner aus. Erwarte nicht, daß die Mitarbeiter dich mögen, wenn du sie förmlich erdrückst.«

Innerlich wußte ich, daß es so war. Aber hören mochte ich es nicht. Ich ließ mir nichts sagen. Ich wollte alles besser wissen. Ich war für niemanden mehr erreichbar. Niemandem konnte ich vertrauen, an niemanden mich wenden. Zwischen Angela und mir breitete sich die Kälte aus. Davor hatte ich mich fürchten gelernt, weil in diesem Klima nur noch der Alkohol für Stunden die Illusion vermittelte, in meinem Leben könne es etwas Lebenswertes geben.

In lichten Augenblicken nahm ich mir vor, wenigstens die schlimmsten Blößen zu vermeiden, damit ich meine Stellung nicht verlor. Aber sobald ich einen Schluck getrunken hatte, interessierte mich auch das nicht mehr.

Die fristlose Entlassung, zu der ich mit betrunkenen Reden den Grund geliefert hatte, brachte mich keineswegs zur Besinnung. Ich war inzwischen Fünfzig und wieder einmal an einem Tief angelangt und so hilflos, daß Angela die Suche nach einer neuen Wohnung und den Umzug von einer großen Wohnung in ein winziges Apartment fast ganz allein machen mußte.

Wie es weitergehen, wovon wir leben sollten – ich fragte nicht danach. Vielleicht, weil ich spürte, daß ich die Antwort nicht wußte. Am liebsten wäre es mir gewesen, man hätte mir gesagt, was ich tun solle.

Als wir auf den gepackten Kisten saßen, war mir vor

den Augen schwarz geworden. Ich sank um. Angela legte mir Kompressen auf. Ich spürte, daß sie es ungern tat. Unter der Qual ihrer sichtbaren Verachtung – oder war es Ekel? – brachte ich ein paar Worte heraus:

»Bitte Angi, hilf mir doch. Noch ein einziges Mal, hilf mir! Ich habe nur noch dich. Hilf mir, bis ich aus dieser Scheiße heraus bin.«

Sie antwortete: »Nein. Ich bleibe nicht bei dir. Ich gehe, ich nehme das Kind mit.«

»Ja, gut, du gehst. Aber bleibe bei mir, bis ich ein Stückchen aus der Scheiße heraus bin.«

Sie schien zu überlegen.

Ich drängte: »Warum fällt es dir so schwer? Du hast dir doch von mir auch helfen lassen, als es dir dreckig gegangen ist. Wo wärst du ohne meine Hilfe gelandet?«

Es war eine bodenlose Lieblosigkeit, darauf anzuspielen, daß ich ihr aus einer üblen Situation herausgeholfen hatte, für die sie nicht verantwortlich, in die sie unwissend hineingeschlittert war.

»Du erwartest Dankbarkeit«, sagte sie nur.

»Angi, Gott ist mein Zeuge, daß ich dich liebe.«

Ich machte Gott plötzlich zu meinem Eideshelfer, Gott, der, wie man von mir jederzeit hören konnte, vielleicht für Schwächlinge und alte Jungfern oder vielleicht für die Gläubigen da war, nicht aber für mich.

»Angi, ich habe Angst. Im ganzen Krieg und nie habe ich zusammen so viel Angst gehabt wie jetzt. Hundsgemeine, dreckige Angst, mit der ich nicht fertig werde.«

»Sei still«, sagte Angela. »Ich kann es nicht hören. Ich kann dir nicht helfen.«

»Wenn überhaupt jemand mir helfen kann, bist du es, Angi«, sagte ich und glaubte mir die eigene Lüge. »Denk zurück, wie es vor drei Jahren ausgesehen hat. Damals waren wir beide ganz unten, aber wir wollten doch deswegen nicht auseinandergehen. Und ich habe auf einmal aufhören können mit dem Trinken.«

An meinem sechsundvierzigsten Geburtstag hatte ich es gelobt, nie mehr zu trinken, und mein Gelöbnis tatsächlich gehalten. Fünfzehn Monate trank ich nicht. Damals las ich in einer Abstinenzler-Zeitschrift den Satz:

»Jene, die den Alkohol überwinden, das sind die wahren Helden.«

Immer, wenn mich anschließend Depressionen überfielen, sagte ich mir diesen erhebenden Satz vor und erbaute mich an ihm – wie an einem tüchtigen Schluck.

Materiell kam ich aus meinem jahrzehntelangen Minus zwar nicht heraus, aber doch etwas näher an die Plus-Minus-Null-Linie, und das veranlaßte mich, in grotesker Überschätzung meiner Kräfte, langfristige Verpflichtungen einzugehen, bei denen ich später viel Geld einbüßte.

Daß es mir nur mit Schlaf- und Beruhigungsmitteln, einem Übermaß von Arbeit und viel Sex gelungen war, diese Zeit ohne Alkohol durchzustehen, habe ich damals gar nicht beachtet. Ich wechselte lediglich die Suchtmittel.

Um mein Nichttrinken zu rechtfertigen und mir leichter zu machen, erinnerte ich mich immer wieder des Angela geleisteten Schwures. »Für meine Lieben«, für Angela und Regine hatte ich aufgehört ...

»Aber meinetwegen mußt du nicht vollkommen auf das Trinken verzichten«, hatte meine Frau eines Abends gemeint, als wir gut gelaunt nach einem gediegenen Abendessen in einem gepflegten Lokal beim Mokka saßen, zu dem sie einen kleinen Kirsch trank. »Meinetwegen kannst du dir auch ein Glas zum Essen genehmigen.«

Mein Herz klopfte vor Freude. Was für eine verständige Frau ich doch hatte!

»Du bist doch meine Beste, Angi«, sagte ich mit einer

Stimme, in der die Freude bebte, wieder trinken zu dürfen. Doch, weil ich mich an mein Gelübde erinnerte, nie wieder zu trinken, fragte ich, ob sie es wirklich so meine. Angela hatte verstehend gelächelt:

»Weißt du, am besten hast du mir früher immer gefallen, wenn du zwei, drei Glas getrunken hattest. Dann warst du richtig in Fahrt, locker, witzig, lustig. So hast du allen gefallen und mir am besten. Jetzt komme ich mir wie ein Drachen vor, wenn ich mit einem Glas Wein neben dir sitze und du trinkst Sprudel. Du bist nun einmal nicht als Abstinenzler geboren. Überhaupt nichts zu trinken, finde ich sogar unnatürlich. Du hast so lange durchgehalten und bewiesen, daß du den Alkohol im Griff hast, daß du dir ruhig dein Gläschen gönnen kannst. Dr. G. (das war ihr Psychotherapeut) meint auch, daß du jetzt, nach deiner gelungenen Psychotherapie, ohne weiteres mit Maß und Ziel trinken kannst. Also, laß es dir schmecken.«

Es blieb an diesem Abend bei einem einzigen Cognac.

Am Tag darauf genehmigte sie mir vier Glas Rotwein.

Am dritten Tag war ich betrunken.

Und so war es drei Jahre gelaufen. Eiserne Abstinenz, einige Tage unkontrolliertes Trinken, tagelanges Trinken, wochenlanges Trinken, eiserne Abstinenz ...

Aber wenn ein Trinkabend nicht allzu schlimm geendet hatte, sagte ich stets am nächsten Tag: »Was soll's? Bevor das Schlimmste passiert, kann ich immer noch aufhören.«

Das sagte ich mir auch jetzt wieder: Wenn ich will, kann ich aufhören.

»Meinetwegen brauchst du nicht aufzuhören«, sagte Angela. Noch nie hatte ich sie so entschlossen und selbstbewußt erlebt wie jetzt, als sie sagte: »Meinetwegen kannst du dir die Gurgel absaufen. Ich spiele nicht mehr mit. Ich habe die Kraft nicht dazu. Ich bin dir nicht gewachsen. Ich kann mit den Worten nicht so gut umgehen wie du. Jedesmal redest du mich in Grund und Boden, so daß ich dir glaube. Aber jetzt ist es aus mit dem Glauben!«

Sie werde sich von mir trennen, sagte sie. Für einige Monate oder für immer, das werde sich zeigen, sie wisse es selbst noch nicht, aber trennen werde sie sich von mir auf jeden Fall und so bald wie möglich.

Was für Töne! Das war nicht mehr die sanfte, leicht zu versöhnende und leicht zu belügende Angela, wie ich sie jahrelang gekannt hatte. Selbständig war sie nie gewesen, immer wieder hatte sie sich von mir – vielleicht auch, weil es ihr bequemer erschien – umstimmen lassen. Zweimal hatte sie den Versuch gemacht, aus der Ehe auszubrechen. Beide Male war sie an Männer geraten, die auch tranken und sie nach kurzer Zeit enttäuscht hatten. Trotzdem war ich überzeugt, sie sei meinetwegen zu mir zurückgekommen. Ich hatte sie auch immer mit Erfolg daran erinnert, daß wir ein Kind hatten.

Sofort nach unserem Umzug hatte Angela begonnen, sich Arbeit zu suchen. Ich steuerte weise Ratschläge bei, sich nicht unter ihrem Wert zu verkaufen. Im stillen ärgerte ich mich, daß sie so aktiv sein konnte, während ich mich damit beschäftigte, die Schuld für mein Versagen als Direktor auf Umstände abzuwälzen, für die ich nicht verantwortlich war.

»Die wollten mich doch nur ausnützen«, sagte ich.

Als ich es oft genug gesagt hatte, glaubte ich es selbst. Als ich nach R. gerufen wurde, zweifelte ich nicht einen Augenblick, daß es mir gelingen werde, mit den zu erwartenden Schwierigkeiten fertig zu werden. Wenn die Umstände es erforderten, Zugeständnisse zu machen, wollte ich sogar dazu bereit sein. Jetzt konnte ich mir nicht eingestehen, daß nicht sachliche Meinungsverschiedenheiten mich unmöglich gemacht hatten, sondern daß ich als Trinker unfähig war, die Realität realistisch zu betrachten und danach zu handeln.

»In der Arbeit habe ich nicht versagt, das mußt du doch zugeben«, sagte ich immer wieder zu Angela.

Erst versuchte sie, mich vorsichtig auf meine Fehler aufmerksam zu machen. Als ich das einfach nicht hören wollte und ihr vorwarf, sie stelle sich gegen mich, hörte sie sich meine Tiraden schweigend an, und schließlich meinte sie, es sei besser, die Debatte abzustellen, das Rennen sei gelaufen.

»Du willst mich eben nicht verstehen«, sagte ich gekränkt. »Oder bist du zu dumm dazu?«

Schon im nächsten Augenblick reute mich dies böse Wort, und ich versuchte es mit einem Schwall von Beteuerungen meiner Liebe aus der Welt zu schaffen. Zu spät.

Das war am Vorabend des siebzehnten Juni geschehen. Am anderen Morgen stellte Angela das Frühstück bereit, als sei nichts gewesen. Darüber war ich froh, weil ich mich wirklich nicht mehr an alles erinnerte, was ich gesagt hatte, bestimmt war einiger Unsinn darunter gewesen. Daß Angela schweigend darüber wegging, nahm ich als Beweis, daß sie mich immer noch gern hatte. Sie sollte sehen, daß ich dessen wert war.

»Heute wird nichts getrunken«, sagte ich, während sie das Geschirr aufräumte.

»Laß es stehen, ich spüle ab.«

Angela schüttelte den Kopf. »Das mach' ich schon.«

»Du wirst mir doch nicht verbieten, in meinem eigenen Haushalt abzuspülen«, sagte ich scharf. »So weit sind wir noch nicht. Früher hast du dir immer gerne beim Abspülen helfen lassen, warum jetzt plötzlich nicht mehr?«

»Weil ich mir von dir nicht vorhalten lassen will, daß du mir sogar beim Abspülen hilfst«, sagte Angela.

Ich erinnerte mich nicht, ihr das vorgehalten zu haben. Oder doch? Ich hatte sehr viel geredet, als ich gestern blau heimgekommen war.

»Laß uns friedlich sein«, bat ich. »Ich brauche meine Nerven für wichtigere Dinge, und Streit habe ich noch nie gemocht, das weißt du doch.«

»Dann fang nicht an zu streiten«, entgegnete Angela.

In ihrer Stimme war ein neuer Ton, den ich noch nie gehört oder vielleicht bisher überhört hatte. Ich sagte mir, das komme nicht aus ihr heraus, dieser herausfordernde Blick, diese trotzige Unterlippe. Da mußte ein Kerl dahinterstecken. Dazu paßte auch ihre hartnäckige Absicht, sich eine Stellung zu suchen, obwohl sie doch wußte, daß ich immer in der Lage war, die Familie gut zu erhalten. Oder hatten uns ernsthafte Geldsorgen geplagt?

»Warum wolltest du unbedingt einen Job annehmen?« fragte ich mit sanfter Stimme. »Wir haben noch genügend Geld. Die Regine braucht dich.«

Mit Regine hatte ich meine Frau immer weich machen können. Sie liebte unsere Tochter – fast so wie ich, das gab ich zu. Aber eben nicht genauso wie ich. Sonst hätte sie mir nicht zweimal davonlaufen wollen und dem Kind den Vater nehmen.

»Genau! Weil Regine mich braucht, suche ich mir eine Arbeit, und wenn ich Böden schrubben muß!«

Unsere Tochter kam aus dem Bad. Wir stritten niemals in ihrer Gegenwart, so war es abgemacht, und das hielten wir ein. Diese Vereinbarung ging auf mich zurück, ich bildete mir einiges darauf ein und wäre schon deshalb nie versucht gewesen zu überlegen, ob eine derartige Forderung realistisch ist.

»Wir fahren baden«, sagte Regine.

»Du willst ja doch nicht mitkommen«, fügte Angela hinzu.

»Das heißt, daß du mich nicht dabei haben willst, ich weiß schon.«

Der Jähzorn fuhr aus mir heraus wie ein Blitz. Wochenlang hatte ich mich gezwungen, meine Gefühle zu zügeln. Meine Wut über Angelas »Aktionen auf eigene Faust«, wie ich es nannte. Meine Wut, weil sie nicht preisgab, was sie heimlich plante – gewiß plante sie etwas, weiß der Henker, irgend etwas Verrücktes, das ich nachher wieder geradebiegen mußte. Aber diesmal nicht! Mich konnte sie nicht unterbuttern. Niemals!

»Dann geh doch! Geh! Ich kann deine Leidensmiene nicht mehr sehen«, schrie ich. »Von mir aus zum Teufel, ich ertrage es nicht mehr, geht!«

»Wir gehn ja schon«, sagte Angela. »Ganz wie du willst.«

Jetzt hatte ich allen Grund, einen zu trinken, sagte ich mir auf dem Weg ins Café Palermo, um mir diese häßliche Szene vom Leib zu spülen. Die fahren jetzt zum Strand und machen sich einen schönen Tag und mich lassen sie allein. Mann, das tut weh! Trotzdem: Heute kein Alkohol, obwohl es mich schon juckte.

Ohne Alkohol war ich ein guter Mensch, wie oft hatte ich das gehört. Kann ein Mensch immer gut sein? Unmöglich! Ein Mann mit Ecken und Kanten war ich, aber nicht der Märchenprinz, den Angela aus mir machen wollte.

Aber nahm ich etwa nicht ihre Fehler und Schwächen so tolerant in Kauf, wie es von einem Mann mit meiner reichen Lebenserfahrung – nach drei gescheiterten Ehen – erwartet werden durfte? Nicht einen Augenblick zweifelte ich daran, daß sie mit mir das große Los gezogen hatte: Einen bessern'n findst du nicht. Sie brauchte mich einfach! Ihr trotziger Entschluß, jetzt wegzulaufen, zeigte mir, wie sehr sie mich brauchte.

Im Palermo fütterten Mütter ihre Kinder mit Eis, Schlagsahne und Limonaden. Die Männer saßen heute, am Tag der Nationalen Einheit, gewiß beim Frühschoppen. Ich zum Beispiel saß auch am Stammtisch, ich wäre aber viel lieber mit Frau und Kind zusammen. Wenn es mir meine Frau nur nicht so schwermachen würde! Und jetzt zieht sie die Tochter auch noch hinein. Über meinen vorigen Gefühlsausbruch ärgerte ich mich jetzt. Wenn Angela mich nicht herausgefordert hätte, hätten wir heute bestimmt einen harmonischen Tag.

War ich – kleine Fehler zugegeben – ihr nicht immer ein guter Mann gewesen und Regine ein prima Vater? Wer uns sah, konnte mit Händen greifen, wie wir uns liebten, Regine und ich. Wahrscheinlich ging es meiner Frau an die Nieren, daß das Kind und ich ein Herz und eine Seele waren. Angela litt an Eifersucht. Nachweislich. Und jetzt rächte sie sich. Vielleicht unbewußt, aber dafür gründlich.

Ist es wirklich so? Dieser gute Vater und Ehemann war ich doch mehr in meinen Wünschen als in Wirklichkeit. Es gab Zeiten, an die ich so wenig gerne erinnert werden wollte, daß ich sie immer wieder aus meinem Gedächtnis strich und böse wurde, wenn Angela sie erwähnte. Zeiten, die ich mit Trinken verbracht hatte. Alkoholisierte Abende anfänglich, dann betrunkene Tage, dann manchmal Wochen.

Einige Streifzüge, bei denen Hunderte und Tausende draufgegangen waren. Das hatte es schon vor Angela gegeben, lange vor ihr. Sie war, als ich sie mit Vierzig vor zehn Jahren geheiratet hatte, meine letzte Hoffnung gewesen, vom Trinken loszukommen. Daß ich kein Tugendbold war, wußte sie, so etwas wollte sie auch gar nicht. Vielleicht hätte sie mich auch genommen, wenn ich ihr nicht nur meine Erwartungen und Wünsche, sondern auch meine Ängste ehrlich zugegeben hätte. Es hatte sie gereizt, daß ich so anders war, und die guten Seiten hatten sie geblendet. Wovor sie sich fürchtete, hatte sie mir nie gesagt. Dafür warf ich ihr nun vor, gewußt zu haben, daß ich, bescheiden gesprochen, ein »komplizierter Fall« war. Eben anders als andere.

Etwas Besonders habe sie gewollt und bekommen. Mitgefangen, mitgehangen. Jetzt zu kneifen, davonzulaufen, mich im Regen stehen zu lassen und den Sonnenschein ganz und gar zu vergessen, den ich – ich! – ihr beschert hatte, das war einfach mies, ganz mies. Stundenlang hatte ich ihr das in der vergangenen Nacht vorgehalten. Stumm hatte sie es angehört, sie kannte die Platte. Dann gab ich ihr Honig:

»Du bist die erste Frau, die ich wirklich in mein Inneres schauen lasse. Dir darf ich meine Schwächen bekennen. Was steht wirklich zwischen uns?«

»Das Trinken«, sagte sie. »Du wirst ein ganz anderer, wenn du trinkst, und du selbst bemerkst das gar nicht. Ich schäme mich vor den Leuten, wenn deine besoffene Tour läuft. Mit einem leichten Schwips bist du ein Schatz, und wenn du zuviel hast, ein Teufel oder ein Verrückter. Du hörst mich nicht mehr, du siehst mich nicht mehr, und ich erreiche dich nicht mehr.«

»Hör auf«, sagte ich ins Dunkle hinein. »Es ist nicht zu ertragen. Du beschreibst ein Gespenst. Das bin ich doch nicht. Und wenn – es soll nicht mehr vorkommen. Wenn du mir hilfst, dann wird mich das Trinken nicht kleinkriegen.«

»Ich versuche es seit zehn Jahren«, sagte Angela müde.

»Aber du schämst dich meinetwegen. Du behauptest, mich zu lieben, und wirfst mir vor, du müßtest dich meinetwegen schämen. Ich bin dir nicht gut genug. Muß ich vollkommen sein? Offenbar gibt es an mir nichts Gutes zu entdecken. Ein paar Schwierigkeiten, und du wirfst das Handtuch und hast sofort eine wunderbare Entschuldigung: Schämen mußt du dich meinetwegen! Wahrscheinlich bringst du das auch der Regine bei. Das Kind vergiften! Dafür solltest du dich schämen.«

Angela hatte darauf nicht mehr geantwortet. Sie weinte. Dafür konnte ich mir nichts kaufen.

So gern hätte ich sie in die Arme genommen, ihre Tränen weggeküßt und ihr gesagt, daß ich sie liebe, liebe, liebe und daß ich mit meinen harten Worten nur mein weiches Herz überschrie. Diesen Weg – aufeinander zuzugehen – hatte es früher gegeben. Aber wenn sie nun nicht mehr wollte?

»Scheißspiel«, sagte ich. »Und nicht eine einzige Flasche Bier im Haus!«

Mit dem dritten Espresso im Café Palermo hatte ich genug. Was tun jetzt? Am Zeitungsständer hingen ein paar alte Illustrierte. Die sittsam Eis mampfenden Kinder gingen mir auf die Nerven. Ringsum Beton, dazwischen etwas Grün, laut Hinweis »dem Schutz des Publikums empfohlen«. Ich überlegte, ob es in dieser Stadt nicht einen Menschen gibt, einen einzigen, den ich jetzt anrufen, mit dem ich sprechen könnte. Niemand. Niemand in dieser Stadt, niemand auf dieser Welt. Kein Freund.

Ich zahlte und machte mich auf den Weg nach Hause. Wie das klang! – dieses Möbellager, diese vollgepropfte Bude, so gemütlich wie ein Sarg, sollte ein Zuhause sein? Aber vielleicht waren sie nach Hause gekommen. Von der nächsten Ecke aus konnte ich das Haus sehen. Unser Renault stand nicht vor der Tür. Du mußt übergeschnappt sein, sagte ich zu mir, vor einer Stunde sind sie erst zum Baden gefahren. Ich ging ins Café Palermo zurück.

»Haben Sie italienischen Wein?«

Ein guter Mann, er hatte Frascati. Frascati hatte ich in

der letzten Nacht in Trastevere getrunken mit der schönen, tragischen Anne. Wir hatten nicht füreinander ge-
taugt. Anne war so sentimental gewesen, kein Lebens-
wille, sie hatte resigniert. Nichts war von unserer großen
Liebe geblieben als ein Bündel Briefe und Fotos, fest ver-
schnürt, in einer Schublade ganz unten liegen sie.

Mit dem zweiten Glas wird mir anders. Die helle
Wärme des Mittags hüllt mich ein. Ich liege auf den Klip-
pen beim Normannenturm an der amalfitanischen Küste,
Haut an Haut mit Franca, der betörend Schönen.

»Bleib bei mir«, hatte sie gesagt. Immer wieder: »Bleib
bei mir, großer Wolf.«

»Ich habe eine Frau daheim in Deutschland.«

»Das macht nichts, wenn du nur bei mir bleibst.«

»Ich habe eine Tochter, eine liebe, kluge, feine Tochter
daheim in Deutschland.«

»Laß sie kommen, sie wird mich liebhaben, wenn sie ist
wie du, kann sie mich liebhaben.«

«Sie ist wie ich.«

Ich hatte Franca für ein Playgirl gehalten, als sie in der
nächtlichen Bar, ein paar schwarzlockige und sehr höfli-
che Jünglinge hinter sich, auf mich zugegangen war und
sich neben mich gesetzt hatte. Alles geschah selbstverständlich.

»Bekomme ich Champagner?« fragte sie.

Sie trank nicht, sie soff. Sie hatte Augen wie heller
Bernstein, mit dunklen Pünktchen drin. Sie küßte mich.
Ihre Lippen glitten über meinen Mund, sie öffnete den
Mund, sie stank wie Bauernschnaps. Ich wich zurück.

»Du willst mich nicht«, sagte sie erschrocken. »Alle
wollen mich, du nicht.«

Nach der zweiten Flasche hatte es mir nichts mehr aus-
gemacht, daß sie nach Alkohol stank. Die Alkoholfahne
wurde sie nie los. Sie lebte vom Alkohol.

»Es ist schade um sie«, sagten meine italienischen Freunde, die ihre Verhältnisse kannten. »So jung, so fein, so schön. Aber sie trinkt und sie schläft mit jedem.«

Wir schliefen nicht miteinander. Es war nicht »drin«, wenn ich so sagen darf. Uns verband die Flasche viel enger, als es das Fleisch vermocht hätte.

»Du sagst nie etwas Falsches zu mir. Du schimpfst mich nie, wenn ich trinke. In Italien ist es ganz schlimm, wenn eine Frau trinkt. Mein Vater sagt immer, es ist eine schwere Sünde.«

Der Vater war ein prominenter Anwalt. Er habe sie defloriert, berichtete sie mir. Aber sie liebe ihn, und das mache sie sehr unglücklich. Wegen einer »nervösen Krise« sei sie schon einmal in einem Sanatorium gewesen.

Es war zum Verzweifeln, daß ich sie nicht eine Stunde nüchtern erlebte. Nur einmal wollte ich die bezaubernden Worte, die sie mir ins Ohr flüsterte, aus einem nüchternen Mund hören, wenigstens nicht selber trinken müssen, um ihre Fahne ertragen zu können, einmal auf den Klippen liegen ohne eine Flasche zwischen uns, einmal nachts sie nicht wie halbtot einem abfällig grinsenden Taxifahrer anvertrauen müssen. Es sollte nicht sein.

Einige Wochen später rief sie mich nachts in Deutschland an. Lallend sprach sie von Liebe und Sanatorium, von Gefahr und Hilfe. Noch im gleichen Jahr brachte sie sich um.

Wir hatten beim Abschied Grappa getrunken, Franca und ich.

Genau das konnte ich jetzt brauchen. Der Wirt freute sich, als ich danach fragte, und wir besprachen die Vorzüge dieses Branntweins.

»Schmeckt gut, tut gut«, sagte der Wirt.

Ich bestellte mir einen doppelten. Er wirkte von Kopf bis Fuß. Ich begann aufzuleben. Die paar Glas Wein hatten nicht bewirkt, was der erste Grappa auslöste. Gleich ließ ich noch einen kommen. Warum trank ich eigentlich nicht öfter einen Schnaps? Bier beruhigte mich zwar, machte aber auch müde und träge. Der Wein weckte mich zwar auf, aber es dauerte lange, bis ich seine Wirkung spürte. Der Schnaps dagegen haute wie eine Bombe 'rein. Er machte hell im Kopf, er fegte das Hirn aus, er schärfte das Denken. Weggeblasen waren die tristen Gedanken an die tote Franca. Gut, daß ich mich von der unglücklichen Frau rechtzeitig getrennt hatte.

Ich müsse mich vor Menschen hüten, die kein Glück haben, hatte mich mein Vater belehrt. Die Erfolglosen, das sind die Menschen ohne Glück, die ewigen Verlierer. Er war erfolgreich, mein Vater. Ob er glücklich war, hatte ich nie sehen können. Vielleicht hatte ich ihn deshalb so verzweifelt geliebt.

Er hatte mit einer einzigen Geste und wenigen Worten – von Reden hielt er nicht viel – meinem Leben die Richtung gegeben. Ich war vierzehn. Er rief mich in sein Kontor, ganz feierlich.

»Du hast an einem Wettbewerb teilgenommen?« fragte er, und ich sagte mit leiser Stimme, weil ich fürchtete, etwas falsch gemacht zu haben:

»Ja, ich habe einen Artikel eingeschickt.«

»Du hast gewonnen«, sagte er, »es sind fünf Mark gekommen.«

In den frühen dreißiger Jahren viel Geld für einen Jungen.

Er streckte mir die Hand hin: »Gratuliere!«

Ich wurde über und über rot und mußte schlucken. Er ging an den eisernen Kassenschrank und schloß ihn auf.

»Du darfst dir fünfzig Mark nehmen«, sagte er.

So wurde ich Schriftsteller.

Und nun hockte ich beim Schnaps. Eine verkrachte

Existenz, fünfzig Jahre alt. Nie hatte ich ein Buch geschrieben, nie wurde, wenn von Schriftstellern die Rede war, mein Name genannt. Viele Bücher hatte ich begonnen, mit großen Erwartungen, mit unendlichen Ansprüchen und mit dem mir selbst gegebenen Versprechen, diese Bücher zu schreiben. Es sollte darin die Wahrheit stehen, die reine Wahrheit und nichts als die Wahrheit, und sie sollten mir Erfolg bringen, ich wollte ein Held der Feder sein, ein Feldherr des Wortes, mit dem ich die Menschen erfüllen und berauschen wollte – und ich hatte nie jemanden berauscht außer mich selbst.

Es waren noch viele Grappa nötig, um den Zustand zu erreichen, in dem es unwichtig ist, ob man sein Leben gemeistert oder ob man versagt hat.

Langsam ging ich später die Allee entlang, an deren Ende unsere neue Wohnung lag, das Zimmer mit der Kochnische, dem Bad und einem kleinen Vorraum. Der Renault stand vor der Tür. Ich war plötzlich mir gegenüber milde gestimmt. Müder Krieger kehrt heim.

Beim Aufschließen der Wohnungstür sah ich, daß das Wohnzimmer dunkel war. Angela und Regine waren also schon schlafen gegangen. Ich schlich ins Bad und zog mich aus. Den nackten Adam fand ich eigentlich immer noch ganz bemerkenswert. Breite Schultern, lange schlanke Glieder, kein Bauch, Haare auf der Brust, Farbe von der Sonne im Gesicht. Ich spülte mir sorgfältig den Grappa aus dem Mund, und jäh kam mir die verwegene Idee: ganz leise hineingehen. Ganz leise an Angelas Bett gehen. Ganz leise neben sie schlüpfen.

Betrunken wie ich war, verfehlte ich die Türklinke, und beim zweiten Versuch fiel ich beinahe ins Zimmer. Die Überrumpelung war gescheitert. Ich machte einen Schritt auf Angelas Bett zu. Ich schob mich näher, noch näher und stieß gegen die Tischkante. Wie kann ein Mensch so besoffen sein, murmelte ich, ich bin in der falschen Wohnung. Ich hörte keinen Atem, nichts.

Im grellen Licht der provisorisch angebrachten Birne stand mein Bett trostlos und allein in der Ecke. Die Liegen von Angela und Regine – weg. Im Schrank die Kleider weg – weg. Im Bad nicht einmal mehr eine Zahnbürste. Auf dem Tisch lag noch mein Zettel:

»Gehe ins Palermo Kaffeetrinken.«

Ich bin mit einem Gedächtnis begabt (oder bestraft), das mir in solchen Augenblicken prompt vergleichbare Situationen aus meiner Vergangenheit serviert. Meine erste Ehe hatte so geendet. Mutter und Kind hatten nur mit einigen Koffern die Wohnung verlassen. Es steht im Scheidungsurteil, daß ich daraufhin einen Teil der Einrichtung aus dem zweiten Stockwerk in den Garten geworfen hatte.

In der nächsten Ehe war man mir zuvorgekommen. Von meiner Frau getrennt, aber mit ihr noch unter einem Dach lebend, war ich nach Paris gefahren. Bei meiner Rückkehr bestand das gesamte Mobiliar einer großen Wohnung aus einer Matratze und einem Küchenstuhl.

Die Schuld für diese Enden hatte ich niemals bei mir gesucht. Sie waren einfach der unvermeidliche Abschluß unhaltbarer Zustände, die sich da abgespielt hatten. Eine Teilschuld war ich bereit zu übernehmen, aber mit fortschreitendem Abstand von den Ereignissen schien sie mir getilgt.

Ein Teufelsweib, die Angi. Alles hätte ich hinter ihr vermutet, aber das nicht. Ich war in diesem Augenblick direkt stolz auf sie. So mir nichts, dir nichts ohne jedes Hin und Her und ohne schwachsinnige Verhandlungen und Streitereien um Löffel und Teller hatte sie ihre sieben Sachen gepackt, daß es mir Respekt abzwang. Wo mochte sie sein? Das war eine Sorge für später. Jetzt brauchte ich etwas zu trinken, einen schnellen, wirksamen Trost.

Weil das Palermo um zehn Uhr schloß, hatte es keinen Sinn mehr, dorthin zu gehen. Ein anderes Lokal kannte ich in der neuen Umgebung nicht. Ich trabte blindlings los. In einiger Entfernung blinkten die tausend Lichter eines Hochhauses. Darauf hielt ich zu. Die Straßen waren still. Nur sanftes Plaudern drang aus geöffneten Fenster, dann und wann eine Fernsehstimme. Einmal schlug ein Hund an. Die Sehnsucht, so friedlich wie diese Menschen in den eigenen vier Wänden zu sitzen, ein schmerzender Wunsch nach Geborgenheit und Ruhe kamen über mich. Give me rest, sang Alexis Sorbas. Give me rest, Angi, sagte ich. Und obwohl ich mich schämte, solchen Kitsch daherzureden, liefen mir die Tränen über das Gesicht.

Ein Haus müßte ich haben, so ein Häuschen wie die, an denen ich jetzt vorbeiging. Zeitlebens hatte ich sie als Spießerbehausungen verhöhnt. Frieden, was war Frieden? Für mich ein unbekannter Zustand, ein Traum, in dem man das Erwachen fürchtet.

Laute Männerstimmen, die derbe Redensarten von sich gaben, ließen mich ahnen, daß ich einer Tränke näher gekommen sein mußte. Sie war an einer Ecke des Hochhauses untergebracht. Auf dem breiten Fenster zur Straße hin stand: Trinkstube – Imbiß. Ich war am Ziel.

Als ich eintrat, warf mich der Gestank fast wieder hinaus. Ein Brodem, gemischt aus Schweiß, Bratfett, Zigarettenrauch und Alkohol. Ich drängte mich hinein auf Gedeih und Verderb, denn ich mußte trinken. Alles andere war unwichtig. Eine kleine Weile würde ich es schon aushalten.

Im Grunde mochte ich derartige Kneipen nicht und ging immer nur befangen hinein. Ich fühlte mich verloren unter Verlorenen, anfangs stets als Fremdkörper – der sauberen Fingernägel wegen, die ich mitbrachte. Auch fehlten dort die Frauen, die das Bild freundlicher gestalteten. Wenn ich bei Tag vorbeikam, fragte ich mich oft, wie ich da nur hineingeraten konnte, und kehrte doch immer wieder dort ein. Für diese Sauflöcher gilt der Vers aus Gorkis »Nachtasyl«:

»Wohl steigt die Sonne auf und nieder,
doch scheint sie nie zu uns hinein.«

Oft habe ich diese Worte für mich aufgesagt, wenn ich mich selbst bemitleiden mußte, weil es sonst niemand tat. Auch Verdi's Chor der Gefangenen stundenlang gespielt oder der einsame Soldat am Wolgastrand eignen sich für solche Stunden der Vorbereitung der Betrunkenheit.

»So wird es seinerzeit im Wilden Westen zugegangen sein«, sagte der Nachbar, zu dem ich mich an die Theke gestellt hatte.

Es war nur ein einziger Tisch vorhanden. Die Gäste, nur Männer, standen an der Theke und im Raum, die Gläser in der Hand. Manche stritten, manche zeigten beim Lachen gräßliche Zahnstümpfe. Die meisten trugen Arbeitskleidung, einige hatten sich gewaschen. Mein Nachbar sah nicht so aus, als sei er ein Stammgast. Höflich fragte er, ob ich zum ersten Mal hier sei. Es gäbe ja leider weit und breit sonst nichts und das Palermo mache um zehn Uhr zu. Ob er mich zu einem Drink einladen dürfe. Er heiße Kuno.

»Hier kennt man sich beim Vornamen«, erklärte er mir.

Ich mußte mein Erlebnis loswerden: »Stellen Sie sich vor, mir ist die Frau davongelaufen. Jetzt grad, vor ein paar Stunden. Und ich hab' keine Ahnung, wohin.«

»Ich möchte Ihnen nicht zu nahe treten«, sagte er mit leiser, angenehmer Stimme, »aber Sie erwecken nicht den Eindruck, als ob Sie das besonders treffen würde. Sie sagen das so ruhig, Sie sind nicht aufgeregt und schimpfen nicht.«

»Vielleicht paßt es mir sogar«, antwortete ich, »prost!«

Wir verließen den Imbiß als letzte. Kuno erbot sich, mich nach Hause zu fahren, wenn es mir nichts ausmache, daß er keinen Führerschein habe, wie er lachend gestand.

»Wie können Sie ohne Führerschein fahren?« fragte ich.

»Weil ich muß. Das Auto gehört zum Beruf, den Führerschein habe ich schon vor Jahren versoffen.«

»Warum machen Sie keinen neuen Führerschein?«

»Mann«, sagte er, »wenn ich in meinem Zustand zur Prüfung komme, sperren sie mich ja gleich ein.«

»Ich stelle mir vor«, sagte er vor meiner Haustür, »daß es für Sie gar nicht so einfach ist, ohne Frau und ohne Kind. Ich habe nämlich bemerkt, daß Sie doch an den beiden hängen.«

»Verdammt!« sagte ich, »verdammt und noch mal verdammt! – Was schert mich Weib, was schert mich Kind.«

»Das soll ich glauben?« fragte er.

Mühsam suchte ich mir eine akzeptable Antwort zusammen und sagte dann: »Ich fürchte, ich tauge nicht für Ehe und Familie. Ich habe es immer wieder versucht, weil ich es auch so haben wollte wie andere. Es ist immer in die Hose gegangen. Das muß wohl an mir liegen.«

Von jenem Tag an verbrachte ich fast fünf Jahre hindurch einen großen Teil meiner Zeit im Imbiß.

Ich habe oft versucht, aus dieser Kneipe auszubrechen, wie ein Häftling aus der Strafanstalt. Manchmal ist es mir geglückt. Aber jedesmal kehrte ich reumütig und mit dem festen Vorsatz »nur dieses eine Mal noch« dorthin zurück.

Ich hätte mich geschämt, als Stammgast dieser Kneipe bekannt zu werden. Ein Rest von Selbstachtung sagte mir das. Aber schämte ich mich hinzugehen? Ich gehörte einfach hin. Es war meine Welt. Gelegentlich schlug ich vor, dort Hängematten anzubringen, man könne den Heimweg und den Anmarsch dann anderntags sparen. Manchmal schlief ich hier.

Mit der Zeit gewann ich dort eine gewisse Position, die letzte und dauerhafteste Stelle, die ich in meinem Trinkerleben innehatte. Ich hieß »Boß«. Ich wurde in politischen, medizinischen und juristischen Fragen konsultiert. Ich durfte Schreiben an Ämter aufsetzen. Der eine oder andere Kumpan lud mich zu sich nach Hause ein. Es betrog mich keiner. Geld verpumpte ich nie, aber wenn einer einen Schluck brauchte, zahlte ich.

Einmal wurde ich allerdings doch bestohlen. Der Dieb brachte mir das Geld – es waren siebzig Mark, die er aus der Einstecktasche meines Sakkos gezogen hatte, während ich in der Ecke schlief –, wedelte damit vor meiner Nase und sagte, freundlich grinsend: »Das kriegst du nicht mehr. Leichtsinn ist strafbar.«

Es war Alex, der mehr im Knast als in Freiheit war.

»Warum hast du mich beklaut, Junge«, fragte ich ihn.

»Weiß nicht«, sagte er. »Gewohnheit.«

Alex lebte mehr oder weniger von »Ziehungen«. Ich fand, daß er gut zu leiden war.

Als ich einmal nach Paris fuhr, bat er mich, ihm eine Postkarte zu schicken.

»Wofür soll das gut sein?«

»Ich habe noch niemals eine Postkarte von jemand bekommen. Auch keinen Brief nicht. Niemals!« sagte Alex und strahlte.

»Das gibt es nicht«, sagte ich. »Selbst wenn kein Mensch dir schreibt – eine Behörde wird dir dann und wann schreiben.«

»Mir nicht«, sagte Alex. »Mich gibt es nämlich nicht.«

»Du hast doch irgendeinen Ausweis?«

»Zur Zeit habe ich einen, der läuft auf einen Toten.«

»Mach mich nicht schwach. Du kannst dir doch einen richtigen Ausweis geben lassen.«

»Das ist zu umständlich. Ich hab' keine Unterlagen. Es gibt keine Unterlagen. Meine Mutter war eine Russin. Ostarbeiterin, und ich bin ledig geboren. Vater unbekannt. 44 oder 45 bin ich auf die Welt gekommen, aber wo? – Keine Ahnung.«

»Aber für den Knast brauchst du doch Papiere«, sagte ich bürgerlicher Mensch. »Du bist doch alle Daumen lang im Knast.«

»Ausweislosigkeit schützt nicht vor Knast. Die haben mich immer genommen«, erklärte Alex. »Wir steht's, krieg' ich die Postkarte?«

»Hundertprozentig«, sagte ich.

Er bekam sie nie.

Ich erinnere mich nicht, daß in diesen fünf Jahren im Imbiß jemals das Wort »Alkoholiker« gefallen ist – außer bei zwei Gelegenheiten.

Als der Kartoffel-Hansi, ein Vertreter in Düngemitteln, im Leberkoma starb, wurden die Risiken des Trinkens sachkundig erörtert.

Hansi gehörte nicht lange zur Clique. Er hatte einen ausgezeichneten Job, mit erwiesenen 4000 DM monatlich. Er hielt sich einen Porsche und eine am ganzen Körper runde Freundin, die Molly. Sie kam eines Abends und sagte: »Der Hansi ist tot. Ich muß ins Krankenhaus, ihn infizieren. Wer fährt mich hin?«

Ritschi, ein Berufsarbeitsloser, belehrte sie, es heiße identifizieren, er fahre sie hin. Es dauerte ziemlich lange, bis die beiden wiederkamen. Ritschi setzte sich neben mich und sagte mir ins Ohr: »Ich hab ihr bei der Rückfahrt einen verpaßt.«

Dann sagte er lauter: »Boß, du kennst dich doch da aus. War der Hansi nun ein Alkoholiker oder nicht?«

Schweigen.

Einer sah den anderen fragend an, dann erklärte der Krawatten-Willi: »Gesoffen hat er. Aber Alkoholiker? Haben wir hier nicht, aber Arbeitsscheue.« Das galt Ritschi.

Wir überlegten, wen es als nächsten erwischen würde. Alle tippten auf den »Pillen-Heinz«. Er war zu uns gekommen als gepflegter Herr mit gutsitzendem Anzug, Modellhut, seidenem Schal, begleitet von einer eleganten Dame, der es sichtlich schwerfiel, sich im Imbiß so wohl zu fühlen wie Heinz, der sich pro Tag dreimal im Imbiß und die übrige Zeit zu Hause betrank.

Er hatte bis Kriegsende in einem Berliner Ministerium dafür zu sorgen, daß wichtige Ausländer, Diplomaten, Herren der Wirtschaft oder der Presse sich gut amüsierten. Ein bißchen Geheimdienstarbeit war auch dabei. Etliche Jahre lebte er schon von einer ausreichenden Pension. Dann war die Dame aufgekreuzt und hatte ihm eine Stellung besorgt, damit er vom Trinken wegkomme. Am ersten Tag ging er nüchtern ins Büro. Am Abend feierte er seinen Einstand so vehement, daß er am zweiten Tag mittags mit Migräne die Dienststelle verlassen mußte. Am dritten Morgen konnte er den ihm überlassenen Dienstwagen nicht selbst steuern, fuhr aber mit einem Taxi weg. Vierundzwanzig Stunden später kam er zurück, die Nase schiefgeschlagen, das ganze Geld weg, alle Papiere weg und keine Ahnung, wo was passiert war.

Ich sah diesen Mann in fünf Jahren nicht einen Tag nüchtern. Wenn seine sonst blauroten Lippen plötzlich weiß wurden und er nach Luft schnappte, alarmierten wir den Notarzt. Mehr als zweihundert Meter konnte er aus eigener Kraft nicht gehen. Auch im Krankenhaus ließ er sich sein tägliches Quantum nicht abgehen. Er war allerdings meist schon nach dem dritten kräftigen Zug »satt«, wie er sagte.

Er wollte nun von mir die Auskunft: »Bin ich Alkoholiker?«

»Was interessiert dich das?« fragte ich. »Dafür kannst du dir doch nichts kaufen. Und außerdem geht das niemand etwas an.«

»Doch, die Carola« – so hieß seine Dame, »hat mir das vorgeworfen, daß ich ein Alkoholiker bin, und meine erste Frau unterstreicht das immer dick in ihren Briefen.«

Er zog ein paar schmierige Papiere aus der Tasche. Ich hatte Mühe, sie zu lesen, weil ich alles doppelt sah, aber aus dem Schreiben eines Anwaltes ging hervor, daß der Regierungsrat a.D. Heinrich R. zweimal wegen Trunksucht eine mehrmonatige Zwangsentziehung mitgemacht hatte.

»Also was willst du«, sagte ich. »Hier steht kein Wort von Alkoholismus. Trunksucht, das ist schnell gesagt. Trunksüchtig bist du und trunksüchtig bin ich. Alkoholiker, das sind Penner, unverbesserliche Typen, die aus dem Rausch überhaupt nicht mehr 'rauskommen. Wir zwei, wir können doch jederzeit aufhören.«

»Worauf du einen lassen kannst«, sagte der Diplomatenbetreuer und Regierungsrat a.D.

Erste Rebellion

Meine Wiege stand wenige Meter über einem Keller. Dort lagen unter einem massiven Gewölbe in vielen Fässern und Flaschen die Vorräte meines Vaters, der Wohlstand unseres Hauses. Als ich Treppen gehen konnte, durfte ich meinen Vater oft in den Keller begleiten. Er klopfte mit dem Knöchel gegen die mannshohen Fässer mit Wein und beschrieb mir die Lagen, aus denen sie kamen. In hölzernen Regalen ruhten die Flaschen aus den guten Lagen. Ehe ich lesen und schreiben konnte, wußte ich, wo der Rheinwein zu finden war und welches Faß den Trollinger aus Württemberg barg. Ich lernte, daß im Bierkeller stets auf eine bestimmte Temperatur zu achten sei, die dem kostbaren Inhalt der großen Banzen aus Bayern und Böhmen am besten bekam. An besonderen Tagen entkorkte mein Vater einen Schnaps aus dem Badener Land, dann füllte der Duft von Himbeeren den Raum.

Mein Vater war Wirt. Wirt war er wie sein Vater und sein Großvater, wie der Vater und der Großvater seines Großvaters. In der Familienchronik standen ihre Namen und Taten. Wie mein Vater waren sie tüchtig und erfolgreich gewesen. Und hatten was.

»Wir sind eines der ältesten Wirtsgeschlechter im Land«, sagte mein Vater.

Er trank gern. Gern sah ich ihm zu. Er trank mit Ehrfurcht. Er schlürfte den Wein vorsichtig. Es schien, als kaue er das Bier. Die geringste Veränderung in der Temperatur bemerkte er und duldete keine Nachlässigkeit in der Pflege. Manchmal trank er mehr. Dann war er lustig und erzählte Geschichten wie nie sonst.

Das schönste Faß enthielt 1087 Liter und war mit Schnitzwerk verziert. Meines Vaters Stolz. Ich dürfte etwa vier Jahre alt gewesen sein, als mein Vater zur Zeit des Dämmerschoppens den großen Schlüsselbund aus der Hosentasche zog, die Wahrzeichen seiner Macht über sein Haus und alles, was darinnen war. Einen Schlüssel griff er heraus.

»Du bist jetzt schon groß«, sagte er. »Du kannst die Kellertür aufschließen.«

»Ja, Papa«, sagte ich, stolz über sein Vertrauen.

»Du kannst mir eine Flasche Achkarrer Spätburgunder holen.«

Ich brachte die leicht angestaubte Flasche, indem ich sie in dem abgewinkelten Arm über die steinerne Kellertreppe emportrug wie eine Reliquie. Dafür bekam ich Schokolade.

Einige Tage später nahm Vater einen steinernen Krug, einen halben Liter enthaltend.

»Kannst du zapfen?« fragte er mich.

Ich hatte viele Male zugesehen, wenn mein Vater oder unser Oberkellner das Krüglein aus dem großen Faß gefüllt hatte, in dem meines Vaters Lieblingswein lag. Ich wußte, wie der Hahn zu drehen war und wie ich den Krug halten mußte und ging in den Keller. Ich mochte den Geruch, den feinen, säuerlichen Brodem in den langen, kühlen Räumen. Mit gefielen die behäbigen Fässer mit ihren dicken Bäuchen, wie die schlanken, hohen, auf verläßlichen Bohlen ruhenden. Die niemals verlöschende Lampe schaukelte leise, als ich die Tür öffnete.

Ich hatte gesagt, ich könne zapfen, weil ich es so oft

gesehen hatte. Probiert hatte ich es nie. Nun drehte ich vorsichtig am Hahn, er gab nicht nach. Ich drehte fester: Ein roter Strahl schoß heraus, und rasch drehte ich weiter, um den Hahn zu schließen, aber ich verfehlte den Schluß. Ich war schrecklich aufgeregt, hielt den Krug unter den Hahn und versuchte, während der Wein in den Krug lief, durch weiteres Drehen zu schließen. Ich sah, wie der Krug sich rasch füllte, viel zu rasch, schon war das Eich überschritten, schon lief das Krüglein über, da versiegte endlich der Strahl.

Ich hatte gelernt, daß der Krug nicht über den Eichstrich gefüllt sein dürfe, nahm den Krug, setzte an und trank. Ich hatte den Wein kaum geschluckt und tief ausgeatmet, da spürte ich die Wärme, eine nie gekannte Wärme, die vom Bauch hochstieg, schneller noch, als ich getrunken hatte. Ich setzte mich auf den Kellerboden. Es war großartig, hier zu sitzen, zu Fuß des mächtigen Fasses, das Krüglein vor mir, das schaukelnde Licht über mir. Ich hätte ewig so sitzen mögen. Ich nahm den nächsten Schluck, und die Wärme fing mich auf.

Jetzt war ich unter dem Eichstrich und mußte nachfüllen. Wieder wurde der Krug randvoll, denn ich konnte ja im Sitzen nicht hineinsehen, während ich ihn unter den Hahn hielt. Noch mal trank ich ab, im Sitzen, und wieder. In meinen Ohren rauschte das Blut, ich war ganz und gar Wärme und saß auf dem kühlen Steinboden. Dann, nach einer Ewigkeit, hörte ich den erschrockenen Ruf meiner Mutter:

»Um Gottes willen, der Bub, was ist passiert.«

Mein Vater nahm mich auf den Arm und trug mich in mein Bett. Das war mein erster Rausch.

Bei allen Mahlzeiten zu Hause wurde getrunken, zu den Speisen passend, Bier oder Wein, rot oder weiß, an besonderen Tagen Süßwein zur Nachspeise und Zwetschgenwasser zum Kaffee. Meine Geschwister und ich tranken Wasser oder Mineralwasser, Alkohol nicht einmal an den höchsten Feiertagen. Ich hatte auch niemals ein Verlangen danach. Oft fragte einer der vielen Onkel oder Tanten, die wechselnd bei uns zu Besuch waren, meinen Vater, wie er es bei uns Kindern mit dem Trinken halte.

Er sagte: »Wenn es soweit ist, werden sie es lernen.«

Nicht einen Schluck trank ich heimlich.

Wenn sich Gäste betranken, zog mein Vater die rechte Augenbraue hoch, das Personal wußte Bescheid, der Gast bekam nichts mehr. Ausnahmen bildeten einige Freunde des Hauses, mit denen er manchmal zechte. Dann konnte er am nächsten Mittag behaglich berichten, wie viele er unter den Tisch getrunken hatte.

Sein Tag begann trotzdem jeden Morgen um sechs Uhr.

Einmal gab es bei einer großen Familienfeier als Nachtisch Tuttifrutti. Mein Vater, der wie immer alle Speisen vorkostete, hob die rechte Augenbraue.

»Zuviel Rum«, sagte er. »Die Kleinen nicht, Adam ein bißchen.«

Die Speise schmeckte. Ich bettelte meiner Mutter noch einen Löffel ab. Nachher war ich merkwürdig benommen und redete laut über den Tisch weg, bis mein Vater die rechte Augenbraue hob. Ich versöhnte ihn später mit einem Gedicht, in dem mir ein Reim auf Tuttifrutti gelang.

Das erste Glas Wein bekam ich mit dreizehn bei einer Hochzeit, zum Anstoßen auf das Brautpaar. Ohne Zweifel war es ein vorzüglicher Wein. Ich trank ihn rasch, wie ich gewohnt war, rasch Wasser zu trinken, rasch zu essen, rasch zu gehen und rasch zu denken. Er schmeckte mir nicht. Ich fühlte mich aber bei dieser ganzen Festlichkeit unbehaglich, weil ich einen langweiligen blauen Bleyle-Anzug mit Schillerkragen tragen mußte, der kratzte. Nachher spielten wir Kinder. Es war schrecklich für mich, meine Beine waren wie Blei. Ich beschloß, nie mehr Wein zu trinken.

Bis zu meinem vierten Lebensjahr konnte keines meiner drei Geschwister mir den ersten Platz im Herzen meiner Eltern streitig machen. Ich war der Liebling, der Erstgeborene, der Beste, das Goldkind. Ich sehe noch heute den Stolz, mit dem mein Vater mich dem Luftschiffkapitän Dr. Hugo Eckener in die Arme drückte, der damals ein deutscher Nationalheld war, und wie mich Dr. Eckener lachend an sich preßte und mir einen Kuß gab, der schrecklich kitzelte, denn Eckener hatte einen borstigen Spitzbart. Aber mich faszinierte sein Mund, der durch eine Narbe verunstaltet war, so daß man, wenn er sprach, unwillkürlich auf seine Unterlippe sah.

Meinem Vater danke ich es, daß ich nie Scheu vor Menschen empfand und auf jeden zugehen konnte. So war es seine Art, einfach auf Menschen zuzugehen, mit ihnen zu sprechen, aber auch an ihnen vorbeizugehen und sie gar nicht zu sehen, wenn sie ihm nicht paßten.

Widerspruch vertrug er nicht. Er konnte oft erzählen, wie seine Mutter ihre Kinder noch als Erwachsene mit harter Hand und festen Schlägen an ihre erste Kindespflicht, den Gehorsam, erinnerte. Er, mein Vater, war die einzige Ausnahme. Ihn konnte niemand schlagen.

Eines Tages war Besuch da. Eine Tante, die ich nicht mochte. Mein Vater rief mich aus dem Spielzimmer in den Salon, wo er mit der Tante saß, die säuerlich lächelte.

»Sag schön grüß Gott«, sagte die Tante mit schiefem Mund.

»Ich mag nicht«, sagte ich.

Das war eines meiner Lieblingsworte, ererbt von meinem Vater, der immer wußte, wann er nein und wann er ja zu sagen hatte.

»Komm her«, sagte mein Vater.

Ich sah den schiefen Mund der Tante und sagte: »Ich mag nicht.«

Die Tante, meines Vaters Schwester und von ihm nicht geliebt, machte eine Bemerkung, die mich verletzte. Ich war nicht ungezogen, wie sie eben gezischt hatte.

Mein Vater sah plötzlich sehr böse aus und forderte mich noch einmal auf: »Komm her.«

»Ich mag nicht«, sagte ich mit dem letzten Mut meiner vier Jahre, und damit endet die bewußte Erinnerung.

Mein Vater muß mich fürchterlich geschlagen haben, denn es wurde ein Arzt geholt, und ich lag einige Tage im Bett. Niemand konnte mich trösten. Schlimmer als die Schläge empfand ich es, daß meine Mutter sie nicht verhindert und mich beschützt hatte. Das konnte ich ihr nicht verzeihen. Sie hatte mich im Stich gelassen, sagte mir mein kindliches Gemüt. Sie hat Angst vor Papa. Ich hatte von nun an auch Angst und fügte mich wirklich oder zum Schein. Fast alles, was mein Vater tat, sagte oder verlangte, war bestimmt richtig, vernünftig und gut für uns alle. Aber warum widersprach ihm niemand, wenn er Unrecht hatte. Heimlich hintergingen sie ihn oder unterliefen seine Anordnungen. Erst nach seinem Tode erfuhr ich von einem alten Hausfaktotum, daß Papa von diesen Dingen wußte, aber stark genug war, sie gelassen hinzunehmen. Als Kind konnte ich das nicht sehen. Ich wurde ermahnt, offen und ehrlich zu sein und wahr. Vielleicht zehn, elf Jahre nach dem Tag, an dem mein Vater meinen Trotz vermeintlich gebrochen hatte, beschwerte einer meiner Lehrer sich bei Papa über mich, weil ich seinen Geschichtsunterricht vor versammelter Klasse kritisiert hatte. Mit unbewegtem Gesicht hatte der Vater den hektisch auf ihn einredenden Schulmann angehört. Als nachher die Familie um den runden Eßtisch saß und Mama die Suppe verteilte, wartete ich darauf, daß mein Vater, mein

Vater, die wichtigste Person in meinem Leben, daß er mit ein paar Worten mir sage, daß er zu mir stand.

Aber er befahl, in dem Ton, den wir alle fürchteten, ich solle sofort mich beim Herrn Doktor entschuldigen. Und: »Keine Widerrede bitte ich mir aus.«

»Sofort« hatte ich mich zu entschuldigen, vor den Geschwistern, vor dem Personal. Es verstand sich für meinen Vater von selbst, daß ich gehorchen würde und er nahm den ersten Löffel Suppe.

Dreimal hörte ich mein Herz schlagen. Dann sagte ich: »Du bist ein Tyrann.«

Es dauerte einige Augenblicke, ehe er den Hieb verkraftet hatte. Ich duckte mich in Erwartung eines Schlages, aber er legte ruhig den Löffel auf den Teller und sagte:

»So, ich bin ein Tyrann. Ein Tyrann, sagst du. Dann bin ich ein Tyrann. Ich werde dir zeigen, was ein Tyrann ist.«

Viele endlose Tage sprach er nicht mit mir. Ich durfte nicht mit ihm an einem Tisch sitzen. Wenn ich auf ihn zuging, wandte er sich wortlos ab. Wenn ich ihm einen Gruß bot, überhörte er ihn. Seine Maßnahmen ließ er mir durch Angestellte übermitteln. Daß ich litt, zeigte ich nicht. Ich war nicht bereit, aufzugeben – jede Maßnahme meines Vaters bewies ja, daß er ein Tyrann war. Meine Geschwister schlichen bekümmert herum. Mama war bedrückt. Die Angestellten, Unterdrückte wie ich, sahen mit fast bewundernden Blicken auf dieses Schauspiel.

Es war ein Faktotum da, die »österreichische Anna« genannt, die von Zeit zu Zeit wie ein Loch soff und dann in ihr Bett gebracht werden mußte, weil sie über die eigenen Füße fiel; die vor sich hin maulte, wenn ihr etwas nicht paßte, aber niemals meinen Eltern – als ihre Wohltäter hoch in Ehren gehalten – widersprach; Anna, die an guten Tagen mehr schaffte als zwei Männer – sie mußte mir jetzt das Essen hinstellen, da ich vom Familientisch verbannt war.

Anna, einer der ersten Menschen, deren Namen ich aussprechen konnte, verwöhnte mich immer, in ihrer mürrischen Art. Als sie eines Tages sah, wie sehnsüchtig ich zum Familientisch hinüberblickte, sagte sie, während sie mir die Suppe schöpfte, mit ihrer heiseren Schnapsstimme:

»Fescht bleiben!«

Fast bei jeder Mahlzeit versuchte meine Mutter, mir die Rückkehr zu ermöglichen. Aber mein Vater gab keine Antwort. Eines Tages aber sagte sie zu mir:

»Ich glaube, du darfst Papa einen Gutenachtkuß geben.«

Es geschah wortlos. Erst als ich in meinem Zimmer war, weinte ich. Vielleicht aus Stolz, vielleicht aus Freude und auch aus Scham.

Nie mehr wurde über die Sache gesprochen.

Einige Wochen später verhängte mein Vater, vielleicht wegen einer schlechten Schulnote, an Ostern Ausgangssperre, während die Geschwister zu Verwandten fahren durften.

Ich radelte weg, ohne eine Nachricht zu hinterlassen, hundertfünfzig Kilometer fuhr ich in einem Tag zu zwei Tanten, die so fromm waren, daß mich niemand bei ihnen vermuten konnte. Ich sagte nicht, daß ich zu Hause ausgerückt war, aber sie riefen meine Eltern an, um mein Eintreffen mitzuteilen. Sie hätten mich bestimmt mit dem nächsten Zug zurückgeschickt, wenn sie gehört hätten, daß ich davongelaufen war. Aber mein Vater hielt dicht und erlaubte mir, bis zum Ende der Ferien bei den Tanten zu bleiben. Als ich heimkam, fragte er:

»Wie war die Fahrt?«

Dann zeigte er mir den Brief, in dem ihn die Tanten zu seinem guten Sohn beglückwünschten.

Er hat schwer und lang leiden müssen, ehe er sterben durfte. Dieser Mann, der niemals krank gewesen war, der ein zwei Zentner schweres Faß noch immer mühelos hob, der trotz seines riesigen Bauches einen ganzen Tag marschieren konnte, ohne außer Atem zu geraten, für den es weder Schnupfen noch Kopfschmerzen noch sonst eine Unpäßlichkeit gab, der jeden Morgen um sechs Uhr mit der Arbeit begann, sollte sterben?

Als mir gesagt wurde: »Dein Vater ist tot«, und es war eine Tante, die es mir in einem Ton sagte, in dem man Zugauskünfte erteilt, überfiel mich mit dem Schmerz das Gefühl der Verlassenheit und des schutzlosen Ausgeliefertseins. Eine noch nie gekannte Angst breitete sich aus und ließ mich nicht mehr los. Vierzig Jahre lang lebte ich mit dieser Angst und mit dem Haß, den sein Tod erzeugte. Haß auf Gott und Haß auf die Welt. Ein Haß, gegen den ich wehrlos war und der an mir fraß, an die vierzig Jahre.

Es gab in jenen Tagen niemand, mit dem ich über meinen Schmerz und meine Verlassenheit sprechen konnte. Niemand, dem ich hätte sagen können, wie ich diesen Mann bewundert und geliebt hatte. Wenn ich etwas nicht verstand, konnte ich ihn fragen. Was er sagte, war für mich die Antwort, die ich annahm und in mein Leben einbaute. Wir stimmten in unseren Gefühlen und Urteilen über Menschen überein wie Zwillinge. Es war auf ihn Verlaß, das liebte ich am meisten an ihm. Niemals gab er irgendwelche Versprechen ab, aber wenn er sagte, er werde das oder jenes tun, dann war es für mich gleichsam schon geschehen. Ich wollte werden wie er, auf meine Art seiner wert sein.

Nur eines konnte ich nie verstehen: Daß er so am Geld hing. Daß er nie zufrieden war mit dem, was er bekam.

Jeden Abend, wenn meine Mutter Kasse gemacht hatte und ihm die Ergebnisse vorlegte, wartete sie mit verhaltenem Bangen seine Reaktion ab. Selten lobte er. Höchstens ein knappes Kopfnicken deutete an, daß die Zahlen vor seinen Augen Gnade fanden. Nicht selten schob er die Abrechnung mit einer unwischen Handbewegung weg und sagte zu meiner Mutter:

»Das brauchst du mir gar nicht zu zeigen.«

Selbst bei überaus üppigen Einnahmen blieb es bei dem mürrischen Zugeständnis, daß sie noch besser hätten sein können.

In solchen Stunden war er unansprechbar. Ein hoch über allen thronender harter und finsterer Herrscher. Nicht die geringste Ähnlichkeit hatte er in solchen Stunden mit dem gutmütigen Bären, der stundenlang uns Kindern die Lieder vorsummte vom Mariechen, das weinend im Garten saß, oder von den drei Chinesen mit dem Kontrabaß oder vom Sperling und seinen Jungen. Unvorstellbar in solchen Stunden, daß er uns Kindern am nächsten Tag von seiner ersten Liebe erzählen würde, die rothaarig war und schielte, und uns zeigen würde, wie; nicht zu erhoffen, daß seine nächsten Geschenke, die er von Geschäftsreisen mitbrachte, wieder so großzügig und gediegen ausfallen würden wie zuvor.

Am meisten litt meine Mutter unter meines Vaters Unfähigkeit, zufrieden zu sein. Ich an ihrer Stelle hätte mich gewehrt. Nun, da er nicht mehr war, zählte das alles nicht mehr. Niemand half mir zu trauern. In mir war es öd und leer und kalt.

Ich betete: »Lieber Gott, laß mich nicht allein!«

Ich sagte diese Worte ohne Hoffnung.

Bis zum zehnten Lebensjahr blieb ich mehr als meine drei jüngeren Geschwister mir selbst überlassen und wurde dadurch ziemlich selbständig. Die Tante mit dem schiefen Mund nannte mich »vorlaut«, vor allem, weil ich viel las, was ihr äußerst verdächtig war. Nie habe sie ein Buch in die Hand genommen, erklärte sie verächtlich. Mein Vater aber gab mir Bücher. Er las selbst gerne.

»Aber alles mit Maß und Ziel«, sagte er, wenn er mich noch spätnachts mit einem Buch im Bett antraf. »Die Hauptsache ist, fleißig lernen, daß du etwas Ordentliches wirst.«

Vielleicht Geistlicher? Warum nicht? Gerne ging ich in die Kirche. Aufmerksam und neugierig folgte ich dem Religionsunterricht. Stolz berichtete ich von einem Onkel, der in China »Heidenmissionar« war. Auf den Dienst als Ministrant freute ich mich. Der Stadtpfarrer, häufiger Gast unserer Familie, empfahl das bischöfliche Konvikt in F. als angemessen und geeignet für meine religiöse und sittliche Erziehung. Von den Jesuiten hatte er mir abgeraten, zu ihnen wäre ich lieber gegangen.

Konvikt, das hieß, täglich drei Stunden mindestens für die Hausaufgaben, zwei Stunden höchstens für Sport und Spiel und unbedingt eine tägliche Frühmesse, sonntags zusätzlich ein Hochamt, ferner eine Abendandacht sowie längere Gebete vor und nach Tisch.

Ich schrieb nach Hause: »Mir gefällt es hier.«

Ich vermißte weder die Geschwister, noch die Eltern.

Aber Gott fand ich nicht in dieser sonst so nützlichen Ordnung. Über Gebete und Sakramente sollten wir zu ihm finden. Ich betete und war froh, wenn ich diese Pflicht erfüllt hatte. Bei den Sakramenten empfand ich nichts und konnte auch keine Empfindungen heucheln. Niemandem konnte ich diese Zweifel anvertrauen. Ich hatte zu glauben, sonst drohte mir die Hölle, die entsetzliche, gefürchtete.

Ich bat Gott um ein Zeichen, wie er es anderen Menschen schon gegeben hatte. Das sollte mir ein Beweis dafür sein, daß er mich für würdig hielt, wie es in der Messe heißt:

»O Herr, ich bin nicht würdig, daß du eingehst unter mein Dach, aber sprich nur ein Wort, und meine Seele wird gesund.«

Gott schwieg, ich bestürmte ihn, ich betete um das Zeichen, ich bettelte in meinem Liebesverlangen darum.

Es wurden Exerzitien veranstaltet, von einem sehr strengen Pater. Scheu deutete ich in der Beichte meinen Kummer an. Er legte mir, um mich im Glauben zu festigen, eine besonders umfangreiche Buße auf.

Da streikte ich. Ich verließ die Kirche, ohne die Bußgebete gesagt zu haben, ich nahm am anderen Morgen das Sakrament unwürdig, weil ich Gott auf die Probe stellen wollte, ich bat ihn um einen Beweis, daß er meine Sünden gesehen hatte. Er sollte sich mir zeigen. Sofort.

Nichts geschah. Also war alles Lug und Trug, was in der Kirche gesagt wurde. Aber wenn es mit Gott nicht ging, dann vielleicht mit dem Teufel. Mit diesem Pakt verließ ich das Internat.

Die Trotzhaltung, es mit dem Teufel versuchen zu wollen, wenn es mit Gott nicht ging, war nur von kurzer Dauer. Auch konnte ich mir unter dem Teufel so wenig vorstellen wie unter Gott. Ich sagte mir, daß ich ohne die beiden auskomme müsse und könne, wenn ich mich auf mich selbst verlasse. Auf meine Kraft, auf meinen Willen, auf meinen Verstand, auf meine Gefühle, auf meinen Lebenshunger und meine Ideale.

Wie schon Hölderlin sagte ...

»Einen fröhlichen Trinker hat Gott lieb«, stand kunstvoll ausgelegt auf dem Kacheltisch eines Freundes, und ich schrieb es mir auf den Leib. Ich zitierte die Parole oft, wenn ich feuchtfröhlich an diesem Tisch bis zum Morgengrauen mit meinem Freund trank, der so wenig wie ich ein Ende finden konnte. Wir waren beide in Gesellschaft stets die letzten in der Nacht. Unverwüstlich und trinkfest. Und das ohne jede Vorbereitung, einfach aus dem Stand heraus, als hätte ich es jahrelang geübt.

Der Zweite Weltkrieg stand vor der Tür und ich am Beginn meiner beruflichen Laufbahn. Ich war siebzehn und nicht zu halten, wenn es um die Arbeit, die Liebe und das Trinken ging – für mich die wichtigsten Dinge der Welt.

Anfangs fragte ich mich noch, wie ich das aushielt. Von der Arbeit zur Flasche, mit der Flasche und einer Frau ins Bett und dann wieder zur Arbeit. Und alles im vierten Gang, ohne Halt, ohne Bremse. Das ging drei Jahre so.

Nähere Beziehungen zu Kollegen ergaben sich nur mit einigen wenigen, die genauso lebten wie ich. Wir hatten unsere Erkennungszeichen. Damals gingen Landsknechtslieder um. Der schönsten eines hieß:

> »Was war das eine Freude,
> als ihn der Herrgott schuf,

47

ein Kerl wie Samt und Seide,
nur schade, daß er suff.«

Dabei sahen wir einander mit trunkener Entschlossenheit in die Augen und schrien trotzig einen anderen Refrain heraus:

»Uns geht die Sonne nicht unter.«

Der Suff war auch unser Protest gegen die Welt der Spießer und Alltagsmenschen, die uns kopfschüttelnd zusahen. Aber legten wir auf ihr Verständnis überhaupt Wert? Hauptsache, wir trugen den Kopf hoch und konnten so sein, wie es uns gefiel.

Mit einem Wort: Wir nahmen uns schrecklich wichtig. Solange wir unsere Arbeit machten und ihnen nicht zur Last fielen, kümmerten sie sich nicht um uns. Für uns kam es darauf an, den Schein zu wahren, nicht aufzufallen. Unbewußt ging ich davon aus, daß meine Vorgesetzten, die mich lobten und schätzten, nicht wissen durften, wie und wo ich meine Nächte verbrachte. Es wäre ein Verstoß gegen den Anstand gewesen, den Kollegen zu erzählen, daß ich in einer Nacht mehr Geld vertat, als sie in Wochen verdienten.

Ich war, als ich mit dem Trinken anfing, knapp siebzehn, mein Vater war ein Jahr zuvor gestorben.

Mein erster Chef versuchte alles, mir den Vater nach Möglichkeit zu ersetzen. Er nahm sich viel Zeit für meine Ausbildung, gab mir Chance um Chance, mich zu bewähren, und zeichnete mich bald vor den weniger begabten Kollegen deutlich aus. Von mir sei noch viel zu erwarten, hörte ich ihn einmal sagen.

Vor mir lag das Leben wie eine Beute. Ich stürzte mich hungrig und durstig darauf.

Solange ich arbeitete, sah und hörte ich sonst nichts. Grenzenlos war mein Verlangen, das Leben in seiner Vielfalt kennenzulernen und mit meinen Worten zu beschreiben. Es war, das spürte ich von Anfang an, niemals zufriedenzustellen. Ich wollte mehr. Es genügte nicht, gute Arbeit zu leisten, es sollte die beste sein. Absolut die beste. Aber was mir auch gelang, zufrieden machte es mich nicht.

Wenn mein Vater noch leben würde, könnte er sehen, daß ich etwas taugte. Ich stellte ihn mir leibhaftig vor: wie er irgendwo im All auf einer Wolke sitzend zufrieden auf mich heruntersah.

Aller Freunde Lob hätte ich gerne für ein Wort meiner Mutter hergegeben. Sie nahm an meinen Erfolgen niemals Anteil. Sie las niemals etwas Gedrucktes; weder Bücher noch Zeitungen interessierten sie. Ihre Liebe zu mir wurde eher dadurch beeinträchtigt, daß ich mit Worten so schnell und geschickt bei der Hand sein konnte. In ihr saß, gut erhalten, ein ererbtes bäuerliches Mißtrauen gegen schnellen Erfolg.

Immer war ich ihr liebstes Kind gewesen, der Erstgeborene.

»Ach, wenn du nur wieder so werden könntest, wie du als kleiner Kerl gewesen bist«, seufzte sie, als sie mir wieder einmal Geld geben mußte, das ich von ihr stets ohne Vorwurf und Vorbehalt bekam.

Vielleicht in Erinnerung daran, daß ich, der jetzt mit Geld um sich warf, als Kind bei ihr sparen geübt und gelernt hatte, wünschte sie die Kindheit wieder herbei. Es war ein stolzer Tag gewesen, als ich mit vierzehn Jahren tausend Reichsmark eigenes Geld beisammen hatte, die, in Pfandbriefen mündelsicher angelegt, sich stetig vermehrten.

Mama zahlte mein Zimmer in der Großstadt. Sie hatte mich bei der Übersiedlung von Kopf bis Fuß ausgestattet. Was ich als Taschengeld bekam, war für Essen und Trinken bestimmt. Es war reichlich bemessen, und zunächst kam ich gut damit aus.

Bis zu dem Tag, an dem ich in den Wintergarten kam. In den ersten Wochen ging ich nach der Arbeit heim in mein dürftiges liebloses Zimmer in einer Bäckerei, und ich ging dann immer gleich ins Bett, ich ertrug diesen Raum nur zum Schlafen. Wenn ich nicht schlafen konnte oder wollte, besuchte ich die Spätvorstellungen der Kinos oder trabte stundenlang durch die nächtlichen Straßen, in denen ich mich wohl und heimisch fühlte. Alles war besser als die Stille dieses Mietzimmers. In den Straßen konnte ich mit den Häusern Zwiesprache halten und mir Gedanken über Menschen machen, auch ohne mit ihnen zu sprechen.

Dann kam der Tag, an dem ich der golden flimmernden Aufschrift *Wintergarten* einfach nicht mehr widerstehen konnte. Die Bar lag etwas abseits in einer halbdunklen Seitenstraße.

Der Portier salutierte. Der Geschäftsführer wies mir mit einer verbindlichen Geste den Weg. An der Schwelle zur Bar stockte ich einen Augenblick. Ich hatte Herzklopfen. Es rauschte in meinen Ohren.

Die Bardame war blond, jung, hübsch und natürlich.

»Ich heiße Lilo«, sagte sie und gab mir eine warme kräftige Hand.

Ich wußte nicht, was ich trinken sollte. Weil ich das aber unmöglich zugeben und mich als grünen Jungen aus der Provinz nicht ansehen lassen wollte, schob ich die Getränkekarte lässig zur Seite.

Ich hatte eben im Kino Willy Birgel gesehen, in einem Stück mit der fremdartigen Lida Baarova, und so wie Birgel nahm ich nun eine Zigarette aus meinem silbernen Etui, zündete sie an, wedelte das Streichholz aus und sagte weltmännisch knapp:

»Geben Sie mir einen Manhattan!«

Ich blieb bis zum Morgen.

Lilo hatte mich freundlich angesehen, als sie mir beim ersten Glas zuprostete. Ich fühlte mich keineswegs so sicher, wie ich mich gab, wußte ich doch nicht einmal, wie man einen Cocktail trinkt. Blamieren durfte ich mich nicht. Ich war ja keine 18 und hatte eigentlich in diesem Lokal nichts zu suchen. Ich setzte die Schale an und schlürfte sie in großen Zügen leer. Der bittersüße Trunk ging glatt hinunter. Ich setzte die Schale ab und schnippte, wie ich es bei Willy Birgel im Film gesehen hatte, mit dem Finger. Der Barkeeper schenkte eifrig nach.

Es war nicht mein erster Alkohol. Zu Hause hatte ich vor einigen Monaten mit Wermut angefangen, mit Mineralwasser verdünnt. Bier und Wein mochte ich nicht besonders. Zum Essen oder gegen den Durst trank ich am liebsten Mineralwasser – übrigens zeitlebens, denn mit Alkohol habe ich nie den Durst stillen können.

Einen besonderen Anlaß, Alkohol zu trinken, hatte es nicht gegeben. Ich schloß mich einfach eines Tages meiner Mutter an, die vor dem Essen gern einen Wermut nahm. Mein Vater hatte ihr dabei meist Gesellschaft geleistet. Nach seinem Tod trat ich an seine Stelle.

Beim Manhattan blieb ich nicht lange. Lilo machte mich darauf aufmerksam, daß pure Getränke bekömmlicher seien, und schlug eine Flasche Sekt vor. Ich hielt Sekt für fade, ein labbriges Getränk, wie ich von einigen flüchtigen Gelegenheiten wußte, wenn mir erlaubt worden war, an einem Sektkelch zu nippen. Nun floß ein dikker Strahl in eine breite Schale, das war schon für das Auge etwas anderes. Das Glas beschlug sich rasch, der Sekt war eiskalt. Ich setzte an.

Lilo sagte: »Ex!«

Das Gefühl ging durch und durch, wie ein Degenstich.

Nach der Bestellung der zweiten Flasche ging ich auf die Toilette und zählte mein Geld. Es reichte für mehr.

Das Lokal begann sich zu füllen, es kamen gut gekleidete Männer und gepflegte Damen. Sie hatten einen Hauch von Sorglosigkeit um sich. Der Pianist spielte den Schlager: »Auf den Flügeln bunter Träume.« Lilo hatte inzwischen bei anderen Gästen zu tun, vergaß aber nicht, immer wieder zu mir herüberzusehen, und zum Anstoßen zurückzukommen. Es schmeichelte mir, daß sie mich bevorzugte und besser behandelte als die Herren mit den Brillantringen.

Die zweite Flasche leerte sich unglaublich schnell, denn ich trank mein Glas stets bis auf einen kleinen Rest leer und ließ mir dann nach einer kleinen Pause nachgießen. Etwas taumelig ging ich wieder hinaus, um nachzusehen, ob mein Geld wirklich reichte. Es waren über 200 RM, damals das Monatsgehalt eines Angestellten. Der Abend war es wert, diese Summe auf den Kopf zu hauen.

Nach Mitternacht nahm ich mir zum ersten Mal vor zu gehen. Ich verschob es aber von einer Viertelstunde auf die nächste. Es kam mir schließlich albern vor, dauernd auf die Uhr zu sehen, und ich zahlte. Für Lilo war ich von diesem Augenblick an offenbar nicht mehr interessant. Ich nahm die Brieftasche heraus, blätterte die Scheine durch und legte meine Zeche auf das Tablett. Es war gegen zwei Uhr. Nach Hause wollte ich nicht, aber um diese Stunde wußte ich kein anderes Lokal. Ich ging auf die Toilette, erfrischte mich und ging zurück an die Bar. Lilo riß die Augen auf.

»Ich hab' es mir anders überlegt«, sagte ich und nahm wieder Platz.

Mein Geld ging drauf.

Als die Bar schloß, fuhren die ersten Straßenbahnen. Ich war hellwach und munter. Zu Hause duschte ich, spülte sorgfältig mit Mundwasser, rieb den Oberkörper mit Kölnisch Wasser ab und zog frische Wäsche an. Nach einem kräftigen Frühstück fuhr ich ins Büro zum Frühdienst. Niemand merkte mir etwas an. Die Arbeit ging mir glatt von der Hand, viel flotter als den Kollegen, die noch den Schlaf im Gesicht hatten und erst langsam auf Touren kamen. Da der Frühdienst nur bis zehn dauerte, hatte ich genügend Zeit, mich bis zum Nachtdienst auszuschlafen, und nach einigen Tagen schon fand ich es selbstverständlich, freie Nächte im Wintergarten zu verbringen, solange ich Geld hatte.

Aber nun reichte mein Taschengeld nie mehr. Oft gab ich, was mir meine Mutter am Sonntag in die Hand gedrückt hatte, noch in der gleichen Nacht aus, lebte dann zwei, drei Tage in der Schnellgaststätte von Bockwurst und Kartoffelsalat und einen Tag von geliehenem Geld. Dann mußte ich Mama anrufen. Ein-, zweimal kam ich mit dem Hinweis auf überraschende Einkäufe. Dann mußte ich bessere Gründe finden. Stockend, mit belegter Stimme, breitete ich die Dramen aus, in die ich geraten war. Ich habe dummerweise Geld an Kollegen verliehen, und meine Mutter mahnte mich, nicht so gutmütig zu sein. Ich habe »dummerweise gespielt und verloren«, worauf Mama mit banger Stimme sagte:

»Denk' an Onkel Edmund.«

Jener hatte Haus und Hof verspielt. Oder ich war »in schlechte Gesellschaft« geraten – das zog, weil meine Mutter nichts mehr fürchtete als einen Umgang mit Personen unter meinem Niveau.

Es war schmutzig, wie ich log. Seltsam, daß ich dabei gar keine Schuldgefühle hatte. Ich mußte das Geld haben. Eines Tages sagte ich, als meine Mutter zögerte:

»Dann bringe ich mich um, dann kannst du dir dein Geld sparen.«

Und Mama zahlte. In den bangen Stunden des Wartens, bang deshalb, weil irgendein unvorhergesehener Umstand das rechtzeitige Eintreffen des Geldes verhindern konnte, sagte ich alle guten Vorsätze noch einmal auf, mit denen ich meine Geldforderungen verbrämt hatte: Es war das letzte Mal, nie wieder wird es mir passieren, hoch und heilig verspreche ich es, ich schwöre es.

Aber das Geld kam stets. Wenn ich es einsteckte, war ich mir ganz sicher, daß ich heute nur in die Bar hineingehe, lässig ein Glas bestelle, beiläufig den Schuldschein verlange, das Geld drauflege, das Glas leere, gehe und mich nie wieder dort blicken lasse.

Aber niemals konnte ich nach dem ersten Glas aufhören, auch nicht nach dem zweiten oder dritten, ich brachte es höchstens fertig, diese Bar zu verlassen und – in die nächste zu gehen.

Was mir meine Mutter nicht gab, nahm ich aus der Kasse. Einmal bemerkte ich, wie eine Angestellte mich dabei beobachtete. Da nahm ich in aller Ruhe noch einen zweiten Schein. Aber so kaltblütig wie beim Stehlen war ich nicht, als eines Tages der »Familienrat« sich versammelte, um sich mit mir zu beschäftigen, meine Mutter, eine Tante und zwei Onkel. Es war die Rede davon, »auf diese Geschichte hin andere Seiten aufzuziehen«.

Bei meinen Barbesuchen hatte ich endlich einen Gesprächspartner gefunden, der sich als »Sokolowski« – »eigentlich von, aber das können Sie ruhig weglassen« – vorgestellt hatte, ein ungemein angenehmer Typ. Was ich sonst in der Bar traf, waren für mich Spießer, Bürger. Noch schlimmer: Spießbürger. Am allerschlimmsten: rechtschaffene Spießbürger mit Weib, Kind, Haus, Hof, Uhrkette vor dem Bauch und auf Abenteuer aus. Sokolowski war dagegen ein Mann von Welt mit dem gewissen Etwas. Er trank genau wie ich, ohne aufzufallen, die

Mädchen anzuöden, zu gröhlen oder glasig vor sich hin zu starren. Er hatte sich im Leben umgetan, Höhen und Tiefen erfahren. Auch ihm ging die Sonne nicht unter.

Wir luden uns gegenseitig großzügig ein. Halfen einander weltmännisch mit Geld aus. Eines Abends kam er nicht, wie verabredet. Als er auch am dritten Tag nicht erschien, suchte ich jene Dame der guten Gesellschaft auf, mit der wir manchmal in einem sehr gepflegten Restaurant gegessen hatten. Sie empfing mich mißtrauisch: Hans habe sie sehr enttäuscht, ich dürfe seinen Namen nicht erwähnen. Sie rate mir, niemandem zu sagen, daß ich ihn kenne. Und dann kam es heraus: Sie war der Meinung, wir seien Komplicen, die gemeinsam wohlhabende Damen ausnahmen. Wenn die Polizei sich auch meiner annehme, solle ich mich nicht wundern, sagte sie.

Mein Chef beorderte mich anderntags barsch zu sich, nachdem zwei fremde Herren in Lodenmänteln ihn verlassen hatten. Verschlossene Dienstmiene, ganz im Gegensatz zu sonst. Ob ich einen gewissen Sokolowski kenne, fragte der Chef, woher und wieso, ob und wie oft ich Geld von ihm bekommen habe, was ich über sein Leben wisse. Ich sagte, augenblicklich schulde er mir 100 Mark, aber er habe stets zurückgezahlt.

»Das ist vorbei«, sagte der Chef. »Sie werden diesen Herrn nicht wiedersehen, falls Sie nicht als Zeuge vor Gericht aussagen müssen. Dieser Sokolowski, weder von, noch Sokolowski, aber Müller, ist ein Hochstapler und Heiratsschwindler mit einer Latte von Vorstrafen. Und mit so etwas treiben Sie sich in den Bars herum. Die Geschäftsleitung hat verlangt, daß ich Sie entlasse.«

Ich verstand meinen Chef nicht. Was hatte Sokolowski oder Müller mit mir zu tun? Hatte ich unter seinem Einfluß schlechter gearbeitet, mich daneben benommen oder etwas angestellt? Wir hatten miteinander getrunken und dabei unseren Spaß gehabt. Die harmloseste Sache der Welt. Das versuchte ich dem Chef, der wie ich wußte, doch auch mal, wenn es sich so ergab, ein Viertele Wein nicht verschmähte, so vorsichtig wie möglich zu bedenken zu geben. Der Chef antwortete:

»Begreifen Sie nicht! Die Geschäftsleitung hat verlangt, daß ich Sie entlasse, weil ein Mitarbeiter unserer Abteilung unmöglich Umgang mit einem Berufsverbrecher haben darf. Sie haben nicht gewußt, daß er das ist. Das ist Ihr Pech, aber das haben Sie sich selbst zuzuschreiben. Ich gebe Ihnen den letzten Rat: Gehen Sie nie mehr in solche Lokale, wo sich derartige Leute herumtreiben. Und jetzt gehen Sie an Ihre Arbeit, das weitere werden Sie hören.«

Sofort nach dem Spätdienst suchte ich den Wintergarten auf. Lilo meinte, sie könne über Sokolowski nichts Nachteiliges sagen. Er sei ihr lieber als mancher andere in Frack und Zylinder. Sie kenne ihre Pappenheimer. »Du kennst doch den B.«, sagte sie und nannte den Namen eines bekannten Industriellen. »Der macht hier seine minderjährigen Lehrmädchen besoffen.« Der Sokolowski hatte liebeshungrige Frauen ausgenommen. Er hatte niemanden zu etwas gezwungen. Ich hatte doch gesehen, wie ihm das Geld aufgedrängt wurde, wenn er »momentan in Verlegenheit« war. Sollte ich seinetwegen meine geliebte Arbeit verlieren?

Lilo sorgte dafür, daß mein Glas nicht leer blieb. Zum erstenmal Mal vertrug ich meine Spezialmischung nicht: Sekt mit Wodka. Ich mußte mich übergeben, trank aber weiter. Spürte aufsteigendes Fieber und Kälte. Lilo gab mir einen großen Whisky:

»Geh ins Bett, du bist krank.«

Am übernächsten Morgen wurde mir der Blinddarm herausgenommen.

Im Heimatstädtchen, wo ich mich von der Operation erholte, gab es zwar keinen *Wintergarten* und keine leichtfertigen Verführer, aber mehr als einen entgegenkommenden wundermilden Wirt, der seine Gute Stube für Gäste wie mich und meine Clique aufhielt, solange uns der Schlund juckte, wie ich damals sagte, und das hieß: bis zum letzten Heller.

Die Finanzierung wurde aber immer schwieriger, weil meiner Mutter nicht verborgen bleiben konnte, wohin ich Abend für Abend verschwand. Sie rückte nur noch zögernd mit dem Geld heraus, und dann erlebte ich eine unangenehme Stunde, als die »Erwachsenen«, der sich an Mamas Fleischtöpfen nährende Clan, über mich Gericht hielten.

Onkel Franz, unser Buchhalter, wies auf die »Unsummen« hin, die ich in wenigen Monaten verbraucht hatte. Seine Frau, die älteste Schwester meiner Mutter, sagte nur:

»Müßiggang ist aller Laster Anfang.«

Strafend sah sie mich an. Für sie war klar, daß ich das Geld mit »Dirnen« durchgebracht hatte. Zornig hieß sie Tante Wilhelmine schweigen, meine Lieblingstante, die aus ihrer reichen Kenntnis christlicher Heiliger schöpfend mich mit dem Hinweis in Schutz nahm: »Er geht Augustinuswege!«

Meine Mutter hörte zu, als sei sie selbst die Angeklagte, und hielt meine Hand – oder hielt ich ihre? Und dann fand Onkel Charly, der Künstler in unserer Familie, das befreiende Wort:

»Adam ist kein Alltagsmensch, das haben wir immer gewußt. Er muß sich die Hörner abstoßen. Er ist Irrwege gegangen. Aber wie sagt Hölderlin? *Wer das Tiefste gedacht, liebt das Lebendige.* Ich habe mit Adams Chef gesprochen. Die Herren sehen die Angelegenheit inzwischen nicht mehr so streng. Bis Adam auskuriert ist, ist auch Gras über die Sache gewachsen. Aber wir sollten sie uns als Lehre nehmen. Ich habe mir Adams Zimmer angesehen. Ein elendes Loch. Kein Wunder, daß er daraus flüchtet. Er braucht doch eine Ansprache, wenn er heimkommt.«

Der Familienrat war nur allzu bereit, in mir ein Opfer der schlechten Verhältnisse zu sehen. Ich hörte, daß ich in schlechte Gesellschaft geraten sei, es war mir ein schlechtes Beispiel gegeben worden, leichtlebige Frauen und leichtsinnige Männer hatten mich zu unbedachten Streichen animiert und verführt – halb zog es ihn, halb sank er hin, zitierte Onkel Charly, und dann hörte ich erleichtert, daß ein junger Mensch sich die Hörner abstoßen müsse und sich »das« auswachse.

Wir waren uns alle einig, daß der *Wintergarten* zu meiden sei. »Ein Nepplokal«, sagte Onkel Buchhalter.

Abends, als wir allein waren, sagte meine Mutter, sie wisse von ihren Brüdern, die ja auch keine Heiligen gewesen seien, daß junge Männer immer noch, wenn alles bezahlt sei, »Reste« hätten. Ihr dürfe ich es sagen.

Ich schüttelte langsam den Kopf. Meine Mutter deutete das auf ihre Weise:

»Vielleicht genierst du dich, aber mir kannst du es ruhig sagen, und die anderen werden es nicht erfahren.«

Geld zu haben ist nicht schlecht, dachte ich mir. Noch besser ist mehr Geld.

»Es ist viel, Mama«, sagte ich, »ich traue mich gar nicht ...«

»Ganz egal, wieviel es ist, mir kannst du es sagen, du bist mein Sohn jede Stunde.«

Ich hätte sie umarmen mögen, aber das tat ich nicht, vielmehr sagte ich:

»Ich möchte das selbst erledigen. Ich habe doch noch

die Pfandbriefe. Wenn du mir die abkaufst, kann ich alles bezahlen.«

»Du bekommst das Geld«, sagte meine Mutter. »Onkel Franz braucht es nicht zu wissen. Ich gebe es dir von meinem privaten. Die Pfandbriefe lassen wir ruhig auf deinen Namen stehen.«

So endete die erste Phase meiner Trinkerzeit mit dem Startkapital für einen neuen Anfang.

Ich sah mich bald als Stammgast in preiswerteren Lokalen, die auch »Damen ohne Begleitung« duldeten, falls sie den Umsatz förderten. Bei diesen wachte ich dann und wann auf und mußte erst von den nackten Wesen neben mir erfahren, was sich im Verlauf der Nacht von einem bestimmten Zeitpunkt an abgespielt hatte.

Diese Art Nachtleben dauerte aber nicht lang. Die Männer waren mir zu gewöhnlich, die Frauen zu direkt und der Nepp zu brutal. Aber an meinem Trinken änderte sich dadurch nichts. Ich wechselte nur die Umgebung und trank nun Wein, Bier und Schnaps aus polierten Gläsern bei Kerzenschein in gepflegten Räumen, wo von Kellnern im Frank bedient wurde. Die Begleiterinnen des jungen, gut gekleideten Lebemannes, den ich nun darstellte, mußten gepflegt sein und sich zu benehmen wissen. Bevorzugt waren Frauen mit einem gewissen Ruf, wenn auch nach dem Urteil der Bürger nicht unbedingt guten. Nur langweilig durften sie nicht sein.

Vor nichts fürchtete ich mich mehr als vor Langeweile. Bei der Arbeit verspürte ich sie nie. Meine Arbeit war interessant und aufregend, sie hielt mich gefangen. Ich arbeitete gerne mehr und länger als die Kollegen. Am liebsten hätte ich immer weitergemacht bis zur körperlichen Erschöpfung, aber nach diesen langen Tagen war ich niemals müde, es verlangte mich nach mehr. Nicht nur beim Trinken.

Ich wollte immer aus jedem Augenblick das äußerste herausholen, ganz gleich, ob ich arbeitete, ein Buch las, ein Theaterstück sah, eine Frau umarmte oder trank.

Dann und wann kam mir zu Bewußtsein, daß ich mich übernahm, sei es, daß ich mich an eine unerreichbare Frau hängte oder zu viel trank. Das waren in meinen Augen Niederlagen. Keine dieser Niederlagen hielt mich davon ab, im gleichen Stil weiterzuleben. Die große Unruhe in mir ließ keine Besinnung aufkommen. Wenn ich mich zwangsläufig fragen mußte, wie es weitergehen sollte, machte ich Pläne, in der Regel sehr gründliche und weitreichende Pläne, die vorsahen, daß alles ganz anders werden müsse. Sie scheiterten daran, daß ich mich nie sehen konnte, wie ich war, und mir immer ein Rätsel blieb, im großen wie im kleinen. Morgen wird alles anders sein, sagte ich und begriff niemals, daß das Morgen heute beginnt.

Als einziger Mensch warnte damals meine Mutter mich dann und wann, wenn ich selbst nach ihrem nachsichtigen Urteil zu viel getrunken hatte: »Trink doch nicht soviel.«

Und regelmäßig bekam sie die Antwort: »Ich kann noch viel mehr vertragen.«

Diese Fähigkeit machte mich überall beliebt, wo kräftig gebechert wurde; und wo wurde in den letzten Jahren vor dem Zweiten Weltkrieg nicht kräftig gebechert?

In einer Weinstube entdeckte ich den Spruch.

»Erst mach' dein Sach;
dann trink und lach'!«

Diese Parole nahm ich mir zu Herzen. Ich arbeitete gerne, lachte gerne und trank gerne. Ich trank gerne, ich trank oft mehr als andere, und ich trank anders!

Menschen, die an einem Abend mit zwei oder drei Glas Wein auskamen und aufhörten, wenn es ihnen angeblich am besten schmeckte, kamen mir wie Fabelwesen vor. Trotzdem wollte ich zeigen, daß ich auch dazu fähig war. Beste Voraussetzung für ein solches Trinkverhalten, so sagte man mir, sei eine ausgeglichene Gemütsverfassung und ein solides Essen als Grundlage.

Ich verabredete mich mit einer hübschen und amüsanten Frau und ließ mir zu einem enormen Abendessen den besten Tropfen geben. Mit dem Blick auf die Uhr kontrollierte ich mich beim Trinken des ersten Glases, das ich in kleinen Schlucken zu mir nahm, wie ich es den Genießern abgeschaut hatte. Aber ich spürte auf der Zunge und am Gaumen jene vielbeschriebenen Eigenschaften des Weines nicht. Ich fand ihn süßsauer, das war alles. Dieses Glas wurde zur Qual. Wenn man nur so trinken durfte, dann wollte ich keinen Wein trinken.

Aber das zweite Glas schmeckte schon erheblich besser, weil der Alkohol zu wirken begann. Und nach dem dritten fand ich den Wein so gut, daß ich unbedingt noch ein Viertel haben mußte. An den Geschmacksnerven konnte es nicht liegen, die waren zeitlebens in Ordnung, als Esser kann ich mit Bedacht genießen.

Dann versuchte ich, im Hinblick auf mein Portemonnaie mein Trinkquantum in den Griff zu bekommen – mit dem unerwarteten Erfolg, daß ich nicht mehr teure Getränke wählte, sondern billige. Hauptsache, es stellte sich die Wirkung ein. Ich kann mich nicht erinnern, jemals eher aufgehört zu haben zu trinken, als bis jene Wirkung eingetreten war, die die ersten Drinks im *Wintergarten* ausgelöst hatten.

Heute weiß ich, daß ich von diesen ersten Gläsern an süchtig getrunken habe. Ich wurde nicht Alkoholiker, weil ich trank, sondern mich verlangte nach dem Trinken, weil ich Alkoholiker bin.

Mein Verlangen nach Alkohol erschien mir normal. Ich

mußte nicht trinken, wenn ich nicht wollte. Wenn ich sagte: Heute nicht – dann trank ich auch nicht. Aber sobald ich das erste Glas hinter der Binde hatte, bestimmte der Alkohol das Weitere.

Versehentlich oder wider meinen Willen war ich damals nie betrunken. Es ärgerte mich, wenn ich beim Trinken die Herrschaft über mich verlor, denn damit ging auch der »Zustand« flöten, die Harmonie, die innere Zufriedenheit. Wenn ich torkelte, schwebte ich nicht mehr.

Solange ich noch die Selbstkontrolle erhalten konnte, prüfte ich mich stets, ob ich nicht zu viel geladen hätte. Wenn ich anfing doppelt zu sehen, wurde es Zeit, allmählich aufzuhören. Nach langen Sitzungen versäumte ich – außer wenn ich, weil ich gehunfähig war, ein Taxi nehmen mußte – selten den Gehtest. Dieser Test verlangt, beim Gehen möglichst mit halbgeschlossenen Augen auf einer gedachten Geraden zu bleiben. Wenn ich nach einigen Schritten von der Linie abkam, sagte ich mir: Jetzt hat es dich erwischt. Oft trieb ich diese Übung stundenlang, soweit mich die Füße trugen. Hinterher schlief ich prächtig.

Nach dieser Methode erwanderte ich in meinen ersten zwanzig Trinkerjahren nächtens ganze Viertel europäischer Großstädte: Berlin, Paris, Brüssel, Rom, Kopenhagen, Krakau und eine Reihe andere. Viele dieser Nachtwanderungen unternahm ich im Krieg, bei Verdunkelung und unter gefährlichen Begleitumständen – wie Ausgehverboten, Bombenangriffen und möglichen Überfällen –, selbstverständlich mutterseelenallein und unbewaffnet. Niemals stieß mir etwas zu.

Wie recht doch meine Mutter hatte, als sie mich mit der Lebensweisheit bekannt machte: »Man ahnt nicht, was ein berauschter Mann Glück hat.« Und dann hatte sie gesagt: »Auf Glück ist kein Verlaß.«

In den ersten Jahren passierte es häufiger als später, daß mir am nächsten Tag »ein Stück vom Film« fehlte. Bis zu einem gewissen Zeitpunkt war alles klar. Ich hatte unauffällig getrunken, anstandslos bezahlt, das Lokal verlassen und ein Taxi bestiegen, um zu erfahren, »wo noch was los ist«. Ich mußte also noch irgendwo gewesen sein. Aber wo? Weiß der Henker! Keine Ahnung, was ich dort getrieben hatte. Eine Menge Geld war jedenfalls weg, und ich wußte nicht, wie ich in mein Bett gekommen war.

Erhebend war es auch nicht, in fremden Wohnungen zu erwachen. Doch waren die Menschen immer nett zu mir und einige besonders nette sind mir unvergeßlich, weil sie mir mit einem Hering und einem Bier zu Hilfe kamen.

Um so peinlicher trafen mich in fremden Betten die vorwurfsvollen Blicke keineswegs gewerbsmäßiger Damen, die nicht erwartet hatten, angepinkelt zu werden. Wie ich mich schämte! Nie wieder sollte mir das zustoßen! Ein normaler Mensch, dem so etwas einmal passiert, wird den Alkohol meiden. Ich mied die Damen.

In den ersten Stunden des Zweiten Weltkrieges war ich betrunken und in seinen letzten Stunden auch. Genießet den Krieg, hieß damals eine Parole, der Frieden wird furchtbar. Das Problem, geistige Getränke zu beschaffen, beanspruchte mich in diesen Jahren gebührend, aber ich konnte es immer zufriedenstellend lösen.

Ich wurde gen Osten kommandiert. Satt voll traf ich mit dem Schnellzug ab Berlin, Schlesischer Bahnhof, in der zerstörten polnischen Hauptstadt ein. Man versetzte mich in den Westen. Hochgestimmt erreichte ich Brüssel. Es verschlug mich nach Dänemark. Kaum war ich an einem Nachmittag in Kopenhagen eingetroffen, hatte ich zwei Stunden später ein solides Bündnis mit Tuborg-Bier und Aquavit hergestellt.

Ich kam an die russische Front. Drei Tage dauerte die Fahrt. Drei Tage war ich nicht eine Minute nüchtern. Nach einer Verwundung mußte ich vier Wochen mit hohem Fieber liegen. Am ersten Ausgehtag machte ich mit einem kursächsischen Trunkenbold innerhalb einer Stunde in einer fast total zerstörten weißrussischen Stadt eine Flüsterkneipe aus, die zwei Aristokratinnen polnischer Herkunft in einem halb verfallenen Haus unterhielten.

Ich hatte Madame Ljuba, die Jüngere, eine Offizierswitwe, instinktiv auf französisch angesprochen, und rasch zog sie mich durch die halb offene Tür über einen kurzen Gang in die Trinkstube, die mit Diwanen und Sesseln möbliert war.

Der Kursachse, ein uralter Obergefreiter mit dem EK I, hatte Bedenken. Es war wegen der Partisanengefahr verboten, in Privathäuser zu gehen. Madame Ljuba hatte Bedenken, es war ihr verboten Alkohol auszuschenken a) überhaupt und b) an Angehörige der deutschen Wehrmacht. Außerdem habe sie keinen Alkohol. Ihr Jude, der sie damit versorgt habe, sei weg.

»Sie verstehen.«

Ich verstand. Es gab keine Juden mehr in Brest.

Ich sagte, noch sei Polen nicht verloren, und sie merkte, daß ich ein bißchen was von ihrem Land kannte. Sie holte ihre Schwester, der wir als »charmante Deutsche« vorgestellt wurden, die den Wunsch hätten, ein Gläschen zu trinken.

Selig zogen der Kursachse und ich ein Paar Stunden später ins Lazarett ein. Täglich gingen wir zu den Polinnen, denen es offensichtlich Freude machte, so dankbaren Gästen wie uns und so gebildeten Herren ein Gläschen zu offerieren. Es war sauberer Wodka. Wir fragten nicht nach der Herkunft, er konnte nur aus dem Offizierskasino stammen. Wir gaben dafür einen handgestrickten Norwegerpullover und ein paar fast neue Skistiefel.

Wesentlich einfacher war es im Elsaß. Ich setzte mich einfach in Straßburg in ein bürgerliches Lokal, etwas abseits von den anderen Gästen, an den Tisch und fragte den mürrischen Kellner auf französisch, was er mir zu trinken bringen könne. Den Elsässern war bei Strafe verboten, Französisch zu sprechen. Das galt als politische Demonstration, als ein Zeichen »reichsfeindlicher Gesinnung«. Mir als Angehörigen der Wehrmacht war es nicht verboten. Ich bekam eine Kaffeetasse mit gutem Cognac. Und viele weitere.

Im Elsaß geschah es auch, daß ich anfing, mir schon am Morgen eine Flasche Wein einzuverleiben. Ich war am ersten Abend in der Kantine von einem Gefreiten angesprochen worden, der beobachtet hatte, wie freigebig ich mit Zigaretten war. Ich solle nicht so blöd sein, sagte er, meine Zigaretten herzuschenken. Wir könnten ins Geschäft kommen.

Es bestand in der Vermittlung eines wetterfesten Druckpostens auf der Schreibstube. Im bürgerlichen Leben war Fred, ein strammer Soldat mit etlichem Blech auf der Brust, Würstchenverkäufer in Essen. Zunächst. Bei einer Flasche Edelzwicker, die ich besorgt hatte, eröffnete er mir später, daß er »eine Alte« habe, die ihm regelmäßig Geld schicke. Er war Zuhälter, und meine Ansichten über diesen Beruf änderten sich im Verlauf der Monate, die wir miteinander verbrachten, wesentlich. Mit Fred als Kumpel konnte nichts schiefgehen.

Wir schafften bis Mittag an unserem Schreibtisch gut und gern jeder zwei Flaschen Weißwein mit Brot und Zwiebeln. Dann stanken wir so, daß uns niemand zu nahe kam. Anschließend legten wir uns eine Stunde aufs Ohr, später erledigten wir unsere dienstlichen Schreibereien, gegen fünf machten wir uns fein und Schlag sechs Uhr verließen wir die Kaserne, die wir niemals vor Mitternacht und garantiert nicht nüchtern wieder betraten.

Mit dem »Alten«, unserem Kompaniechef, einem einarmigen Haudegen, kam ich von Anfang an gut zurecht. Als sein Bursche in Urlaub fuhr, mußte ich ihn wecken. Auf mein heftiges Klopfen hörte ich erst nichts, dann ein Grunzen. Ich trat ein. Herr Hauptmann lagen nackt auf dem Boden, daneben ein paar Flaschen. Er verzog kläglich das Gesicht.

»Keine Ahnung, wo meine Prothese hingekommen ist«, gestand er mir, aber er wisse bestimmt, daß er sie gestern nacht noch angehabt habe.

Inzwischen war ihm wohl eingefallen, daß der Verlust einer an den Armstumpf angeschnallten Prothese mir merkwürdig erscheinen mußte. Daraufhin kratzte er sich heftig eine bestimmte Stelle am Kopf und sagte:

»Verdammter Granatsplitter!«

Seit der Verwundung setzte manchmal sein Gedächtnis aus. Nachdem ich die Prothese im Wäschefach seines Schrankes, der weit offen stand, erspäht und ihm angeschnallt hatte, erzählte ich Fred das Erlebnis. Der lachte schallend.

»Kopfschuß! Der Alte hat keinen Kopfschuß. Der hat einen Knall. Ich war mit ihm in Rußland. Für den Alten gibt es nur zwei Sachen, die zählen: Siegen und Saufen. Er hat eine Kompanie Kosaken geführt. Die Iwans haben ihn geliebt, du kannst dir das nicht vorstellen, die schreiben ihm jetzt noch. Wo gibt's denn so was noch in der Großdeutschen Wehrmacht?«

»Aber manchmal ist er einfach nicht zum aushalten, brüllt und tobt herum, und nichts ist ihm rechtzumachen.«

»Du mußt noch viel lernen, Mann«, sagte Fred. »Nur wenn er nichts zu saufen hat, ist der Alte so. Gib ihm was zu trinken und er ist eine Seele von Mensch.«

Ich war 24 Jahre alt, als mir Fred diese kurzgefaßte Einführung in das Alkoholentzugssyndrom gab. Daß ich selbst schon darunter litt, und das nicht selten, ging mir nicht auf.

In der eigenen Falle gefangen

In den ersten Jahren nach dem Krieg hatte ich das Pech, daß ich dann und wann einen Tag blaumachen mußte. Ohne körperlich wirklich krank zu sein, war ich unfähig zu arbeiten. Es war wie eine innere Lähmung, gegen die ich zwar verzweifelt ankämpfte, die ich aber mit Hilfe des Verstandes oder des Willens nicht überwinden konnte. Selbst der Appell an den »inneren Schweinehund« blieb ohne Echo. Es tröstete mich auch die Erfahrung nicht, daß die Störung irgendwann aufhörte. So lange sie währte, erschien sie mir wie eine Ewigkeit, in der kein Ende abzusehen ist.

Ich wagte mich nicht aus dem Bett, aus dem Zimmer, aus dem Haus. Ich fürchtete mich vor Menschen, am Schluß sogar vor mir selbst. Ich hatte Angst, jeder müsse »es« mir ansehen. »Es« konnte ich nicht beschreiben, die Wirklichkeit war es nicht. Ich schämte mich. Aber nicht wegen des Trinkens. Eher sah ich eine Besonderheit darin, Mengen vertragen zu können, die einen Ochsen umwarfen. Auch reute das vertrunkene Geld mich nicht tief. Tolle Streiche in der Trunkenheit stufte ich in meiner Gewissensskala eher als Betriebsunfälle ein, nach tugendhaftem Verhalten verlangte mich ja nicht. Für ungewolltes Geschehen konnte ich mich entschuldigen.

Was mich plagte, hatte keinen Namen – niemand verhalf mir zu der Einsicht, daß es tief im Unbewußten stekkende Schuldgefühle waren, aus denen die Scham, die Angst, die Selbstvorwürfe, die Selbstverdammung hervorgingen.

»Das sind die Nerven«, sagte man mir und empfahl Beruhigungsmittel. Sie wirkten ähnlich wie Alkohol. Aber ich mochte sie nicht. Alkohol war viel besser. Für Alkohol gab es keinen Ersatz. Erfahrene Trinker bestätigten mir die segensreiche Wirkung des aufgewärmten Rausches. Er beruhigte das Gewissen, radierte die Schuldgefühle aus. Hinterher war es sogar möglich, einige Zeit mäßiger oder gar nicht zu trinken, bis ich meinte, nun sei wieder ein tüchtiger Schluck fällig.

So trieb ich es viele Jahre, die ich als unverwüstlicher Trinker, notorischer Verführer, Glücksspieler, Verschwender und Abenteurer verbrachte, dem die Sonne nicht unterging.

Manchmal kam mir dieses Leben beschissen vor. Aber wenn im Rausch der Schädel dröhnte und das Blut wie Feuer brannte und mein Herz tanzte und mein Geist schwebte, dann gab es die graue Nüchternheit der Pflichten und Gebote, die kümmerliche Alltäglichkeit nicht mehr, dann war ich ewige Augenblicke lang – wie Gott. So zu sterben, das wäre himmlisch gelebt!

Hinterher sagte mir meine Vernunft: Du bist verrückt. Auch Freundinnen und Freunde sagten das. Wenn es ohne Vorwurf oder Anklage gesagt wurde, gab ich es zu. Ich war eben verrückt. Wenn ich es nicht manchmal sein durfte, fehlte mir etwas. Das nüchterne Leben war so kalt, so leblos, so zweckbestimmt, daß es mir sinnlos erschien. Wenn ich aus diesem Käfig nicht dann und wann ausbrach, glaubte ich seelisch sterben zu müssen. »Ein Tag gelebt im Paradies ist nicht zu teuer mit dem Tod bezahlt.«

An Erna hätte ich mein Leben lang vorbeigehen können, ohne sie zu bemerken. Ich wurde ihr in die Arme gelegt. Das passierte einfach, wie fast alles in meinem Leben einfach geschah.

Erna saß im Vorzimmer eines mächtigen Mannes, der mich aufgelesen hatte, als ich wieder einmal gestrandet war. Das schon Übliche: Eine respektable Stellung war während einer mehrtägigen Sauftour in die Brüche gegangen.

Das hatte mich tiefer getroffen als die vorherigen Pleiten. Früher nämlich war immer ich es gewesen, der Beziehungen abgebrochen und dafür stets einen rechtfertigenden Grund gefunden hatte. Diesmal war ich geflogen. Der Grund der Entlassung war mein außerdienstliches Verhalten – eine vornehme Umschreibung.

Für meine Arbeit gab es nur Lob. Man sagte mir nach der Kündigung noch, man wäre mit mir auch zufrieden gewesen, wenn ich mich weniger angestrengt hätte. Aber es könne nicht geduldet werden, daß ich auf der breiten Couch des Chefzimmers eine Sekretärin verführe.

Ich hatte es nicht getan. Vergeblich bot ich mein Alibi an, daß ich anschließend an eine feuchte Feier im Büro den Rest der Nacht bei einer anderen Frau verbracht hatte, die das bezeugen konnte. Man sagte kühl, das letztere schließe ja das erstere nicht aus.

Ich war nicht mehr glaubwürdig.

In der Branche wurde die offizielle Version der »Trennung in beiderseitigem Einverständnis« kaum geglaubt. Die attraktive Sekretärin und ich in verfänglicher Situation – schon wurden darüber Details verbreitet, die die Gemüter gut unterhielten. Längst verjährte Geschichten machten erneut die Runde, bei denen »Wein und üble Weiber«, wie mein Lateinlehrer immer gesagt hatte, die herrschende Rolle spielten. In Wirklichkeit waren die Frauen nie übel gewesen und die Getränke auch nicht, übel war allenfalls mein Zustand hinterher.

Einen Ortswechsel, oft erprobtes Mittel, um aus einer verfahrenen Situation herauszukommen, hatte ich schon ernsthaft im Sinn, als Herr W. mich über einen gemeinsamen Bekannten wissen ließ, daß er meine beruflichen Fähigkeiten schätze. Ich möge doch Verbindung zu ihm aufnehmen und mit seiner Sekretärin bald einen Termin ausmachen.

Herrn W. lernte ich kennen, als er schon in einem wichtigen Amt saß. Dort war ich ihm angenehm aufgefallen. Allerdings ließ er einmal die Bemerkung fallen, es sei noch zuviel bei mir in Gärung. Was daraus werde, müsse sich noch zeigen. Nun war er, mit außerordentlichen Vollmachten versehen – wie man munkelte auf besonderen Wunsch eines sehr einflußreichen Politikers und Ministers –, an die Spitze einer im Aufbau befindlichen Institution gestellt worden. Da gab es Arbeit in Hülle und Fülle, genau das, was mich reizte. Gewiß konnte er mich brauchen.

Dieser Wink nahm mir die Sorge ab, wie und wo ich neu anfangen sollte, um nicht wieder in den Graben zu fallen.

Erna war gut vorbereitet auf mich. Ich ging ahnungslos auf sie zu. Auch sie hatte – erst viele Jahre später erfuhr ich es – Schiffbrüche hinter sich, war der Ehe mit einem herrischen, um viele Jahre älteren Mann so wenig gewachsen gewesen wie der romantischen Verbindung mit einem jungen Träumer aus reichem Haus. Sie hatte sich einmal aus dem Fenster gestürzt, sie lag schon Jahre auf der Couch von Psychotherapeuten verschiedenster Schulen, mit ihren Eltern hatte sie sich zerstritten und ihre Geldsorgen war sie erst losgeworden, als sich Herr W. ihrer angenommen hatte.

Virtuos ging sie in der Rolle einer dankbaren Tochter, die sich für ihren Vater verzehrt, auf. Herr W., kein

Menschenkenner, eitel und süchtig auf Lob, schnupperte gierig den Weihrauch, mit dem sie ihn einhüllte, wie man ein Baby in Windeln packt. Die perfekte Privatsekretärin.

Sie empfing mich gemessen, mit knappem Aufschlag der Lider, die ungewöhnlich lange Wimpern zierten, und fragendem Blick aus strahlenden, tiefschwarzen Augen.

»Bella Donna«, sagte ich zweideutig.

»Ich habe nicht Geburtstag, falls sie das vermuten sollten«, sagte sie auf meinen fragenden Blick und nahm wieder hinter ihrer Schreibmaschine Platz, auf die sie loshämmerte, als sei ich Luft.

Herr W. bedauerte meine fristlose Entlassung nicht.

»Das hat auch sein Gutes«, sagte er, »es bringt uns zusammen.«

Während ich noch überlegte, welche Vorschläge für die Zusammenarbeit ich ihm anbieten könnte, beschrieb er mir die mit seinem hohen Amt verbundenen Aufgaben, die in der Tat außerordentlich waren.

Dann ging er auf mich ein. Noch kein Mensch – und ich ganz gewiß nicht – hatte meine Talente und Schwächen je so gründlich aufgespürt wie dieser Aristokrat auf der Suche nach einem guten Gehilfen.

»Viel, sehr viel, fast zu viel«, sagte er, als ich ihm meinen beruflichen Werdegang erzählt hatte, wobei ich Nachteiliges nicht aussparte, nur das Trinken natürlich.

»Was können Sie eigentlich nicht?« fragte Herr W.

»Klavierspielen und maßhalten«, antwortete ich.

Darüber lachte er, bis ihm die Tränen kamen.

Als ich aufstand, war ich Abteilungsleiter mit besonderen Befugnissen, Herrn W. unmittelbar unterstellt, ein Chef mit Sekretärin, zahlreichen Mitarbeitern, Chauffeur und Dienstwagen und genau dem doppelten Gehalt meiner letzten Position.

Herr W. geleitete mich hinaus. Erna sah mit dem Blick einer Mitwisserin auf mich.

»Ich habe ihn eingefangen«, sagte Herr W. mit tiefer Stimme, in der Freude mitschwang. »Jetzt kommt es nur noch auf ihn an. Sie können ihm Glück wünschen. Ich lege Ihnen ihn ans Herz. Aber Vorsicht, er neigt zu Ausbrüchen.«

Erna reichte mir eine kühle Hand. Jetzt sah ich erst ihren wunderbaren Mund. Sie war so zierlich. Sie wirkte so sanft. Ich möchte Herrn W. umarmen und Erna.

»Ich will nicht mehr ausbrechen«, sagte ich. »Die Sturm- und Drangzeit ist vorüber. Ich werde Sie nicht enttäuschen.«

Ein halbes Jahr später war ich fünfunddreißig und Erna meine Frau.

Bald nach der ersten Begegnung hatte sie mich in ihre winzige Wohnung eingeladen. Kaum Möbel. Ich erzählte. Wie eine Sphinx saß sie mit unergründlichem Gesicht im Kerzenschein auf der Couch und hörte zu, wie ich mein Leben vertrauensselig vor ihr ausbreitete. Als der Morgen dämmerte, verwandelte sie die Couch in ein Bett und verschwand im Bad. Ich legte mich nieder, sie kam zurück, zog den Bademantel aus, löschte die Kerzen, legte sich nackt neben mich, den Kopf auf meine Brust, den Arm um meine Schultern und sagte:

»Ich bin heute geschieden worden.«

Dann schliefen wir ein wie zwei Kinder. Gegen meinen Vorschlag, zu heiraten, als wir das erste Mal miteinander geschlafen hatten, sagte sie nichts. Ich vervielfachte meine Bemühungen, ihr zu gefallen, und schrieb es auf mein Erfolgskonto, daß sie mich nahm.

Daß sie mich in der Hochzeitsnacht abwies, verstand ich nicht, hütete mich aber, Fragen zu stellen, weil ich fürchtete, ihre zarte Seele zu verletzen. Dunkle Bemerkungen über eine Vergewaltigung, »als ich siebzehn war«, warnten mich.

Sie war zimperlich. Sie verabscheute alle Frauen, mit denen ich je geschlafen und die ich dummerweise gebeichtet hatte. Sie nannte zwei Frauen Huren, die gemeinsam mit mir das Bett geteilt hatten. Einmal legte sie mir mit einem besonderen Blick einen Roman von Joseph Conrad auf den Nachttisch, in dem die Geschichte eines Mannes, der an sexueller Hörigkeit zugrunde geht, beschrieben wird. Ich sagte ihr, dieses Problem kratze mich nicht. Ein anderes Mal empfahl sie mir mit beredtem Blick die Geschichte von Abälard und Heloise, die ich nach lexikalischer Instruktion ungelesen weglegte, weil es mich nichts anging, warum jener arme Mann sich hatte kastrieren lassen und seine Frau ins Kloster gegangen war.

Aber dann konnte sie wieder so selbstverständlich und lustvoll nach mir verlangen, daß ich ihre wochenlangen Verweigerungen als vorübergehende Laune nahm.

Auch an ihre Hungerstreiks mußte ich mich gewöhnen. Niemals verweigerte sie die Nahrung in der Öffentlichkeit oder in Anwesenheit von Besuch. Nur wenn wir allein waren, nahm sie manchmal tagelang nichts zu sich. Sie lag im Bett, starrte vor sich hin, war mit keinem Mittel zum Reden zu bewegen und verweigerte selbst die erlesensten Delikatessen. Aber erstaunlicherweise nahm sie nicht ab.

Unsere Hausgehilfin, Marie, eine robuste Person, war Erna sehr ergeben. Im Unterschied zu mir schienen die Hungerstreiks ihr gar nichts zu sagen, obwohl sie sonst jede Unpäßlichkeit aufnahm, als sei sie selbst davon betroffen.

»Marie«, fragte ich sie eines Tages, »warum ißt meine Frau nichts?«

Marie sah mich mit einem halben Blick an und machte sich an den Töpfen zu schaffen. Ich wiederholte die Frage.

»Machen Sie sich deswegen keine Sorgen«, sagte sie.

»Ich muß mir Sorgen machen, Marie. Ich kann doch nicht zusehen, wie meine Frau von Tag zu Tag mehr von Kräften kommt, weil sie nichts ißt. Sie ist ja schon zu schwach zum Reden.«

Marie schüttelte den Kopf. »Zu schwach zum Reden? MIt Ihnen redet sie vielleicht nichts. Mit mir schon. Und wenn Sie fort sind, telefoniert die gnädige Frau stundenlang.«

»Marie, das ist ja wunderbar. Meine Frau ißt tatsächlich? Ich muß mir keine Vorwürfe machen?«

»Verraten Sie mich nicht«, sagte Marie. »Ihre Frau ißt. Sie ißt die ganze Zeit. Sie hat immer Schokolade und Kekse im Bett unter der Matratze.«

Wütend rannte ich ins Schlafzimmer, riß Erna aus dem Bett und hob die Matratze hoch. Nichts. Ich entschuldigte mich kniefällig. Die »verlogene« Marie mußte ich auf Ernas Wunsch entlassen. Es kam nicht mehr zum Hungerstreik.

Eine vorbildliche Ehe, sagten die Leute, weil nach außen hin alles stimmte. Erna hatte Ordnung in mein unordentliches Leben gebracht. Arm in Arm erschienen wir bei den offiziellen Empfängen. Erna stets mit einem schwer deutbaren Lächeln, das sie anknipste wie einen Lichtschalter. Gemeinsam nahmen wir die wichtigsten Theaterpremieren wahr. Erna fädelte gesellschaftliche Beziehungen zu Leuten ein, die sie für mein Fortkommen als wichtig bezeichnete, während sie mich nicht interessierten.

Erna schickte mich in die Kirche. Ja, weil meine Frau es verlangte – ein Mann in meiner Stellung habe sich beim Gottesdienst sehen zu lassen –, ließ ich mich gemeinsam mit ihr bei den Gottesdiensten einer Pfarrei sehen, die als »Prominentenpfarrei« galt. Bei mir nannte ich das ›Mit den Wölfen beten‹. Mit diesem Zynismus und der Bemerkung, daß diese Kirchgänge mir jedenfalls nicht schaden würden, tröstete ich mich halbwegs darüber hinweg, daß ich wieder einmal mein Leben von Erna bestimmen ließ.

Zunächst hatte mich ihre Forderung verblüfft. Wie ich es mit dem Glauben hielt, fragte sie nie, sonst hätte sie erfahren, daß ich seit meinem sechzehnten Geburtstag keiner Kirche mehr angehörte. Wir waren auch nicht kirchlich getraut. Glaubensfragen wurden zwischen uns nie besprochen. Ob mir der Gottesdienst etwas gab, versuchte sie nie zu erfahren. Aber sie versäumte nie, zu erwähnen, welchen Prominenten sie erspäht und daß dieser auch uns bestimmt gesehen habe.

Erna fuhr mich mit unserem Wagen ins Büro und holte mich ab. Erna hatte jeden Morgen frische Wäsche ausgelegt. Erna führte mich zum elegantesten Schneider und zum elegantesten Schuhmacher. Erna schickte mich zum Friseur und sie maniküre mich. Erna sorgte dafür, daß jede Mahlzeit pünktlich serviert wurde. Erna führte ein Haushaltsbuch, zahlte alle Rechnungen und legte mir jeden Montag mein Taschengeld hin. Sie verwaltete das Geld, das ich verdiente.

Ursprünglich hatte ich über mein Einkommen selbständig verfügen können. Große Ausgaben fielen nicht an, weil ich nach der Arbeit zu müde war, noch auszugehen. Ich arbeitete vom Vormittag bis spät in die Nacht und nicht selten eine Nacht durch. Oft verdiente ich mit Sonderaufträgen mehr als mein Gehalt. In einen Bausparvertrag wurden hohe Raten einbezahlt. Urlaub machten wir auf dem Bauernhof oder im Stadtbad.

Mir war das recht so. Früher hatte ich mit dem Geld um mich geworfen, wenn ich welches hatte und meistens war genug da. Jetzt hatte ich am wachsenden Konto Freude. Es war allerdings mehr Ernas Freude, die mich bei jedem Kontoauszug sanft daran erinnerte, wie vernünftig es gewesen sei, sie mit der Generalvollmacht zu versehen. Ich wurde nicht gerne daran erinnert, wie es dazu gekommen war.

Ich war einige Male ausgerissen und spät und nicht nüchtern nach Hause gekommen, einmal erst gegen Sonntagmittag. Meine Erklärung, daß ich zuviel getrunken hatte und in Nepplokalen hängengeblieben war, glaubte mir Erna nicht. Sie witterte fremde Frauen.

Nur sehr selten kam ich auswärts mit einstigen Freundinnen zusammen, und wir erfreuten uns aneinander, wohl wissend, daß dieses kurze Glück keine Zukunft hatte. Das machte unser Zusammenleben unkompliziert, kein schaler Geschmack hinterher, keine Schuldgefühle, keine Wunschträume. Die Treffen waren gut getarnt, und es löste niemals einen Verdacht bei Erna aus, daß ich von diesen »Dienstreisen« gelockert und gelöst heimkam.

Eines Tages rief Alexa an. Sie war auf der Durchfahrt. Von Alexa hatte ich Erna viel erzählt. Eine Portion Eitelkeit war aber auch im Spiel, als ich Alexa bat, unbedingt zu uns zu kommen. Erna sei eine vortreffliche Gastgeberin.

»Du wirst sehen, Alexa, daß ich ein so braver Bürger geworden bin, wie ich es mir nie erträumt hätte.«

»Und das alles hat sie bewirkt? Tüchtig, tüchtig«, sagte Alexa.

»Mach mir die Freude, lasse dich überraschen«, bat ich.

Natürlich küßten wir uns zur Begrüßung, gewiß streichelte ich ein-, zweimal ihre Hand, bestimmt sagte ich auch aus alter Gewohnheit »Liebchen« zu ihr. Aber das geschah, während ich von nichts anderem sprach als von unserer Ehe und meinem Erfolg und der unwahrscheinlichen Tüchtigkeit Ernas.

Schon bei der Begrüßung hatte ich ihren haßvollen Blick auf meine frühere Freundin bemerkt. Während ich sprach, saß Erna da wie ein steinerner Gast. Verletzend lange ließ sie sich Zeit, ehe sie Alexa einen Tee anbot. Es war eine qualvolle Stunde.

Auf der Treppe, als ich Alexa zum Taxi brachte, hoffte ich, sie würde mir die Frage ersparen, die ich mit meiner Einladung herausgefordert hatte. Aber Alexa sagte:

»Du bist also glücklich, mein guter Adam. Erfolgreich und glücklich. Muß ich gratulieren?«

»Gemeines Biest«, sagte ich, »was fragst du noch. Nein, ich bin nicht glücklich. Ich habe Erfolg und Ansehen und eine Riesenposition und Geld und schöne Fetzen und alles, was ich mir wünschen kann. Doch ich bin nicht glücklich. In den schlechtesten Stunden mit dir bin ich glücklicher gewesen als jetzt in den besten Tagen. Ich weiß gar nicht, ob das Ernas Schuld ist. Ich weiß nicht, warum ich sie geheiratet habe, aus Panik vielleicht. Ich weiß nicht, warum ich nicht davonlaufe, aus Angst wahrscheinlich. Ich weiß überhaupt nichts mehr. Ich funktioniere wie eine gutgeölte Maschine. Du bist ein Teufelsbraten. Aber mit dir zu leben, das war Leben. Jetzt werde ich wie in einem Gewächshaus gehalten und hochgezüchtet. Oder in die Kühlhalle gesperrt, damit ich nicht verderbe. Ich hab's falsch gemacht, Alexa. Wo habe ich nur meinen großen Kopf, wenn ich alles falsch mache?«

Von ihrem Abschiedskuß blieb Rouge auf meinen Lippen und ein Hauch Parfüm auf meiner Haut.

»Hurenparfüm«, sagte Erna verächtlich. »Und diese Hure wagt es, in meine Ehe einzubrechen.«

Hatte sie uns nachspioniert und unser Gespräch auf der Treppe gehört? dachte ich eine Sekunde lang. Dann wußte sie alles, dann gab es jetzt den großen Knall. In meine beruflichen Pläne paßte das aber gar nicht. Jetzt konnte ich keinen Krach gebrauchen. So dumm wollte ich nicht sein, alles aufs Spiel zu setzen, was ich mir so hart erarbeitet hatte. Bleib' auf dem Teppich, sei Realist! Erna wird selbst merken, daß ihre Eifersucht kindisch und grundlos ist.

Aber offenbar hatte meine Frau jedes Wort überlegt, sie wollte mich herausfordern, sie brauchte jetzt einen Triumph über Alexa – ich Idiot, wie konnte ich ihr nur erzählen, warum meine Zeit mit Alexa so schön gewesen war. Jetzt, da sie die Frau gesehen hatte und unser Gespräch gehört hatte, arbeitete gewiß ihre Phantasie. Sie sah uns beide, nackt, Körper an Körper und was wir trieben. Das schleuderte sie mir jetzt ins Gesicht. Sie schrie:

»Hure! Eine Hure, die jeder haben kann. Wer weiß, was ihr getrieben habt, als ich draußen war. Wer weiß ...«

Weiter kam sie nicht, die Wut riß meinen Arm hoch, für eine wunderbare Sekunde sah ich eine irre Angst in ihrem schamlosen Gesicht, hinter der bockigen Stirn, in den unnatürlich glänzenden Augen. Ihre Lippen bebten, der Mund klaffte auf, gleich würde sie schreien.

Da nahm ich den Arm herunter und steckte beide Hände in die Taschen, um sie vor meinem Zorn in Sicherheit zu bringen. Ich suchte nach Worten für meinen Haß, meinen Abscheu und meine Verachtung und fand sie nicht. Wortlos schluckte ich die Schmach.

Dann verließ ich das Haus, ließ mich in eine Bar fahren und soff mich bewußtlos. Ich soff weiter, von einer Kneipe zur anderen, ich schlief dazwischen ein paar Stunden in einem Bordell und kam dann irgendwann einmal wieder nach Hause.

»Ich hab' mir solche Sorgen um dich gemacht«, sagte Erna. »Wo bist du nur gewesen. Überall hab' ich dich gesucht. Wie hast du mir das antun können. Weißt du nicht, wie sehr ich dich liebe? Ich habe sogar die Polizei angerufen. Wenn du mir das noch einmal antust, sterbe ich.«

Sinnlos, ihr klarmachen zu wollen, wie mich die Beleidigung Alexas getroffen hatte. Sinnlos, ihr zu gestehen, daß ich wirklich nicht wußte, wo ich die Tage zugebracht hatte. In meinem Schädel hämmerte es, die Zunge lag mir wie ein Stück Holz im Mund, ich stank und war unrasiert, der Anzug verdrückt, das Hemd schmutzig, die Krawatte fehlte, meine Brieftasche war leer. Ich war zu Fuß nach Hause gekommen, weil ich nicht einmal mehr die Groschen für die Straßenbahn hatte.

»Wie sollen wir weiterleben«, fragte Erna. »Wie soll ich nach dieser Schmach noch zu dir aufschauen, wie soll ich dich noch achten? Wie soll dein Sohn dich achten, den ich dir geschenkt habe?«

Wahrhaftig, sie erinnerte mich daran, mir einen Sohn geschenkt zu haben, und daß ich ihm Verantwortung schuldete! Ihre Worten wirkten. Schuldgefühle überschwemmten meine falsche Selbstsicherheit. Wie konnte ich diesem lieben Wesen so viel Schmerz zufügen?

Ich ging in mein Zimmer und schrieb einen langen Brief. Alle Verfehlungen meines Lebens waren darin aufgezeichnet. Wie Posten für Posten in einer Saldenliste. Einige einzige grausame Anklage:

»Ich bin ein Lügner, ich bin ein Heuchler, ich bin nicht wert, daß mich die Erde trägt. Ich kann versuchen, was ich will, immer zieht es mich zurück in den Morast«, so schrieb ich, und am Schluß: »Wenn ich keine Verzeihung finden kann, dann werde ich diesem elenden Leben ein Ende machen.«

Erna las den Brief, ohne ein Wort zu verlieren, faltete ihn dann sorgfältig zusammen und strich ihn glatt.

»Du verstehst«, sagte sie dann, »daß du dein Leben neu ordnen mußt. Ich erbitte deine Vorschläge.«

Ich ergab mich ihr mit Haut und Haaren. Ich schrieb eine Vollmacht auf meine Konten. Ich erklärte mich mit einem Taschengeld einverstanden. Ich sprach sie für den Fall, daß ich mir noch eine einzige Verfehlung zuschulden kommen lassen würde, ausdrücklich frei für jede Maßnahme von ihrer Seite.

Ich legte mir den Strick um den Hals.

Der weitere berufliche und finanzielle Aufstieg verlief planmäßig. Ich trank von diesem Tag an keinen Tropfen mehr, es sei denn in Ernas Gegenwart und mit ihrer ausdrücklichen Zustimmung, die sehr selten erteilt wurde. So hatte ich es versprochen. Ich setzte unseren Gästen den besten Wein vor und trank selbst Mineralwasser. Ich wagte nicht den geringsten Ausbruch, denn mir war immer so, als verfolge mich Ernas Blick auf allen Wegen. Frauen, die mir entgegenkamen, übersah ich.

Jede Stunde außer der Arbeit gehörte ganz der Familie.

Erna sorgte nun noch mehr für mich als zuvor. Vor allem mein berufliches Fortkommen beschäftigte sie. Sie hatte längst beobachtet, wie sorglos ich manchmal mit meinen Fähigkeiten umging. Daß ich gute Ideen verschenkte, aus denen andere bare Münze machten, daß ich Chancen liegen ließ, vielleicht weil ich mir nicht sicher war, sie wirklich nutzen zu können.

Erna baute mich auf. Sie stärkte mir den Rücken, sie ermutigte, sie trieb mich an. Sie verhandelte für mich, sie war meine Managerin, sie machte mich.

Und ich funktionierte.

Bis zu jener Nacht, in der ich Anne, eine Schauspielerin, vom Pariser Schnellzug abholte. Es war reine Gefälligkeit gegenüber einem Freund, der mit Anne beruflich verbunden, aber im letzten Augenblick verhindert war. Erna, die ich gebeten hatte, mitzukommen, lehnte schroff ab: Diese Person interessiere sie nicht.

Anne stieg aus dem Abteil, als schwebe sie auf mich zu. Sie lächelte, als ich ihr den Pflichtblumenstrauß übergab, sie duldete, daß ich ihre Hand länger küßte, als die Höflichkeit erforderte, und dann sagte sie:

»So sieht also der berühmte Adam aus.«

»Enttäuscht?« fragte ich herausfordernd.

»Angenehm«, sagte Anne.

Ein Gepäckträger nahm sich ihrer Koffer an. Ich bot ihr meinen Arm.

»Nein, so mag ich es nicht. Aber andersherum mag ich es.«

Ich hakte mich ein. Beim Gehen spürte ich ihre Hüfte. Wir gingen im gleichen Rhythmus. Sie erzählte mit sanfter, träger Stimme und südländischem Akzent von der Reise.

»Ich liebe es zu reisen, ich bin ein Zugvogel«, sagte sie und wandte mir voll ihr Gesicht zu.

»Ich habe nicht gewußt, daß Sie so schön sind«, sagte ich.

In ihrem Hotel half ich ihr auspacken, als sei das selbstverständlich. Ich strich ihre Kleider glatt, als streichle ich Anne.

»Sie bleiben noch ein bißchen«, bat sie. »Wir können zusammen essen.«

Während sie im Bad verschwand, rief ich Erna an, ich käme etwas später. Anne trank Sekt zum Imbiß, ich mein gewohntes Mineralwasser. Ich hielt eine Erklärung für angebracht:

»In den letzten drei Jahren habe ich sehr wenig getrunken. Früher sehr viel.«

Sie lachte herzlich: »Sie sehen nicht aus wie ein Abstinenzler.«

Irgendwie war mir das Gespräch peinlich, und ich bemühte mich, der Dame verständlich zu machen, warum ich, gegen meinen Willen, keinen Alkohol trank. Ich erzählte, wie es dazu nach dem Abend mit Alexa gekommen war. Ich sagte ihr alles. Ich gestand einem Menschen, den ich gerade eine Stunde kannte, meine Mordgedanken.

»Können Sie das verstehen«, fragte ich, »daß ich mich selbst sehe, wie ich meine Frau umbringe. Ich denke an Gift, ich träume von einem Messer, das ich ihr ins Herz renne. Ich sehe mich vor den Geschworenen und finde überzeugende Worte für meine innere Unschuld, so daß sie mich mit einer geringen Strafe durchkommen lassen. Und das ist mir nicht einmal passiert, das passiert mir immer wieder. Ich weiß nicht, ob ich es nicht doch schließlich tue. Sind das Hirngespinste eines unterdrückten Mannes, der mutiger sein möchte, als er ist, oder Zwangsvorstellungen eines Halbverrückten?«

»So könnten Sie fragen, wenn Sie es getan hätten. Ich kann nur fragen, warum Sie es nicht tun?«

Der Wahrheit die Ehre gebend, hätte ich nun sagen müssen, daß ich es täglich deutlicher empfand, das Opfer einer von mir selbst herbeigewünschten Erpressung zu sein. Daß ich dies zum ersten Mal am Morgen nach der Hochzeitsnacht gespürt hatte. Ich hätte die Wahrheit sagen müssen, daß ich in einer Falle saß, die ich selbst gestellt hatte. Statt dessen hörte ich mich sagen: »Ich hoffe, daß meine Frau eines Tages anfängt, mich besser zu verstehen. Daß sie ihre Eifersucht ablegt, die unsinnig ist. Es gibt neben ihr keine andere Frau in meinem Leben«, sagte ich. »Die kleinen Flirts zählen doch gar nicht. Erna kämpft gegen Windmühlen. Ich habe mich damit abgefunden, daß sie nicht die Frau meiner Träume ist. Aber alles, was ich heute darstelle, verdanke ich meiner Frau«, sagte ich, »und wenn ich die Vorteile will, muß ich auch die Nachteile wollen.«

Ich redete wie ein Advokat, der einen Täter reinzuwaschen versucht, von dessen Schuld er überzeugt ist.

Anne trank langsam, unterbrach nur manchmal mit einer kurzen, verständigen Frage. Dann drehte sie das unbenutzte Sektglas um und goß ein.

»Bitte trinken Sie«, sagte sie.

Ich sah, daß sie Tränen in den Augen hatte, und meinte, das komme vom Rauch meiner Zigarette.

»Aber nein«, sagte sie, »ich weine wirklich. Ich bin vielleicht sentimental. Ich weine über Sie, über wen denn sonst. Haben Sie denn überhaupt kein Gefühl für sich?«

»Warum sollte ich kein Gefühl haben?« fragte ich verblüfft.

»Weil Sie so grausam zu sich sind, mein Lieber«, sagte sie. »Daß ist doch nicht Liebe, was Sie treibt, sondern Selbstzerstörung. Sie hängen an Ihrer Frau wie – der Gehenkte am Strick. Sie tun mir leid, verzeihen Sie, daß ich es sage, daß Sie mir leid tun. Aber ich kann Sie nicht bedauern. Sie hatten die Wahl zwischen Karriere und Leben und haben sich für die Karriere und gegen das Leben entschieden. Haben Sie kein Gefühl dafür, daß es wichtigere Dinge gibt, als Karriere zu machen, um Geld zu verdienen und einen guten Ruf zu haben? Können Sie damit leben?«

Ich wußte keine Antwort. Ich wagte sie nicht.

Sie sah auf ihre winzige Uhr und meinte leichthin:

»Es ist schon spät. Sie müssen gewiß nach Hause.«

»Ich muß gar nichts«, sagte ich. »Ich möchte bei Ihnen bleiben, wenn ich darf.«

»Du darfst.«

Als ich in den Morgen des kühlen Märztages hinausging, hatte ich keine Sekunde geschlafen. Zu Hause ging ich nicht in unser Schlafzimmer, sondern legte mich auf die Couch in meinem Arbeitszimmer. Gegen Mittag erwachte ich. Erna saß dicht bei mir und fragte:

»Du bist bei ihr geblieben? Du hast mit ihr geschlafen. Du kannst es ruhig sagen, daß du mit ihr geschlafen hast. Ich will es nur wissen, dann ist es schon genug.«

Anne hatte zum Abschied gesagt:

»Ich bitte dich: kein Wort zu deiner Frau. Ich flehe dich an, kein Geständnis, unter keinen Umständen. Erfinde eine Ausrede oder lüge das Blaue vom Himmel herunter. Du darfst es. Es geschieht für dich, ich bitte dich, ich bitte dich von ganzem Herzen darum.«

Darum schwieg ich auf die Frage meiner Frau.

Sie wiederholte sie mit fast denselben Worten.

Ich schüttelte den Kopf.

»Schwöre mir beim Leben unseres Kindes, daß du die Wahrheit sagst«, sagte sie nun und ich antwortete:

»Ich schwöre, daß ich diese Frau liebe.«

Es war ein falsches Geständnis, ich spürte es schon im Augenblick des Aussprechens. Es war ein selbstmörderischer Versuch, aus Ernas Vormundschaft auszubrechen. Es war verantwortungsloses Geschwätz zu sagen, ich liebte Anne. Ich war gar nicht fähig dazu. Ich hatte mich an sie geklammert wie zuvor an Erna. Und das nannte ich nun Liebe.

Am nächsten Morgen ging ich nicht zur Arbeit. Zum ersten Mal, seit ich bei Herrn W. war, versäumte ich die Arbeit. Ich entschuldigte mich auch nicht.

Am Tag darauf rief mich ein Telegramm zu Herrn W. Als ich in sein Büro trat, sah ich Erna gerade durch eine Seitentür hinausgehen. Mein großer väterlicher Freund musterte mich lange und aufmerksam.

»Sie wissen, was Ihre Frau gegen Sie vorbringt. Sie können mir sagen, daß es nicht wahr ist. Aber wenn Sie mir sagen, daß es wahr ist, dann muß ich Sie fristlos entlassen.«

»Fristlos entlassen? Auf eine Beschuldigung hin? Auf die Worte einer eifersüchtigen Frau hin?«

»Sie haben Ihrer Frau einen Brief geschrieben, einen, entschuldigen Sie, unsagbar dummen Brief. Sie haben Ihrer Frau schriftlich versprochen, daß Sie unter gegebenen Umständen all das unternehmen darf, was sie jetzt unternommen hat.

Ihre Frau war gestern schon hier. Ich habe es abgelehnt, die Angelegenheit mit ihr überhaupt zu diskutieren. Ich habe mich geweigert, etwas gegen Sie zu unternehmen. Daraufhin war Ihre Frau bei mächtigeren Herren, als ich es bin. Jetzt muß ich Sie entlassen, ich kann Ihnen nicht mehr helfen, mein Freund.«

Ich sah, er war am Ende seiner Fassung. Ich war wie taub. Gefühllos. In mir war nur Leere.

Als ich am anderen Morgen Geld von der Bank holen wollte, war mein Konto von Erna bis auf zehn Mark abgeräumt.

Anne sagte, das mache nichts, sie habe Geld genug für die nächsten Wochen und ich würde bestimmt sofort wieder einen neuen Posten bekommen.

»Ich kann nicht von deinem Geld leben, Anne. Ich werde andere Möglichkeiten finden.«

In meine Wohnung ging ich nur noch, um die Kleider zu wechseln. Sonst war ich immer bei Anne. Erna sah ich kaum. Wir sprachen nicht miteinander.

»Du bist nicht bei mir«, sagte die Geliebte traurig. »Deine Gedanken sind bei ihr, und wenn es auch nur Sorgen sind.«

»Ich habe Angst, Anne, beschissene Angst«, sagte ich und klammerte mich an sie.

»Wir fahren weg, irgendwohin, wo es nur uns beide gibt.«

Als ich nach einer Woche allein zurückkam und meine

Wohnung betrat, war sie leer. Ein Bett und ein Stuhl. Sonst nichts. Im Flur lag ein Brief des Anwaltes – Scheidung.

Allen Erpressungen war ich von nun an wehrlos ausgesetzt. Bei der Scheidung und bei den finanziellen Auseinandersetzungen hatte ich nicht die kleinste Chance. Der Brief genügte, um mich für immer zum Schweigen zu bringen. Ich verlor bis auf meine persönliche Habe alles. Ernas Anwälte holten sogar für die Zusage, jenen Brief in bestimmten Situationen nicht zu verwenden, ein horrendes Schweigegeld heraus. Mein Anwalt nannte das alles eine bodenlose Schweinerei, aber er riet mir, zu zahlen:

»Wenn Sie sich schon selbst als Trinker, als unmoralischen Menschen und Selbstmörder hinstellen, kann ich Ihnen beim besten Willen nicht helfen. Dieser Brief wird Ihnen noch lange nachgehen.«

Das Leben ging weiter. Ich mußte mich nicht aufhängen, wie ich im Gespräch mit Herrn W. düster prophezeit hatte. Aber während ich früher Rückschläge beinahe spielend überwunden hatte, kam ich jetzt nur mühsam auf die Beine. An manchen Tagen sah ich ganz schwarz, an anderen erschien mir die Zukunft rosig. Wollte man auf einen Mann wie mich einfach verzichten? Keinesfalls wollte ich mich unter Wert verkaufen. Ich trat sehr anmaßend auf. Ich kam jedenfalls nicht zu einer klaren Einsicht in meine Lage und schob alle Schuld auf Erna.

Meine Gönner, Helfer und Wohltäter zogen sich immer rasch zurück, wenn ich zögerte, ihre Hilfe anzunehmen, die ich unter einem Vorwand ablehnte, den sie für fadenscheinig halten mußten. Manchmal stieß ich die hilfreich gebotene Hand so schroff zurück, daß die anderen verletzt waren. Ich brachte es nicht fertig, dafür um Verzeihung zu bitten. Verstand denn niemand, daß diese Brosamen einer wohlfeilen Hilfe mich demütigten?

Ich geriet in den Ruf eines schwierigen Burschen, der nicht begreifen wollte, daß ein Bittsteller keine Forderungen zu stellen hat. Tatsächlich forderte ich nichts, aber ich konnte niemandem verständlich machen, was die Entfernung aus meiner Arbeit für mich bedeutete. Ich war nicht langsam abgerutscht wie einer, der beruflich zunehmend versagt, sondern von hoch oben ins Bodenlose gefallen.

Der Aufstieg war schwierig gewesen. Auf dem Gipfel war mir nicht schwindlig und ich war nicht übermütig geworden. Die dünne, klare Luft dort oben war mein Atem. Und nun nahm man ihn mir. Es hätten auch andere diesen Weg gehen können, wäre er ihnen nicht zu schwer erschienen. Daß ich ihn gegangen war, fand ich nicht außerordentlich. Es war eben mein Weg.

Mit Herrn W., der mir noch immer wohlgesonnen war, kam es zu einem letzten Gespräch. Ich fragte nicht mehr nach meinem alten Posten, der inzwischen mit einem braven Tagwerker besetzt war. Ich bat Herrn W. um eine Chance.

»Geben Sie mir einen Auftrag«, sagte ich eindringlich, »ich halte dieses Nichtstun nicht mehr lange aus. Es ist mir widerwärtig, in Kaffeehäusern und Bars herumzusitzen und zu schwätzen. Ich kann mit den Beschäftigungen, die mir angeboten werden, nichts anfangen, sie langweilen mich. Ich muß etwas tun, das mich packt und mich ausfüllt. Es kann gar nicht schwer genug sein.«

Der Edelmann saß hinter Pfeifenrauch und schwieg.

»Geld spielt nicht die Hauptrolle«, sagte ich. »Das wissen Sie. Wenn ich reich wäre, würde ich eine Aufgabe auch für Gottes Lohn übernehmen, Hauptsache, ich darf zeigen, was ich kann.«

»Sie vergessen immer das Wichtigste«, sagte schließlich Herr W. und wedelte den Rauch beiseite, »Ihre Frau. Sehen Sie denn immer noch nicht, daß Sie ohne Ihre Frau diese Karriere niemals geschafft hätten?«

Er hat es also auch gesehen, der gute Mann, dachte ich und erinnerte mich seiner Worte bei der ersten Begegnung mit Erna, als er mich ihr ans Herz gelegt hatte, damit sie sich meiner annehme. Hat ihm meine Arbeit inzwischen nicht gezeigt, daß ich es aus eigener Kraft schaffe?

»Was zu beweisen war«, sagte ich, »kann ich wieder beweisen.«

»Wenn Sie den Wein und die Weiber lassen könnten«, sagte er lachend, »würden Sie es mit der linken Hand schaffen. Versuchen Sie es. Kommen Sie in ein oder zwei Jahren wieder. Sie wissen, daß ich Sie mag, trotz allem.«

Sie hat ihn wirklich in der Hand, dachte ich beim Weggehen, sie erpreßt ihn, zu reden wie ein Schulmeister und Moralpauker. Nachts in der Bar erzählte ich das Gespräch, genauer, meine Mitternachtsversion des Gespräches meiner neuesten Herzdame und bekam viel Beifall.

Am anderen Morgen rief die Chefsekretärin eines Unternehmers an, für den ich früher einige schwierige Aufträge erledigt hatte. Wir vereinbarten einen Termin. Der Chef gar mir zu verstehen, daß die Entfernung aus meinem Amt ihm die willkommene Chance biete, sich endlich meiner Dienste zu versichern; darauf habe er schon lange gewartet. Als ich ihn verließ, konnte ich alle finanziellen Sorgen vergessen, denn er hatte mir mehr zugesagt, als ich bisher verdient hatte, und die neue Aufgabe war nach meinem Herzen. Ich sollte in Amerika mit einem schwierigen Partner für das Unternehmen ein Projekt starten. Plan und Durchführung nach meinem Ermessen.

Ich war auf diese Aufgabe seit Jahren vorbereitet. Die Laufbahn meines Partners in den USA und seinen nicht leichten Charakter hatte ich seit Jahren genau erkundet und analysiert. In großen Zügen war mir das Vorgehen klar. Alles andere würde sich an Ort und Stelle geben. Ich wußte, daß ich es schaffen würde, und ich konnte in dieser Überzeugung beim endgültigen Vertragsabschluß noch einige Vorteile für mich herausholen. Augenblicklich vergaß ich Erna, Herrn W., den Minister, die Wohltäter und alles, was mich bedrückt hatte.

Eine harte Bedingung mußte ich allerdings in Kauf nehmen. Nicht mein Name würde über dem Projekt stehen, der Partner allein und mein Unternehmer sollten dafür Achtung und Ehre ernten. Vor einem halben Jahr hätte ich einen solchen Vorschlag schroff abgelehnt, aber damals hätte man mir einen solchen Vorschlag auch nicht zugemutet.

Die Schalmeien des Abenteuers riefen mich. Zum ersten Mal fuhr ich über das Meer. Elf Tage dauerte die Überfahrt, von denen ich zehn betrunken war. Sehenden Auges betrunken, jede Minute ist in meine Erinnerung eingebrannt, sogar, daß ich zweimal in voller Kleidung auf mein Bett fiel und erst nach einigen Stunden Schlaf fähig war, mich auszuziehen.

»Sie – betrunken? Das glauben Sie doch selbst nicht«, sagte die Lady aus New York, die mich am ersten Abend an Bord bereits sanft zu sich hingezogen hatte.

Ihre Augen waren grün, die Haare schwarz, ihr Benehmen untadelig, auf Distanz gerichtet.

»Ehe Sie betrunken sind, ist die ganze Bar stockbesoffen«, sagte sie. »Sie können wirklich trinken wie ein Gentleman.«

Corinna war nicht nur reizvoll, sondern auch klug, sie hatte Herz und Verstand. Sie beging nur einen Fehler: zu glauben, daß ich mich ändern könnte. Und diesen Fehler teilte ich mit ihr.

Nach der Landung mußten wir uns für drei Monate trennen. Täglich schrieben wir uns, wie Tauben flogen die Botschaften hin und her, manchmal zwei Briefe an einem Tag. In diesen hundert Tagen trank ich keinen Tropfen, ausgenommen eine einzige Flasche Bier nach einem anstrengenden Bad im Ozean. Danach war ich völlig verdreht, konnte am Abend nicht wie gewohnt arbeiten und schlief sehr schwer ein.

Corinna konnte ein Glas zur Arbeit trinken, ein Glas zum Essen, ein Glas beim Gespräch am Kamin und ein Glas im Bett. So hielt sie es seit vielen Jahren, auch, als ich bei ihr war, in der letzten Woche meines erfolgreichen amerikanischen Aufenthaltes.

Hundert Tage hatte ich den Alkohol nicht vermißt, auch nicht in Gedanken. Äußere Anlässe zum Trinken waren nicht gegeben, weil mein sonst trinkfreudiger Kompagnon, um genauso klar im Kopf zu sein wie ich, während unserer Zusammenarbeit ebenfalls auf seinen Drink verzichtete.

Nach getaner Arbeit lag kein Grund mehr vor, nicht mit Corinna ein Glas zu trinken. In der ersten Nacht schliefen wir ein, als der Tag über Manhattan aufzog. In der zweiten Nacht lag ich lange wach neben der schlafenden Frau. In der dritten Nacht ertrug ich es gegen zwei Uhr morgens nicht mehr, mit hurtigen Gedanken allein zu sein, holte mir den Whisky und trank beim Lesen bis zum Morgengrauen.

So hielt ich es bis zur Abfahrt. Ich trank auf dem Schiff, ich trank mich im Schlafwagen dem Zuhause entgegen und dort trank ich eine Reihe von Tagen noch weiter, bis es mich anödete.

Mein großes Abenteuer war zu Ende. Was blieb, war ein schlechter Geschmack im Mund.

Corinna hatte bei der Flasche Champagner, die wir an

Bord tranken, ehe sie das Schiff verlassen mußte, klar und bedächtig den Plan vorgetragen, ich solle zu ihr nach Amerika kommen. Sie hatte mich in New York eines Abends zu einer Party bei einflußreichen Leuten mitgeschleppt und den guten Eindruck, den ich hinterließ, geschickt ausgebaut.

»Du hast hier alle Möglichkeiten. Einem Mann wie dir stehen alle Türen offen, und ich«, setzte sie lächelnd hinzu, »bin ja auch noch da.«

Ich rief mir diese Worte immer wieder in Erinnerung – dabei blieb es. Nichts tat ich, um diesem Ziel auch nur einen Schritt näher zu kommen. Corinna schilderte ich meine Lage als überaus glänzend, obwohl jetzt die Aufträge von mir nur noch Routine und Verleugnung meiner besseren Fähigkeiten verlangten. Corinna schwenkte noch immer ihr Hoffnungsfähnchen, während ich längst wieder alle Hoffnung aufgegeben hatte. Ich machte mir vor, mein innerer Widerstand gegen Corinnas Vorschlag sei ehrlich, ich wolle nur vermeiden, noch einmal in die Abhängigkeit einer Frau zu geraten. In einem Brief deutete ich es ungefähr an, und ihre klare Antwort mußte mich beschämen.

Aber ich konnte nicht ehrlich sein. Ich hätte Corinna beichten müssen, daß ich mich jetzt in zwielichtigen Pensionen herumtrieb. Es gefiel mir dort nicht, aber immer noch besser als in meiner leeren Wohnung, und hundert Mal lieber hörte ich mir die Gaunergeschichten meiner neuen Freundin an als die ehrbaren Berichte, die mir Erna über ihre Jugend und die Jahre an der Seite eines sie nicht verstehenden Mannes erzählt hatte.

Das Zwielicht hatte mich schon immer gelockt, nun lebte ich darin, wenn ich auch beharrlich versuchte, nicht auf die andere Seite überzulaufen, zu den Gesetzlosen, die verächtlich die bürgerliche Welt ausplünderten.

Ich schrieb Corinna kaum noch einen Brief. Dafür rief ich sie einige Male an, ob sie bald käme. Schäbige Manöver, weil ich während dieser Gespräche neben einer anderen Frau lag, die gequält meine prahlerischen Beteuerungen anhören mußte.

Daß hier ein anderer sprach als der, den sie kannte, spürte Corinna, und ich spürte die Trauer und den Schmerz in ihrer Stimme, war aber nicht fähig, mich aus den Verstrickungen zu lösen, in die ich geraten war.

Sie machte einen letzten Versuch und kam nach Paris, wo wir uns treffen sollten. Ich trank mich von dieser Verabredung buchstäblich weg. Irgendwann erwachte ich aus bleierner Betäubung durch den Anruf Corinnas aus Paris. Mit wirren Reden versuchte ich, sie zu veranlassen, mit dem nächsten Flugzeug zu mir zu kommen.

»Ich warte vierundzwanzig Stunden hier in Paris auf dich«, sagte sie.

»Ich komme«, konnte ich noch lallen, dann fiel mir der Hörer aus der Hand.

Als ich später wieder zu mir kam, trank ich die schwache Erinnerung an dieses Gespräch mit einem tiefen Schluck weg, der mich wieder bewußtlos machte. Erst Tage später kehrte stückweise die Erinnerung an dieses nächtliche Telefonat zurück. Ich schrieb Corinna einen jämmerlichen Brief. Ich hörte nichts mehr.

Geographische Kuren

Es fällt mir auch heute* noch nicht leicht, mich zu jenem Adam zu bekennen, der ich in den sieben Jahren zwischen meiner Scheidung von Erna und der Ehe mit Angela gewesen bin – eine Zeit, in der ich fast täglich betrunken war. Damals half ich mir manchmal, wenn ich mir selbst als Monster erscheinen mußte, mit der faulen Masche, ein Mensch mit seinem Widerspruch, ein Mann mit Ecken und Kanten zu sein, und ich stimmte gerne zu, wenn andere mich mit dieser Beschreibung von der Verantwortung für mich und mein Verhalten freisprachen.

Sofort, wenn ich damit durchgekommen war, bäumte sich auch schon mein Trotz auf. Was gehen mich die anderen an, sagte ich dann. Ich bin, wie ich bin. Ich kann es nicht ändern. Wem es nicht paßt, dem kann ich auch nicht helfen. Mitunter machte ich es mir noch einfacher, indem ich die ganze, mit mir nicht einverstandene Menschheit schlicht für »Blöde, Untermenschen oder Schwachsinnige« erklärte.

Aber allen großspurigen Reden zum Trotz: Mir selbst paßte ich ganz und gar nicht mehr. Immer seltener glaubte ich mir, »ein Kerl wie Samt und Seide« zu sein. Immer öfter erschrak ich vor mir, vor einem verlogenen, haltlosen, willenlosen und charakterschwachen Kerl.

* d. h. 1980

Ich fing an, mich an meinen Früchten zu erkennen.

Die Einsichten waren so niederschmetternd, daß ich Trost brauchte. Ich griff zum Alkohol, um meine guten Seiten und guten Zeiten zu beschwören, mein Selbstwertbewußtsein zu proklamieren, neue Pläne zu schmieden und große Vorsätze zu fassen.

Mein Versagen lief immer nach dem gleichen Muster ab. Zunächst erfaßten der Eifer und Ernst, mit dem ich an eine Aufgabe heranging, sogar jene, die mit und neben mir arbeiteten, und überzeugten sie von meinen Fähigkeiten. Dann kam etwas dazwischen. Meine Begeisterung schwand. Ich tröstete mich mit Alkohol. Geraume Zeit trieb er mich sogar wirklich an. Dann stolperte ich wieder und blieb diesmal liegen, ein paar Meter vor dem Ziel.

Nie konnte ich mit einem Menschen offen darüber sprechen. Wenn ich versuchte, meine Probleme zu erklären, schlugen mir Mißverständnis und Mißtrauen mit einer solchen Wucht entgegen, daß ich verzagte. Notgedrungen griff ich zu glaubhaften und allgemein verständlichen Ausreden.

Körperliche Krankheit zog immer. Mit der Schilderung meiner Leiden erweckte ich so viel Mitleid, daß mir dringend empfohlen wurde, etwas kürzer zu treten und mich zu schonen. Zur Verlängerung der Schonphase eignete sich eine neue Krankheit besonders gut.

Gelegentlich ließ ich, um mein Versagen zu erklären, Schicksalsschläge eintreten, von der Überlegung ausgehend, daß dafür noch mehr Verständnis bestehe als für ständige Krankheiten. Nach wochenlangem Untertauchen ließ ich nahe Angehörige oder sehr gute Freunde gestorben sein und mich ihren Nachlaß geordnet haben. Manchmal behauptete ich, die Hilfe für einen nahestehenden Menschen habe mich daran gehindert, meinen Pflichten nachzukommen.

Als Umweltgeschädigter und Opfer der Gesellschaft fand ich immer wieder liebe Helfer, die geradezu süchtig hinter den Ursachen meines Niederganges her waren. Sie fanden sie nie. Ich wälzte dicke Bücher, um dahinter zu kommen. Aber in diesen Büchern stand ich nicht drin.

Wenn ich gar nicht mehr durchblickte, verschwand ich wie ein Schwindler oder Betrüger von der Bildfläche in ein alkoholhaltiges Versteck. Es ist kein Problem, aus dieser Welt wegzutauchen. Man wird nicht lange vermißt.

Wegen einer von mir längst vergessenen Schuld war ich zum Offenbarungseid gezwungen worden.

»Du brauchst einen Tapetenwechsel. Immer in den Nachtlokalen hocken, das verträgt dein Geldbeutel nicht. Eine andere Umgebung wird dir guttun«, meinte meine Schwester, als ich ihr meine Misere berichtete. »Du kannst zu mir kommen und bleiben, bis alles wieder in Ordnung ist. Hier kannst du in Ruhe arbeiten.«

Sie sprach mir aus dem Herzen. Eine geographische Kur auf heimatlichem Boden, das war die Lösung. Bei den Psychologen hatte ich von dem sagenhaften Riesen Antäos gehört, der durch jede Berührung der Mutter Erde größere Kraft gewann. Ich wollte die Zeit bei ihr nutzen, um mich auch körperlich aufzubauen! Richtig ausschlafen und das Projekt durchziehen, daß ich schon Monate vor mir herschob! Das Material lag vor. Es war nur noch zu sichten und zu ordnen. Es fehlte sozusagen nur noch der letzte Schliff. Eigentlich ein Kinderspiel bei meinen Fähigkeiten. Kein Grund zur Eile! Daß ich mit dieser schon als getan betrachteten Arbeit nicht voran-kam – ich schaffte nicht eine Seite – lag nicht an der Mut-tererde, sondern an den vielen Flaschen aus dem Keller meiner Schwester und den Regalen des örtlichen Einzel-handels. Aber ich sah das damals anders. Ich gab der Um-welt die Schuld, der Kleinstadt, der mir, dem Großstädter inzwischen fremd gewordenen. Keine Anregung, kein Mensch, mit dem ich tagsüber, so lange meine Schwester arbeitete, ein vernünftiges Wort wechseln konnte. Unerklärliche Spannungen kamen zwischen uns auf. Hals über Kopf entschloß ich mich, in die Stadt zurückzufahren.

Dort schrieb ich in wenigen Stunden ein Exposé, für das sich sofort ein Interessent fand. Zwar konnte er sich gewisse, mir nicht sehr schmeichelnde Bemerkungen, meine Zuverlässigkeit betreffend, nicht versagen. Aber ich bekam den Auftrag und einen satten Vorschuß. Schlechter Erfahrungen eingedenk setzte ich mich sofort von der Großstadt und meiner (alle Tage besoffen, ist regelmäßig gelebt) Clique ab und mietete mich in einem Landhaus der Voralpen ein. Mit dem Blick auf den Wendelstein wollte ich Tag für Tag mein Pensum leisten. Eine Woche, dann würde der Vorschuß abgearbeitet sein. Danach müßte das große Geld kommen.

In dieser Landschaft gehört ein Spaziergang nach dem Frühstück zum besten, was der Arzt dem Großstädter verordnen kann. Ein, zwei Stunden querfeldein machen hungrig. Das Essen im Dorfwirtshaus macht durstig. Schon am ersten Tag kam ich gut angefeuchtet in mein Quartier zurück. Diesmal noch zu Fuß. Am zweiten Tag versuchte ich es erst mit der Arbeit. Ich kam nicht voran und nahm mir vor, bei einem Spaziergang den Kopf auszulüften und meine Gedanken zu ordnen. Am Abend gab ich ihnen im Wirtshaus den letzten Schliff, verließ den »Ochsen« als letzter Gast und ließ mich vom Taxi heimbringen. Vom dritten Tag an begann ich mit einem Frühschoppen.

Meine Auftraggeber wurden stutzig, weil sie mich telefonisch niemals erreichen konnten und ich nicht, wie versprochen, täglich über den Fortschritt meiner Arbeit berichtete, sondern nur gelegentlich und unklar über unerwartete Störungen. Sie ließen sich zehn Tage hinhalten. Dann kamen sie mit einem Ultimatum. Tief verletzt brütete ich über einer gebührenden Antwort. Den Leuten war klarzumachen, daß man so mit mir nicht umspringen könne, mit mir nicht! Aber soviel ich auch soff, das treffende Wort stellte sich nicht ein.

Ich setzte mich ab. Ohne jemand zu verständigen, wie ich erreicht werden könnte, fuhr ich zu meinem Freund Alf, für den ich gerade richtig kam. Ellen, seine Frau, war weggelaufen.

»Immer dasselbe«, erklärte er mir. »Erst säuft sie mit, dann haut sie ab.«

Ich wußte, warum. Ellen hatte mir einmal ihr Herz ausgeschüttet. Alf sei Alkoholiker, hatte sie mir erzählt. Dessen sei sie ganz sicher. Erst habe sie mit allen möglichen Ärzten über ihren Mann gesprochen, ohne klarzukommen. Dann habe sie ein tolles Buch in die Hand bekommen, von Joseph Kessel, dem berühmten Journalisten und Romancier, über die Anonymen Alkoholiker in Amerika. Genau wie die Männer, die dort beschrieben seien, genauso sei Alf. Sie versuche jetzt nicht mehr, ihn zu ändern.

»Wenn er anfängt zu saufen, setze ich mich in mein Auto und fahre zu meiner Mutter.«

»Du bist eine verdammte Egoistin, Ellen«, sagte ich damals.

Alf und ich machten uns sofort über seine Vorräte her. Nach zwei Tagen fanden wir im ganzen Haus keinen trinkbaren Tropfen mehr, als wir am späten Vormittag Medizin gegen den großen Durst brauchten. Der Getränkelieferant war für zwölf Uhr angesagt. Die Stunde bis dahin dauerte unendlich lange. Wir tranken die erste Flasche Bier an seinem Wagen stehend ex. Die nächsten Stunden ging es uns zusehends besser. Wir lagen im Gras, die Fla-

schen zwischen uns, pro Kopf zehn, fürs erste. Und nochmals zehn als Reserve, zu mehr hatte unser Geld nicht gereicht.

Es war kühl und dunkel, als ich aufwachte. Erst nach einiger Zeit wußte ich, wo ich war. Wie lange schon? Zwei Tage oder drei? War es früher Morgen oder früher Abend? Vom Dorf her kein Laut. Im Haus kein Licht, kein Alf! Er war sicher im Dorf.

Ich legte mich in der Halle auf den Boden und zog einen Läufer über mich. Das Licht auszuschalten, vergaß ich. Es brannte unnatürlich grell, als ich hochschreckte, von undefinierbaren Geräuschen geweckt. Ich mußte jetzt unbedingt etwas zu trinken aufstöbern. Im Garten war noch eine geschlossene Flasche, herrlich kühl. Gott verläßt die Seinen nicht, sagte ich mir, als ich im Gemüsefach des sonst leeren 200 l-Kühlschranks auch noch eine halbe Flasche Korn fand. Zum Schlafen genügte mir Ellens Couch und eine Decke, aber ich brauchte noch etwas zu lesen. Wenn ich nachts nicht schlafen konnte, las ich immer. Es war ziemlich gleichgültig, was.

In Ellens Bücherregal fand ich das Buch von Joseph Kessel über die Anonymen Alkoholiker, von dem sie so beeindruckt gewesen war. Mal 'reinschauen konnte nicht schaden.

Ich las Zeile um Zeile, obwohl es mühsam war, die doppelten Buchstaben und die verschlungenen Zeilen zu entziffern. Das Bier wirkte, die Augen fielen mir zu. Ich riß sie auf, ich zwang mich weiterzulesen. Noch nie hatte ich dergleichen gelesen.

Als Kernstück dieses Buches erschien mir der Bericht über Bill und Bob, die beiden Mitbegründer der Gemeinschaft Anonymer Alkoholiker. Er war so eindringlich, daß er sogar durch die Wand meiner Betrunkenheit stieß und sich nie wieder ganz vergessen ließ.

Zunächst gefielen die beiden Burschen mir ganz einfach wegen ihrer ungeheuren Saufleistung. Meine Verehrung dem, der das übersteht! Bill, so errechnete ich mühsam, hatte etwa sechzehn Jahre im Dienst des Alkohols verbracht. Doktor Bob, ein Chirurg, sogar 35. Sie kamen aus einem anderen Land, aus einer anderen Umwelt, einer anderen Kultur und einer anderen Generation als ich, und doch war beider Leben im Suff mein Leben. Genau so – genau so!

Ich hatte schon viel über Alkoholismus und Alkoholiker gelesen, und wenn es nicht von Trinkern geschrieben war – von Josef Roth, von Hans Fallada, von Jack London oder Francis Scott Fitzgerald –, hatte es mich eher abgestoßen. Mit wissenschaftlichen Überlegungen über die Ursachen und mit der Frage, warum der Alkoholiker trinkt, konnte ich wenig anfangen. Die Fragen erschienen mir künstlich, wo ich doch sah, daß zum Trinken nicht mehr gehört als der Alkohol und der Alkoholiker.

Hier lag jedoch ein Bericht vor, der sich über die Jahrzehnte vom Ersten Weltkrieg und das totale Alkoholverbot in den Vereinigten Staaten bis in das Jahr erstreckte, in dem ich meine erste Berührung mit dem Alkohol gehabt hatte.

Die beiden Männer, Bill und Bob, kamen aus so ehrenwerten und achtbaren puritanischen Familien Neu-Englands, sie waren so liebevoll und sorgfältig erzogen worden, sie waren so gründlich vom Müßiggang (ist aller Laster Anfang!) ferngehalten worden, und sie hatten sich nie in schlechter Gesellschaft bewegt und sie hatten anständige Berufe erlernt und ausgeübt ...

Wie konnten sie überhaupt zu Trinkern werden? In einer heilen Welt!

Aber ich wäre nicht ich, wenn mir kein Widerspruch eingefallen wäre. Bill sah die Sauferei vielleicht doch zu pessimistisch. Seine Ansicht, jeder Alkoholiker ende elend, im Wahn, im Gefängnis, in der Armut, im frühen Grab, im Selbstmord – ging mir entschieden zu weit. Als besten Beweis dafür, daß ein Mann, der sich nicht aufgibt, sich immer wieder auf die Beine stellen kann, sah ich mich an. Es fiel mir kein anderer ein.

Noch mehr störte es mich, daß in diesem Bericht Alkoholismus als Krankheit bezeichnet wurde. Worin lag das Krankhafte? Gewiß, ich empfand mich selbst als Alkoholiker, und Alf, ob er es zugab oder nicht, war wohl auch einer, denn der Alkohol war ein Hauptbestandteil seines Lebens. Oft trieben wir leichtsinnig und verantwortungslos dahin. Aber wir kannten doch auch bessere Tage. Vergangene allerdings. Alf hatte seine Preise nicht fürs Zusehen bei der Arbeit bekommen, und ich war zeitweise ein Spitzenverdiener gewesen, solange ich nämlich mit gleicher Maßlosigkeit gearbeitet hatte, wie ich jetzt soff.

Stimmt, im Augenblick lagen wir beide flach. Aber – krank? Nein, das konnte ich nicht zugeben.

Ganz entschieden wies ich die Behauptung zurück, daß der Alkoholiker geistig krank ist. Wenn die mir meinen Kopf abspenstig machen wollten, mußten sie früher aufstehen. Das Hirn funktionierte wie eh und je.

»Mit wem redest du denn?« fragte Alf, der unbemerkt ins Zimmer gekommen war. »Vorsicht, mein Lieber, mit Selbstgesprächen fängt es an und in der Klapsmühle hört es auf.«

»Ich muß mich aufregen. In diesem Buch stehen ein paar tolle Sachen.«

Alf hob die auf einem Tischchen stehende Schnapsflasche und schluckte.

»Ach ja, das Buch von Ellen. Die hat mich damit kurieren wollen. Du, ich sag' dir, ich hab' da einmal drin gelesen, und da ist mir doch direkt die Lust am Saufen vergangen.«

»Soweit bin ich noch nicht«, sagte ich. »Fahr' die Flasche her.«

Als ich wieder zu mir kam, schien mein Hirn von einem Staubsauger leergefegt. Ich fror und schwitzte zugleich. Das trockene Kotzen schüttelte mich, daß mir die Augen überliefen. Es half wenig, daß ich literweise Wasser in mich hineingoß und ein paar Valium schluckte. Am Boden zerstört. Egal. Ich brauchte jetzt erst einmal wieder Geld, und das war noch immer zu beschaffen gewesen.

Ich hatte ja noch den Auftrag. Er hing vielleicht ein bißchen in der Luft, aber er bestand noch. Ganz klar, daß er noch bestand. Ein paar Tage Verzug waren kein Totalschaden. Mit ein paar Mark auf der Hand kam ich schon wieder in Schwung. Ehrensache, daß ich mir von jetzt an nichts zu Schulden kommen lassen würde. Gut, daß mein Auftraggeber, der Konsul, nichts von meiner Sauferei wußte. Das wäre peinlich. Vielleicht bringe ich ihn in Stimmung, wenn ich ihm von Alf erzähle.

Als Emporkömmling hatte der Konsul für prominente Künstler eine Schwäche. Alf könnte in unser Projekt eingebaut werden, er strotzte vor Einfällen, wenn ihm die kleinlichen Alltagssorgen abgenommen werden – darin war er genau wie ich.

Während des Grübelns überkam mich die jähe Angst, der Konsul könnte ahnen, was sich in den letzten Tagen wirklich abgespielt hatte. Unsinn! Mit einem kräftigen Schluck könnte ich die Spinnweben von meiner Seele spülen. Doch ich mußte es »ohne« schaffen. Das Gesetz des Handelns zurückgewinnen, unbeirrt mein Ziel ansteuern wie in alten Zeiten, als ich »der Zauberer« hieß.

Dreimal rutschte der zitternde Finger aus der Wählscheibe, bis die Verbindung klappte. Die Sekretärin hörte entweder schlecht oder hatte noch nie von mir gehört. Auch das kam jetzt vor!

»Was kann ich für Sie tun«, sagte sie mit einem Unterton, der mich ahnen ließ, daß sie gewiß nichts für mich tun wollte. »Haben Sie denn unseren Brief nicht bekommen?« fragte sie. »Da steht alles drin. Ich weiß nicht, ob sich der Herr Konsul noch mit der Angelegenheit beschäftigt.«

»Aber hören Sie mal«, sagte ich, »das muß ein Versehen sein. Ich habe keinen Brief bekommen, ich kann ihn gar nicht bekommen haben, weil ich, was Sie vielleicht nicht wissen, hier auf dem Lande bin, um in Ruhe arbeiten zu können. Ich rufe eigentlich nur an, weil sich eine neue Situation ergeben hat, eine sehr erfreuliche Überraschung, die ich dem Herrn Konsul gerne übermitteln möchte, wenn Sie mich nicht länger daran hindern.«

Ich hörte ein paar Sekunden nur meinen eigenen Herzschlag und Atem, dann den Konsul:

»Ich hatte angeordnet, Sie nicht zu verbinden«, sagte er. »Ich habe Ihnen geschrieben. Was wollen Sie noch? Es ist doch alles klar.«

»Nein«, sagte ich hastig, während mich eine Welle von Mutlosigkeit überflutete. »Ich rufe doch wegen meines Gutachtens an. Das können Sie ja noch gar nicht haben, es ist noch nicht fertig. Einige Informanten wollen plötzlich nicht mehr, Sie wissen doch, wie unzuverlässig diese Leute sind. Sicher steckt die Konkurrenz dahinter, die mehr bietet. Da sollten wir eisern bleiben. Ich habe schon eine neue Quelle aufgerissen, einen Mann in Schweden, einen alten Bekannten aus dem diplomatischen Dienst.«

Ich hörte entsetzt, wie ich nun wild drauflos log. Jenen

Diplomaten kannte ich zwar, aber unser letztes Gespräch lag Jahre zurück.

»So«, sagte der Konsul. »Und in welchem Dorfwirtshaus haben Sie diesen Herrn so plötzlich kennengelernt?«

Er hatte also hinter mir herspioniert. Gemeinheit!

»Aber Herr Konsul, was ist denn daran schlimm, wenn ich mal in eine Kneipe gehe. Ein bißchen Entspannung brauche ich schon. Und man lernt tatsächlich, gerade in solchen Kneipen, interessante Leute kennen. Stellen Sie sich vor, ich habe einen berühmten Filmregisseur, ausgerechnet hier, aufgetan. Wissen Sie, wen?«

»Ich will nicht wissen, wen Sie wo kennengelernt haben«, sagte der Konsul. »Dafür werden Sie nicht bezahlt. Ich habe zwölf Tage – oder sind es dreizehn – nichts von Ihnen gehört. Ich habe xmal anrufen lassen. Man hat uns gesagt, Sie seien abgereist, ohne eine Adresse zu hinterlassen. Sie sind in Ihrer Wohnung niemals zu erreichen. Und nun hören Sie gut zu, was ich Ihnen sage! Ich habe Ihnen trotz aller Bedenken den Auftrag gegeben, weil ich Sie mag und weil Sie ein begabter Mann sind, der etwas leistet, wenn er will. Und daß das so ist, das macht die Sache nur noch schlimmer.«

»Bitte, Herr Konsul, dieser eine Ausrutscher, das darf doch nicht soviel ausmachen.«

»Ausrutscher! Mann! Meinetwegen besaufen Sie sich am Wochenende oder wenn Ihre Arbeit fertig ist, aber nicht in der Zeit, die ich bezahle. Ich bin Geschäftsmann, kein Wohltäter. Ich habe mich auf Ihr Gutachten verlassen. Der Stoff ist prima, da haben Sie wirklich einen Fund gemacht, und im Vertrauen auf Sie habe ich Interessenten gesucht, die bereit waren, viel Geld in die Sache zu stekken. Sie hätten ein ganzes Jahr Arbeit gehabt und gut verdient. Aber der Ofen ist aus. Ich will nicht mehr. Ich gehe nicht das Risiko ein, von Ihnen im Stich gelassen zu werden, und damit muß ich rechnen. Sie haben mir bewiesen, daß man mit Ihnen keine Abmachung durchziehen kann, und mehr Beweise sind nicht nötig.«

Der Konsul war ein mächtiger Mann in der Branche. Wenn er mich fallen ließ, stürzte ich tief ab, das war klar. Die verzweifelte Hoffnung, noch etwas retten zu können, soufflierte mir die Worte:

»Bitte reden Sie nicht so mit mir. Ich sitze ja schon in der Patsche. Der Schein spricht gegen mich, ich habe mir wahrscheinlich zu viel vorgenommen. Vielleicht bin ich für diese große Sache im Moment nicht der Richtige. Aber ich habe mich natürlich ganz darauf eingestellt. Alles andere habe ich sausen lassen. Jetzt stehe ich da. Selbstverständlich ist das meine Sorge. Ich erwähne es nur, um zu unterstreichen, daß ich alles auf diese Karte gesetzt habe, wie es sich ja wohl gehört. Selbstverständlich verlangt der Auftrag meine ganze Kraft. Ich mag selber auch keine Halbheiten. Ein paar Tage haben wir verloren, aber ...«

Der Konsul schnitt mir das Wort ab.

»Wir?« fragte er spöttisch. »Wir! Ich nicht! Ich habe Ihnen eine fristlose Kündigung geschickt, fristlos, verstehen Sie doch endlich.«

Nichts verstand ich, denn ich antwortete:

»Ob das juristisch in Ordnung geht, weiß ich nicht. Aber brauchen wir denn Rechtsanwälte? Gibt es denn gar keine Menschlichkeit mehr? Darf ich denn gar keinen Fehler machen? Ich sehe ein, daß mein Verhalten ungeschickt war. Aber können Sie mich deshalb wegwerfen wie ein dreckiges Sacktuch. Herr Konsul, um Gottes Barmherzigkeit willen (der Konsul ist als Katholik bekannt), geben Sie mir dann wenigstens einen anderen Auftrag. Ganz gleich, welchen. Ich mach's auch billiger.«

»Vielleicht sollten Sie Gott bei diesem Geschäft aus dem Spiel lassen.«

»Herr Konsul, ich bin am Ende, wenn Sie mir nicht helfen, ich kann mich aufhängen. Ich bin fertig. Fix und fertig!«

»Sie tun mir leid«, sagte der Konsul. »Mehr kann ich nicht für Sie tun.« Und das war sein letztes Wort.

Aus der Traum. Aber es würde weitergehen. Wie oft schon hatte ich mich für fix und fertig ausgegeben, wie oft schon um Mitleid gewinselt, mit Selbstmord gedroht und ihn auch versucht. Nichts hatte sich geändert. Ich werde mich wieder demütigen, ich würde an anderen Türen anklopfen und um Almosen bitten.

Mich ekelte vor mir selbst.

Aber ich werde mich nicht aufgeben. Solange ich atme, werde ich mich nicht aufgeben. Ich hatte so viel Scheiße gesoffen, daß ich dagegen immun bin. Ich hatte so viel Elend überstanden, daß ich auch mit dem nächsten fertig werde. Nein, ich gebe nicht auf. Der muß noch gefunden werden, der mit mir fertig wird.

Man sollte mich noch kennenlernen. Der sollte mir noch einmal kommen, dieser Konsul, und etwas von mir wollen. Sie nicht, würde ich sagen, Sie nicht, Herr Konsul. Sie tun mir leid!

»Ach, Scheiße«, sagte Alf, der mit neuem Proviant aus dem Dorf zurückgekommen war. »Vergiß den Kerl! Der ist unwichtig. Den brauchen wir nicht. Was wir brauchen, ist das da.«

Er strich mit einer großen Geste über eine Batterie Flaschen, die er auf dem Tisch aufgebaut hatte. Bier, Bauernschnaps und Bauernwein.

»Das ist Leben«, sagte er.

»Wenn du meinst«, antwortete ich.

Ich hielt mich für geistig gesund. Ja, was denn sonst?

Ellen, die zwei Tage später vorbeikam, um nach Alf zu sehen, verdanke ich die Beendigung dieser Sauftour. Sie fuhr mich in die Stadt zurück.

Alf sah ich nie wieder. Er fand nach der Scheidung von Ellen ein junges Mädchen, das, vom Rest seines Charmes geblendet, überzeugt war, ihn vom Alkohol loszubringen. Sie mußte sogar für seinen Lebensunterhalt sorgen. Mit vierzig machte er seinem Leben ein Ende.

Bill und Dr. Bob

Bill W., ein gescheiterter Börsenmakler aus New York, war im Mai 1935 in der Industriestadt Akron (Ohio) auf einem mit viel Erwartungen gestarteten Projekt sitzen geblieben. Seit fünf Monaten hatte er keinen Tropfen mehr getrunken. Ein Garantieschein ist das nicht. Aber Bill weiß, als er in seinem Hotel unter Saufdruck gerät, daß es ihm hilft, wenn er mit einem anderen Alkoholiker spricht. Dafür kommt es zu einem Treffen mit dem Chirurgen Dr. Bob, einem heillosen Trinker, der vom Suff des Vortages noch schwer gezeichnet ist. Bob wurde Mitbegründer der Anonymen Alkoholiker.

Sturzbetrunken las ich bei einem Saufkumpan die Aufzeichnung von Joseph Kessel über diese Begegnung und war sehr davon beeindruckt.

»Eine Viertelstunde. Keine Minute länger. Mehr ist Zeitverschwendung«, brummt der Doktor mit rauher Stimme, in der viele Drinks vom letzten Abend mitreden. Bob, Robert Holbrook Smith, fünfundfünfzig Jahre alt, Chirurg in der Industriestadt Akron/Ohio, ist mit seiner Frau Anne auf dem Weg zu Bekannten. Ihm schmeckt diese Einladung gar nicht, ihn verlangt heute nicht nach einer freundlichen Unterhaltung, sondern nach einem handfesten Schluck, der ihn wieder auf die Beine stellt.

Statt dessen wollen ihm die Gastgeber irgendeinen komischen Tropf anbieten, einen aus New York hereingeflogenen Vogel, der hartnäckig danach verlangt, mit einem Alkoholiker sprechen zu können. Und ausgerechnet mit ihm.

Dr. Bob ist Alkoholiker, da macht er sich schon lange nichts mehr vor. Ein hoffnungsloser Trinker ist er, der sich nichts sehnlicher wünscht, als mit dem Trinken aufzuhören. Nicht etwa weniger zu trinken oder sich seltener zu besaufen oder gepflegt Alkohol zu genießen, ist sein Wunsch – nein, aufhören, Schluß und aus und nie mehr einen Tropfen, nie mehr.

Dieses Rezept hat Dr. Bob dem Alkoholiker Bob zigmal ausgeschrieben, immer ohne Erfolg. Manchmal behauptet er sogar, er könne sich keinen anderen Menschen vorstellen, der sich so sehr Nüchternheit wünscht wie er. Er gibt sich aber auch zu, daß seine eigene Kraft dazu nicht ausreicht. Und alle Hoffnungen auf Dritte wurden unter Strömen von Alkohol begraben.

Mit großen Hoffnungen schloß er sich vor zwei Jahren der Oxford-Bewegung, einer religiös betonten geistigen Erneuerungsbewegung, an. Er stürzte sich auf deren Geistesgut. Er folgte den Empfehlungen, im Gebet Hilfe zu suchen, aber den Whisky wegzubeten, gelang ihm nicht.

Wie seine Freundin Henriette Seiberling sagt: »Du hast nur noch nicht den richtigen Dreh gefunden.«

Der Mann aus New York wirkt auf Bob freilich ganz anders, als der Doktor ihn sich vorgestellt hat, soweit sein Zustand überhaupt erlaubt, sich von jemandem ein Bild zu machen. Vor allem: Daß dieser Bill (William Griffith Wilson wäre sein voller Name) ein Alkoholiker sein soll, das kann Bob einfach nicht glauben.

Wie Alkoholiker aussehen, das weiß er schließlich, dazu braucht er ja nur in den Spiegel zu sehen. Den scheuen, mißtrauischen Blick, das Schwitzen, das Zittern, die fahrigen, unsicheren Bewegungen – nichts davon hat dieser Bill. Sein Gesicht ist weder gerötet noch fahl. Er sieht so gediegen aus, daß man glatt eine Lebensversicherung bei ihm abschließen würde, einfach auf sein Aussehen hin.

Ein kräftiges, energisches Gesicht, schmale prüfende Augen mit leicht indianischem Einschlag. Humor, Intelligenz und ein Funken freundlicher Ironie sprechen aus diesem Gesicht. Ruhige Bewegungen, keine Hast, Überlegenheit. Es geht etwas von ihm aus, es ist etwas an ihm dran, was mag es sein? Er sieht aus wie ein Zufriedener.

Wenn er, entgegen dem Schein, aber doch ein gerissener Missionar wäre, der mit versteckten Fouls seine Botschaft an den Mann zu bringen versuchte, warum erklärt er dann, er brauche Hilfe und als Helfer brauche er Bob. Mit Hilflosen hat Dr. Bob nach einem Vierteljahrhundert ärztlicher Praxis genügend Erfahrungen, um zu behaupten, daß dieser Bill kein Hilfloser ist, jedenfalls nicht das, was man allgemein darunter versteht.

Bill ist bei dieser Begegnung knapp vierzig Jahre alt, fünfzehn Jahre jünger als Bob. Bob hat auch im Trinken den gleichen Vorsprung. Er fing damit auf dem College schon an, obwohl zu Hause in Vermont, wo die Puritaner den Ton angeben, Eltern, Lehrer und Geistliche unermüdlich vor diesem »Laster« warnen. Warum er zu trinken anfing, er weiß es wirklich nicht, und ebensowenig weiß er, warum er weitergemacht hat. Auch nach fünfunddreißig Trinkerjahren kann er nicht glaubhaft angeben, warum der Alkohol schon dem Zwanzigjährigen der beste Freund war. Auch beim Studium der Medizin auf der Universität Michigan war die Flasche sein ständiger Begleiter. Ihr blieb er so zuverlässig treu wie seinem Vorsatz, jeden Tag, ob betrunken oder nicht, eine Stunde zu lesen.

Während des Studiums mußte er schon die ersten ernsthaften Schlappen einstecken, weil sein Trinken ihn derartig beanspruchte, daß er die Vorbereitungen auf seinen geliebten Beruf vorübergehend zurückstellen mußte. Aber dann schaffte er die Prüfungen doch, und nun ist er schon fünfundzwanzig Jahre als Arzt tätig. Ein saufender Doktor, den seine Patienten mögen.

Die Heirat mit der Jugendfreundin Anne Ripley hat am Trinken nichts geändert und ebensowenig die Geburt der Kinder. Bob war seiner Frau immer treu. Aber die Treue zur Flasche war stärker als die Liebe zu Anne.

Dieser Chirurg gehört in Akron zu den geachtetsten Angehörigen seines Fachs. Er beherrscht sein Handwerk. Der breitschultrige, energische Mann, ein Sportsmann und Meister im Bridge, ist, wenn er erst einmal aus seiner Reserve herausgeht, freundlich, großzügig, witzig und amüsant. Gelegentlich muß er der Klinik fernbleiben, denn betrunken geht er nicht in den Operationssaal. Aber nur wenige wissen, daß ihn der Alkohol von der Arbeit abhält. Einige Kollegen kennen seine Schwierigkeiten. Er versucht, sie zu verbergen. Man darf nicht wissen, daß er Tag für Tag betrunken ist, buchstäblich jeden Tag und wortwörtlich betrunken. Voll, weg, aus.

Dann liegt er da wie tot. Vergebens versuchte gestern abend Anne, ihn aus diesem Zustand herauszuholen. Mit einer prächtigen Zierpflanze als Geschenk zum Muttertag war er heimgekommen – Annes Ehrentag zu vergessen hätte er sich nicht verziehen. Später rief dann die Freundin Henriette Seiberling an und bedrängte Anne so hartnäckig mit ihrem merkwürdigen Anliegen, daß diese schließlich zusagte, Bob im Hause Seiberling mit diesem Bill aus New York zusammenzubringen, der darauf bestand, er müsse mit einem Alkoholiker sprechen.

Mit einem Alkoholiker, nicht mit einem Doktor, der Alkoholiker behandelt, oder mit einem den Alkolikern wohlgesonnenen, liebevollen Menschen, sondern mit einem waschechten Alkoholiker, einem Profi.

Das war Bob. Aber zum großen Kummer seiner Frau lag der Doktor während dieses Anrufes schon totbesoffen zu Füßen der prächtigen Zierpflanze. Am Sonntagmorgen verschaffte ihr Anblick ihm jene Schuldgefühle, die zu seinem Leben so unausweichlich gehörten wie der Suff, mit dem er sie vergebens zu verscheuchen suchte.

Der Mann aus New York hatte sich am vergangenen Tag in Akron zum ersten Mal nach langer Zeit wieder in seinem Beruf versucht, in dem er einmal hohen Erwartungen entsprochen hatte. Es war ihm eine Chance gegeben worden zu zeigen, daß seine einst bewährten Fähigkeiten als Finanzberater nicht im Alkohol untergegangen waren, der Bill bis an den Rand des Wahnsinns und in die schlimmste finanzielle Misere getrieben hatte. Er sollte in Akron für eine Finanzgruppe der Wallstreet die Mehrheit einer Fabrik erwerben. Solche Aufträge hatte er in seiner Trinkerzeit gerade dann erfolgreich erledigen können, wenn er, entsprechend vom Alkohol unterstützt, ans Werk ging.

Nun hatte er schon fünf Monate keinen Tropfen getrunken, und mit klarem Kopf verhandelt. Aber seine geschäftlichen Bemühungen waren erfolglos verlaufen und seine Barschaft betrug sechs Dollar. Was nun?

Unruhig ging er in der Hotelhalle auf und ab. Aus der anschließenden Bar klaubte sein Ohr jene gedämpften Geräusche auf, die einst für ihn Sirenenklänge gewesen waren. Beschwingte Stimmen und aufgelockertes Lachen, das stoßweise Schütteln der Mixbecher, den gedämpften Aufprall von Gläsern auf die Theke, das satte Glucksen beim Einschenken, die Zusprüche der Trinkenden. Er konnte es nicht überhören. Dafür war er noch immer empfänglich. Das Bewußtsein dieser Anfälligkeit machte ihn ganz schwach, denn er hatte sich schon für gerettet gehalten, für immun, auch gegenüber dem Ritual.

Seit fünf Monaten hatte er keinen Tropfen angerührt. Von einem Tag auf den anderen war das Glas stehengeblieben und zur gleichen Zeit auch das Verlangen geschwunden. Offenbar war der Bann der Krankheit gebrochen. Sichtlich hatte sie ihre Macht über ihn verloren. Überwältigt von dieser Erfahrung, ging er nun Tag für Tag durch die Straßen New Yorks, um allen Trinkern, die ihm begegneten, die Botschaft der Genesung weiterzugeben. Hunderte und Aberhunderte sprach er an, hielt sie fest, predigte ihnen mit großer Eindringlichkeit. Kein einziger hörte zu trinken auf. Aber Bill blieb trocken. Bei jedem Versuch, einem anderen zu helfen, half er sich selbst. Mit jedem Tag, den er auf diese Weise gewann, wuchs seine Hoffnung, nicht wieder trinken zu müssen.

Und jetzt ging er auf die Bar zu. Er würde eine Limonade bestellen oder eine Cola. Schon hatte er die Türklinke in der Hand, und mit dieser Berührung stieg in ihm die Erinnerung hoch an die zahllosen Schwellen, die er nüchtern überschritten hatte in der festen Absicht, es auch zu bleiben, und über die er dann in einem entsetzlichen Zustand zurückgestolpert war. Limonade, Cola – um »König für eine Nacht« zu sein, brauchte er etwas anderes.

Angst überkam Bill. Tausende von Niederlagen hatten ihm gezeigt, daß er außerstande war, dem Alkohol zu widerstehen, wenn erst einmal das Verlangen, mit einem Drink seine Stimmung zu verändern, seine Schritte lenkte. Dann waren alle guten Vorsätze weg, als seien sie nie gewesen.

Er ließ die Türklinke los, ging in die Halle zurück, zwang sich in einen Sessel, überlegte. Fünf Monate hatte er kein Verlangen nach Alkohol gespürt, wenn er tagtäglich versucht hatte, anderen Alkoholikern zu zeigen, daß auch sie mit dem Trinken aufhören können. Kein Lehrbuch hatte ihm dieses Verfahren empfohlen, niemand hatte ihm dazu geraten. Er hatte diese Erfahrung nach einem Gespräch mit einem Alkoholiker an sich selbst gemacht, und dieser Mann und er selbst waren die beiden einzigen Beweise für die Wirksamkeit dieser Selbsthilfe. Meine Angst wird weichen, sagte er sich, wenn ich einen Alkoholiker finde, mit dem ich über mein Erlebnis sprechen kann.

Ein Alkoholiker mußte es sein. Kein gesunder, fröhlicher Trinker, kein unerfahrener Abstinenzler, nicht jemand, der nicht einmal ahnt, was es heißt, trinken zu müssen auf alle Fälle und um jeden Preis, wenn der erste Schluck gelaufen ist. Es mußte jemand sein, der die stetige Bereitschaft des Alkoholkranken zum langsamen Untergang kennt, weil er sie an sich selbst erlebt.

Bill, vor einem halben Jahr noch ein lallendes Wrack, ging nun auf die Suche nach diesem Menschen mit der unerschütterlichen Gewißheit, daß er ihn finden würde. Die Angst lenkte seine Wege.

In amerikanischen Hotels ist es nicht ungewöhnlich, wenn Verzeichnisse der in einer Stadt vertretenen Kirchen ausliegen wie die Offerten der lokalen Handelskammer. Eine solche Kirchenbroschüre lag auch hier im Mayflower-Hotel auf einem kleinen Tischchen. Der erste Name, der Bills Blick erfaßte, lautete Paul Tunks, Reverend, und diesen ehrwürdigen Herrn rief er sofort an.

Zu einem Pfarrer kommen Bittsteller mit den verwegensten Anliegen, aber daß ein Trunkenbold darum ersuchte, ihn mit einem anderen Trunkenbold zusammenzuführen, konnte Ehrwürden Tunks doch nicht auf Anhieb fassen. Der unbekannte Anrufer sprach zunächst auch so hastig, verworren und hektisch, daß er nur ein Betrunkener oder ein Irrer oder ein ganz schäbiger Spaßvogel sein konnte. Aber der tödliche Ernst, mit dem der Anrufer seine Bitte so lange erklärte, bis der Pfarrer Tunks sie verstand, bewegte den Geistlichen schließlich dazu, diesem unbekannten Alkoholiker zehn Personen zu nennen, die ihm vielleicht helfen könnten.

Die einen waren nicht zu Hause, die anderen hatten keine Zeit und manche keine Lust. Neun Anrufe, neun Nieten. Nun blieb nur noch ein Name, und vor dieser letzten Chance schreckte Bill zurück. Als er »Henriette Seiberling« las, erinnerte er sich, in seinen guten Tagen einem Mister Seiberling begegnet zu sein, der als Gründer und Präsident eines großen Gummikonzerns zu den »Oberen Zehntausend« des Landes gehörte. Und weil Akron der Sitz dieser Gummiwerke ist, war Henriette Seiberling wahrscheinlich ein Mitglied dieser Familie. Undenkbar, im Hause eines solchen Mannes am Samstagnachmittag anzurufen und zu bitten, man möge aus dem Bekanntenkreis einen Alkoholiker vermitteln, der mit sich reden ließ oder einem wenigstens zuhörte.

Die Stimmung in der Bar war inzwischen um einige Grad gestiegen. Wie konnte Bill die Nacht nüchtern überstehen, wenn er seinen Alkoholiker nicht fand?

Er rief bei Seiberlings an. Henriette war die Schwiegertochter des großen Wallstreet-Mannes, eine Dame aus den Südstaaten. Sie war unkompliziert. Sie machte es Bill leicht, seinen Wunsch vorzutragen, denn sie verstand ihn, und sie schloß das Gespräch mit den Worten:

»Ich kenne einen Mann, der Sie nötig haben könnte. Kommen Sie sofort zu mir.«

Bob kam mit Anne am Sonntagnachmittag lange vor der vereinbarten Zeit. Bill sah, was in der Nacht passiert war und wie Bob litt. Dagegen half – alte Erfahrung – ein kräftiger Schluck Schnaps, den er dem Doktor empfahl.

Bob hatte sich soviel Verständnis nicht ausgerechnet. Das Sprechen fiel ihm schwer, in seinem Gesicht zuckten die Nerven. Er brachte seinen Spruch vor: Länger als eine Viertelstunde wollte er nicht bleiben.

Sechs Stunden später ging er.

An diesem Abend predigte Bill zum ersten Mal nicht wie in den vergangenen fünf Monaten, als er im Banne seiner wunderbaren Rettung durch eine mystische Erleuchtung den Trinkern einen Weg zu Gott empfohlen hatte, der von hohen und edlen Prinzipien eingesäumt sein sollte. Bill sah jetzt ein, daß damit keiner etwas anfangen konnte. Vom Gipfel der Erleuchtung, die ihm mit seiner wunderbaren Rettung zuteil geworden war, drang kein Ton hinunter ins Tal der Elenden, die keine andere Hoffnung kennen als das mit dem nächsten Schluck verbundene flüchtige Vergessen von Elend und Angst.

Davon sprach er jetzt. Nicht wie er gerettet wurde, sondern wie er mit der Flasche im Arm in den Untergang getaumelt war. Wie er gelogen und betrogen und alle enttäuscht hatte, die ihm helfen wollten. Wie er von einer Illusion zur anderen gestolpert war, weil er sich die Übermacht der Krankheit nicht zugeben wollte. Er sprach zu Bob von der Ehrlichkeit, der ersten Voraussetzung zur Besserung. Er berichtete, daß er niemals eine Besserung erleben konnte, wenn er nach einigen Tagen oder Wochen gewaltsamer Enthaltsamkeit gehofft hatte, den Alkohol endgültig besiegt zu haben.

Als Bob im Bericht Bills seine eigene Geschichte hörte, gab ihm das den Mut und die Kraft, auch seine Machtlosigkeit gegenüber dem Alkohol und sein Versagen im Leben zuzugeben. Nie zuvor hatte einer der beiden Männer von einem anderen Menschen so schonungslos ehrliche Worte gehört.

Am anderen Morgen, als Bill nach New York zurückfahren wollte, bekam er den Auftrag, die vorerst gescheiterten Bemühungen um den Kauf des Aktienanteils nochmals aufzunehmen, und Anne räumte ihm im Doktorhaus das Gastzimmer ein. Drei Wochen blieben den Männern für viele Gespräche. Für drei Wochen hörte Bob mit dem Trinken auf.

Anne war besorgt, als ihrem Mann nach dieser guten Periode plötzlich der Gedanke kam, in Atlantic City einen mehrtägigen Ärztekongreß zu besuchen, um sein Wissen aufzufrischen, und wollte ihm die Reise ausreden. Sie wußte, daß mit diesen Kongressen immer ein reiches gesellschaftliches Programm verbunden ist.

Bill war anderer Ansicht: »Wir müssen lernen, in einer Gesellschaft zu leben, die von Alkohol durchtränkt ist.«

Das meinte Bob auch und fuhr zu seinem Kongreß, um den Wissensdurst zu stillen. Der Durst auf schottischen Whisky ging aber vor. So trank Bob bei der Anreise im Zug die Whisky-Bestände des Speisewagens zusammen. Auf dem Weg zum Hotel besorgte er sich Vorrat für die Nacht und den nächsten Tag, an dem er schon früh mit dem Trinken begann. Gegen Mittag war er völlig betrunken und zur Heimreise entschlossen. Auf dem Weg zum Bahnhof verproviantierte er sich für eine lange Rückfahrt.

Als er die Augen wieder aufschlug, lag er im Hause eines Freundes, nicht weit von der eigenen Wohnung entfernt. Wie er dort hingekommen war, war nie zu erfahren. Seine Erinnerung endete mit den Einkäufen in Atlantic City im Staat New Jersey, sechshundert Kilometer östlich von Akron.

Bill holte den halb Bewußtlosen nach Hause. Mit Anne wachte er am Bett des phantasierenden Kranken, der sich, von Zuckungen geschüttelt, unruhig hin und her warf.

In diesen Tagen stand das Leben eines Patienten auf dem Spiel, der darauf wartete, von Bob operiert zu werden. In der Nacht vor dem unaufschiebbaren Eingriff gab Bill dem Freund einen gehörigen Schluck als Schlaftrunk. Am Morgen begleiteten Bill und Anne den Doktor in die Klinik. Eine Flasche Bier ließ ihn Bill noch trinken, damit er ruhig wurde.

Das war Bobs letztes Glas. Am 10. Juni 1935. In den fünfzehn Jahren bis zu seinem Tod hat er nicht einen Tropfen mehr getrunken. Und fünftausend Alkoholkranken, so schätzt man, hat er in dieser Zeit bei ihrer Genesung geholfen. Ohne Bezahlung selbstverständlich.

Alles mache ich falsch

»Spielst du noch immer Playboy?« fragte Ellen, als wir uns einige Jahre später in der City trafen.

Ich lachte und sagte: »Nein, ich bin frisch gebackener Ehemann und sehr mit dieser Rolle einverstanden. Aber, habe ich richtig gehört, du nennst mich einen Playboy? Ich habe in meinem Leben viele Rollen gespielt, aber nie den Playboy. Wie kommst du auf diese Idee?«

»Es war so«, sagte Ellen. »Du hast dich eine Zeitlang benommen wir ein Millionärserbe, ein Hochstapler oder ein Filmfritze. Nachts in den Kneipen und immerzu neue Frauen. Arbeitest du jetzt wenigstens oder zehrst du vom alten Ruhm?«

Weil Ellen eine patente Frau war, ließ ich ihre Rede gelten. Außerdem hatte sie recht.

Nach der Pleite mit dem Konsul war ich niemand mehr für bessere Arbeiten gut. Ich schlug mich mit Gelegenheitsarbeiten durch. Ein demütigender Zustand, in Vorzimmern fragen zu müssen, ob etwas für mich da sei, und dabei den Vielbeschäftigten vorzutäuschen, der es eigentlich gar nicht nötig habe.

Für gelangweilte Frauen, die mit ihrem leeren Leben wenig anzufangen wußten, war ich gerade der richtige Unterhalter. Nur solche Frauen waren für mich in dieser Zeit erreichbar. An andere wagte ich mich nicht heran, ich, der Dauerversager, das versoffene Genie. Ich brauche ein Ziel, sagte ich mir, als mich der betriebsame Leerlauf von Affäre zu Affäre immer mehr anekelte. Eine Arbeit, und sei sie noch so bescheiden, eine richtige Arbeit. Und Geld. Jetzt war ich vierzig und latschte in den letzten Schuhen herum. Ein einziger Anzug hing in meinem Schrank. Ein Bankkonto lohnte sich nicht mehr. Den Unterhalt für meinen Sohn mußte ich meistens schuldig bleiben. Ernas Gerichtsklage hing drohend über mir, als ich mich darauf besann, daß ich mich ja in zwei Fremdsprachen gut auskannte und glaubte, ein lesbares Deutsch schreiben zu können.

Ich bemühte mich um Aufträge. Nein, ich mußte mich gar nicht bemühen, sie flogen mir ins Haus. Wieder einmal bekam ich zu viel und das Viele zu schnell. Aber fleißig war ich. Jetzt mußt du Wurzeln schlagen, sagte ich mir, als ich mich wenigstens neu einkleiden und die drückendsten Schulden zahlen konnte. Mit vierzig ist es höchste Zeit, eine Frau zu finden.

Angela wurde mein Opfer. Es war Zuneigung auf den ersten Blick. Ich gewann sie lieb. Was als überlegenes Spiel von meiner Seite gedacht war, wurde Ernst. Vier Wochen nach dem ersten Kennenlernen heirateten wir. Ich habe Angela glatt in die Ehe hineingeschwatzt.

Zu den Vorzügen meiner Frau zählte eine beachtliche Trinkfestigkeit. Das ging so weit, daß sie immer häufiger leicht beschwipst mit mir nach Hause kam, den sie hatte abschleppen müssen. Ein paar Mal war das ganz lustig.

Als sie nicht mehr mithalten konnte, weil sie ein Kind erwartete, ließ sie mir meine Freiheit. Ich hatte versprochen, vernünftig zu sein, und sie sah darüber hinweg, daß ich von einem Wortbruch zum anderen taumelte. Sie meinte, wenn das Kind erst einmal da sei, werde es besser.

Langsam zerbröselte die Ehe. Angela hatte nur einen Einwand gegen mich:

»Du bist unzuverlässig.«

Damit ersparte sie mir den Vorwurf: »Du trinkst zuviel.«

In der Firma fiel ich nicht allein wegen des Trinkens auf. Deshalb wäre ich nicht geflogen. Ich wurde wegen Unzuverlässigkeit entlassen.

Ein Leben ohne Angela und ohne Arbeit? Undenkbar. Ich machte einen Selbstmordversuch, genas körperlich rasch, aber diesmal mußte ich mir eingestehen, daß ich einen Knacks hatte, einen Knacks vom Alkohol. Wochenlang lief ich herum wie seelisch taub.

So begab ich mich in Psychotherapie.

Der Psychotherapeut war nicht übel. Wie er so locker dasaß, mit Tweed-Jacke und offenem Hemd, einem gebräunten Gesicht und einem Raubtiergebiß, gefiel er mir. Es hatte mich auch für ihn eingenommen, daß er zuerst von sich erzählte.

Er hatte sich im Leben den Wind um die Nase wehen lassen, ehe er zum Seelendoktor ausgebildet wurde. Die meisten Psychotherapeuten, die ich bisher kennengelernt hatte, schienen vor allem mit ihren eigenen Komplexen und Ideen im Kampf zu liegen. Dieser hier war anders.

Jetzt, wo ich von mir erzählen sollte, war ich in Not. Wo anfangen, wo enden? Was war wichtig, was mußte ich ihm besonders ans Herz legen?

»Ich mache alles falsch«, sagte ich.

Genau die gleichen Worte hatte ich schon einmal einige Wochen zuvor gebraucht, als ich nach wochenlangem Trinken, das mir die Trennung von Angela und Regine erleichtern sollte, mit schwerem Kopf und dicken Depressionen bei einem Facharzt für Psychiatrie Hilfe gesucht hatte.

Was ich sonst noch gesagt habe, weiß ich nicht mehr. Ich redete viel und wirr. Ich konnte mich nicht verständlich machen, weil der Mann da saß wie eine Wand. Wahrscheinlich fand er mich theatralisch.

Jedenfalls hielt er sich nicht lange mit mir auf.

»Ihre Stimme klingt ja so weinerlich, so klagend, merken Sie das nicht?« sagte er, als ich mitten in einem Satz steckenblieb. »Nach ihrer Schilderung würde ich sagen, es handelt sich um eine reaktive Depression, die vergeht mit der Zeit, wenn Sie sich an den Trennungsschmerz gewöhnt und ihn überwunden haben.«

Er verschrieb mir einen Tranquillizer. Laut Beipackzettel anzuwenden bei: vegetativer Dystonie, Angst-, Spannungs- und Erregungszuständen, funktionellen Arrythmien, Schlafstörungen und einigem anderen mehr.

Daraufhin ging ich zu meinem Hausarzt, der zugleich mein Nachbar war, in seine goldene Praxis. Er untersuchte und befragte mich gründlich. Ich hatte zu klagen über Herzklopfen, Herzbeklemmungen, gelegentlichen Ängsten vor einem Infarkt, Unruhe, Schlafstörungen (seit mehr als zehn Jahren), Kopfschmerzen, Schwindelgefühle, Magendruck, gelegentlicher Brechreiz.

Von letzterem abgesehen, der wohl auf zu hastigen Genuß kalter Getränke zurückzuführen sei, erklärte mir der Doktor, liege bei mir wohl eine vegetative Dystonie vor. Das werde auch von den Labortests bestätigt. Meine Beschwerden seien psychisch begründet.

So schien es mir auch, und darum hatte ich die Empfehlung zu einer Psychotherapie um so lieber befolgt, als mein Hausarzt mir den Psychotherapeuten gleich auch besorgt hatte.

Den Alkohol hatte ich beim Psychiater wahrscheinlich deshalb nicht erwähnt, weil ich mit seinem Tadel rechnete, für den Fall, daß ich ehrlich über mein Trinken Auskunft geben würde. Beim Hausarzt hielt ich es für überflüssig, das Trinken zu erwähnen, denn er wußte zumindest, daß ich gerne trank. Wir waren uns oft im Lokal begegnet und hatten sogar den einen oder anderen Rausch gemeinsam die Treppe hinaufgetragen. Es war taktvoll von ihm, mich jetzt nicht daran zu erinnern.

Aber nun saß ich vor einem Psychotherapeuten, der alles wissen sollte. Darum sagte ich noch einmal:

»Alles, was ich mache, ist falsch. Wenn ich mich besonders anstrenge, geht es doppelt schief!«

Erschrocken hielt ich an.

War das nicht maßlos übertrieben. Was sollte er von mir denken. War ich ein Versager? Fünfundvierzig Lebensjahre habe ich hinter mir, und gerade in den kritischen Lebenssituationen hatte ich mich besonders standfest gezeigt.

Immer wieder hatte ich Auswege gefunden, Schlupfwinkel aufgespürt und Hintertüren entdeckt und mich niemals geschlagen gegeben. Der Psychotherapeut durfte keinen Waschlappen in mir sehen, sondern einen Mann, bereit, sich am eigenen Schopf aus dem Sumpf zu ziehen, wenn man ihm beibringt, wie man das macht.

Der Therapeut nickte verstehend. Die Bewegung war spontan und herzlich. Ich fühlte mich angenommen.

»Sicher haben Sie, wie die meisten Menschen, ein Leitbild, bewußt oder unbewußt, ein Idol, das für Sie eine große symbolische Bedeutung hat?«

Ja, aber das war bis dahin mein Geheimnis gewesen, das ich immer für mich bewahrt und mit niemand geteilt hatte, weil ich fürchtete, nicht verstanden oder ausgelacht zu werden.

»Odysseus«, sagte ich. »Der listenreiche, schlaue und mutige Odysseus. Nur – mir sind die Götter nicht beigestanden. Die Gefahren, in die ich geraten bin, habe ich nicht mutig und klug wie er überwunden, sondern nur überlebt. Und jetzt bin ich gestrandet.«

»Was verstehen Sie unter Stranden?«

»Scheitern. Immer denselben Mist machen, immer dieselbe Scheiße bauen, immer an denselben Klippen scheitern.«

Offenbar hatte ich damit dem Therapeuten einen wichtigen Hinweis geliefert, denn er machte einen Vermerk.

»Schildern Sie bitte ein Beispiel, möglichst eines, das Ihnen besonders markant erscheint.«

»Es ist vor drei Wochen passiert. Weil ich keinerlei finanzielle Rücklagen habe, nicht die kleinste Eiserne Reserve für einen unvorhergesehenen Notfall, habe ich mir einen Trick ausgedacht. Bei einer Firma, für die ich nebenher arbeite, habe ich meine Ansprüche so lange stehen lassen, bis zweitausend Mark beisammen waren. Die habe ich genommen, um sie auf die Bank zu bringen und für mindestens ein Jahr festzulegen, weil das mehr Zins bringt.

Beim Abheben bekomme ich 2054 Mark. Auch recht, denke ich, fünf Mark bekommt Regine für ihre Sparkasse, und mache mich auf den Weg. Ich muß durch die Straße mit den Nepplokalen, das ist der nächste Weg zur Bank. Ein Mädchen spricht mich an. Nur ein Drink! Ganz intim.

›Das ist der älteste Trick der Welt‹, sage ich und gehe weiter.

Das nächste Mädchen ist hübscher, sie rollt die Augen und streicht wie zufällig ihren Busen hoch, so daß er fast aus dem Kleid fällt.

›Das ist mal was neues‹, sage ich und gehe weiter.

Vor dem dritten Lokal steht keine. Das ist sicher ein halbwegs anständiges Lokal, denke ich und trete ein. Sofort geht die Box los und ausgerechnet mit meinem Lieblingslied ›Banana‹ mit Harry Belafonte.

Einer ist genehmigt, denke ich, obwohl ich überhaupt

kein Verlangen habe zu trinken. Ich frage noch extra, was der Whisky kostet, weil diese Schuppen oft Zauberpreise haben.

Die Barmaid sagt acht Mark, ich lege den Fünfziger hin und sie schenkt ein.

›Halt‹, sage ich, während sie es laufen läßt, ›einen will ich nur.‹

›Ich dachte, einen doppelten. Wir schenken eigentlich nur doppelte aus, den einfachen um acht Mark gibt es nur zur Cola.‹

Der Nepp ärgerte mich so, daß ich den Whisky in einem Zug trinke, mein Wechselgeld nehme und den Laden verlasse. Draußen spaziert die mit dem kessen Busen vorbei. Sie erkennt mich wieder und lächelt. Darauf könnte ich eigentlich einen mit ihr trinken, das Kleingeld habe ich ja nun schon angebrochen. Ihr Laden ist schummrig und schmuddelig. Nichts wie 'raus, denke ich, kaum daß ich drin bin.«

»Ja, diese Neppläden«, sagt der Therapeut, der sie nur von außen kennt.

»Nepp«, sage ich. »Vielleicht für einen Deppen vom finstern Wald. Ich kenn' doch das Spiel. Die Kleine hat mir nichts versprochen und nichts abgenommen. Im Gegenteil. Ich habe ihr eine Flasche Schampus angeboten und, als sie halb leer war, schon die nächste bestellt. Der Rest ist Schweigen. Für die Heimfahrt mit dem Taxi sollte sie mir Geld leihen. Ich habe keines, sagte sie.«

»Soweit, so schlecht«, sagte der Therapeut. »Das sollte nicht passieren. Betrachten Sie es als Lehrgeld.«

»Zweitausend Mark Lehrgeld! Wofür? Dieses Scheißspiel habe ich doch schon hundertmal gespielt.«

»Ich verstehe«, sagte der Therapeut, der gar nichts mehr verstand. »Man macht Sie betrunken und nimmt Ihnen das Geld ab, wenn Sie hilflos sind. Im nüchternen

Zustand würden Sie, wie ich Sie einschätze, sich kein Geld abnehmen lassen.«

»Nein. Aber als ich in den Laden 'reinkam, hatte ich nur einen doppelten Whisky, war also nicht betrunken, und von der ersten Flasche Sekt, bei der das Mädchen noch mitgetrunken hat, war ich auch noch nicht betrunken. Und, betrunken oder nicht, ich habe, das ist eine alte Vorsichtsmaßnahme in solchen Lokalen, bestimmt Zwischenrechnungen verlangt und bezahlt, um nicht wegen Zechprellerei Ärger zu bekommen.«

Wieder machte der Doktor Notizen. Was versprach er sich davon?

Er versuchte nun, mein Verhältnis zum Geld zu ermitteln. Von früher Jugend an. Ob ich es verachte, ob ich verschwenderisch sei oder manchmal geizig.

»Das trifft es nicht«, sagte ich. »In normalem Zustand habe ich kein schlechtes Verhältnis zum Geld. Aber beim Trinken verliere ich immer wieder die Kontrolle. Dann geht es nicht um mehr oder weniger, sondern immer um alles.«

Der Therapeut nimmt das Stichwort auf: alles.

»Alles oder Nichts, wie stehen Sie dazu?«

»Ich mag keine halben Sachen. Ich bin für Alles oder Nichts. Die Götter, die meinem Vorbild Odysseus immer beigestanden haben – mich haben sie verlassen. Ich weiß nicht weiter.«

Forschend sah mir der Psychotherapeut ins Gesicht. Nein, ich war nicht Odysseus. Ich war nur noch Adam, der erste Mensch, aus dem Paradies vertrieben, leidend, seinen Begierden und dem Tode preisgegeben und der Hilfe einer höheren Macht bedürftig. Ich war im Leben gestrandet.

»Ja, so ist es. Aber damit bin ich nun am Ende. Glauben Sie mir, ich mach' es mir nicht leicht. Ich wehre mich gegen alle meine Mängel und Fehler, aber ich versage. Ich habe Angst, an mir selbst zu ersticken. Ich will nicht ertrinken, aber ich spüre, daß ich versinke.«

Erschöpft schwieg ich und wischte nur den kalten Schweiß aus dem Gesicht. Der Doktor sagte lange nichts. Ich hörte meine Herzschläge wie das Ticken einer fernen Uhr, ein tröstlicher Beweis, daß ich noch lebte.

Nach einer unendlich langen Pause fragte der Doktor, ob ich schon einmal an Selbstmord gedacht hätte.

»Selbstmord? Ja und nein. Seit ich Erinnerungen an mich habe, beschäftige ich mich mit meinem eigenen Tod. Aber es ist etwas Seltsames, denn ich stelle mir dabei immer vor, wie schön es wäre, den eigenen Tod zu überleben und dann ein neues Leben zu beginnen. Ist das nicht verrückt? Ich möchte einen langen, langen Schlaf tun und daraus als neuer Mensch erwachen. Sterben, um zu leben. Das war immer mein Wunsch. Vielleicht sage ich damit mir selbst, daß ich so, wie ich bin, nicht leben kann.

Ich bin uneins mit mir selbst, ein einziger, ständiger unlösbarer Widerspruch. Ich zerstöre mehr, als ich aufbaue. Ich möchte fest auf der Erde stehen, während ich frei zwischen Himmel und Erde schwebe. Ich preise die Weisheit der einfachen Wege und treffe mich stets auf den verschlungensten Pfaden. Während ich zu mir selbst stehen möchte, verleugne ich mich in einem fort. Der Mut, den ich mir zuspreche, verwandelt sich in Angst, meine Hoffnungen verwesen, meine Schwüre mißraten zu Meineiden.

Mein Weg in den Abgrund ist mit lauter guten Vorsätzen gepflastert. Aber wenn ich eben noch darüber geflucht habe, daß ich in diese Welt geraten bin, dann kann im nächsten Augenblick ein Lächeln meiner kleinen Tochter mich umstimmen und mich sagen lassen, es müsse einen Sinn haben, daß ich lebe. Wenn ich den Sinn nur wüßte. Wie besessen bin ich dahinter her.«

Der Doktor entwaffnete mich mit der lächelnd hingesagten Bemerkung, es lohne sich wahrscheinlich nicht, über den Sinn des Lebens allzuoft nachzudenken.

»Aber ich muß es einfach. Mitten in meiner Arbeit überfällt es mich, dieses Gefühl der Sinnlosigkeit. Jede Freude wird schal, jede Hoffnung verrottet, jede Empfindung stirbt, wenn mich dieses Gefühl überkommt. Das Nichts! Dagegen hilft nur eines: trinken.

Das Trinken, das ist das Schlimmste. Es verlangt nach mehr, immer nach mehr. Ich trinke, ich komme in eine gute Stimmung. Damit meine ich nicht Jubel, Trubel, Heiterkeit. Sondern Eins-Sein mit mir selber. Um dieses Gefühl festzuhalten, trinke ich weiter.

Das Gefühl bleibt aber nicht, wenn ich weitertrinke. Nur mit dem Trinken kann ich nicht aufhören. Nichts bringt mich weg. Ich habe so viele Schläge bekommen wegen der Trinkerei. Kein gutes Zureden, keine Mahnung, keine Drohung, keine Blamage, keine Pleite, keine Entlassung oder Bestrafung, weder Mitleid noch Verachtung können mich aufhalten, wenn ich mit dem Trinken angefangen habe.

Manchmal habe ich sogar Abscheu gegen den Alkohol, aber das bringt mich nicht vom Trinken weg. Ich bin dem Verlangen hilflos ausgeliefert.«

»Ist es wirklich so schlimm? Lassen Sie sich vielleicht von einer momentanen Depression verleiten, sich in dieser Weise anzuklagen. Seit wann haben Sie denn diese Empfindung?«

»Schon immer. Seit ich trinke, trinke ich so, und immer wenn ich trinke, trinke ich so. Die Menge ist gar nicht entscheidend. Manchmal brauche ich weniger, manchmal mehr. Ich habe eine gute Erklärung für mein Trinken gefunden, es ist ein chinesisches Wort und das besagt:

Du trinkst das erste Glas,
Das zweite Glas trinkt das erste Glas,
Das dritte Glas trinkt dich.«

(Ich war damals – und noch lange danach – der festen Meinung, daß die Herrschaft des Alkohols über mich beschränkt sei und erst nach einem bestimmten Quantum einsetzt. Tatsächlich beginnt sie mit dem ersten Schluck.)

Der Doktor lehnte sich in seinen Sessel zurück. Er legte die Fingerspitzen zusammen und sagte:

»In diesen Zustand der Trunkenheit kann ich mich vielleicht hineinversetzen. Es hat in meinem Leben auch einmal eine Zeit gegeben, in der ich viel getrunken habe, um über einen Kummer hinwegzukommen, ähnlich wie es jetzt bei Ihnen ist. Und danach trank ich wieder ganz normal.«

»Aber Herr Doktor, ich trinke nicht aus Kummer, sicher nicht öfter als andere Menschen auch. Ich trinke überhaupt nicht aus einem bestimmten Grund, oder wenn Sie so wollen, jeder Grund ist mir recht. Wie oft schon bin ich hinterher gefragt worden, warum ich wieder getrunken hätte, obwohl ich doch wisse, daß es mir schade. Natürlich ist mir dann irgend eine Erklärung als Grund eingefallen. Aber bei mir wußte ich immer, daß ich keinen äußeren Anlaß brauche, der Grund bin ich.«

»Das verstehe ich nicht. Können Sie mir dafür ein Beispiel erzählen?«

»Nehmen wir einen Tag wie heute, einen schönen Tag im Sommer. Ich habe dienstfrei und eine gute Nacht hinter mir. Intensiver Kaffeeduft weckt mich. Und Angi, meine Frau, sitzt warm und verlockend an meinem Bett, so nahe, daß ich ihre Haut riechen kann, und sagt ganz einfach: Der Kaffee kann warten – und beugt sich über mich. Nach einem ausgedehnten Bad, bei dem ich singe und pfeife und nach dem ich mich salbe wie eine Haremsdame, kleide ich mich sorgfältig an.

Mir ist im Bad der Gedanke gekommen, heute Angi endlich den Ring zu kaufen, den sie sich – heimlich! – schon lange wünscht, ein besonders schönes Stück, das wir gemeinsam bei einem Schaufensterbummel ausgesucht haben. Hätte ich genug Geld bei mir gehabt, er hätte sofort ihr gehört. Heute wird er gekauft.

Es fällt mir nicht auf, daß ich dann in der Bank weit mehr Geld abhebe, als dieser Ring kostet. Ich fahre in die Innenstadt. Die Menschen sitzen im Freien an den Tischen. Ich verlängere meine Erwartung und genehmige mir eine Tasse Kaffee. Es ist sehr warm, Kaffee ist mein Lieblingsgetränk bei großer Hitze. Aber ich könnte es doch heute ausnahmsweise einmal mit einem Longdrink versuchen. In einem Cuba libre ist wenig Rum und viel Eis. Leider ist kein Cuba libre vorrätig.

Ich verlasse das Café. Wenige Schritte vor dem Juweliergeschäft biege ich in eine Seitenstraße ein, in der ich eine kleine Bar weiß. Ein seriöses Haus, in dem Geschäftsleute bei einem Drink ihre Angelegenheiten besprechen. Ein Cuba libre ist – richtig betrachtet – für meine heutige Stimmung vielleicht nicht ganz das richtige. Ich frage den Barmann, ob er eiskalten Sekt hat. Er hat.«

Während ich die Szene schildere, fallen mir unzählige Tage ein, die mit einem gepflegten Glas Sekt begonnen und irgendwann irgendwo geendet haben. Stunden, an die ich keine Erinnerung habe, Geschehnisse, die irgendwo im Halbdunkel bleiben, peinliche Szenen, weil ich plötzlich entdecke, kein Geld mehr bei mir zu tragen, obwohl ich ganz sicher bin, reichlich mitgenommen zu haben.

Erinnerungen, daß Taxichauffeure sich weigerten, mich

zu befördern, und Fetzen blamabler Erinnerung an Spelunken, in denen ich mich den Rausschmeißern wehrlos ausgeliefert sah, Hurengeschichten, Parkbänke, Hauseingänge, die mir als Schlafplatz dienten, fremde Türen, an denen ich Einlaß verlangte.

»Es ist beschämend zu gestehen, aber einen ehrlichen Grund zum Trinken habe ich sehr selten in meinem Leben gehabt. Allerdings ist mir hinterher immer ein Grund eingefallen. Ich verstehe das nicht. Muß ich denn einen Grund zum Trinken haben?«

»Einen Augenblick«, sagte der Psychotherapeut, »vielleicht ist das der Haken. Sie suchen immer Gründe für Ihr Trinken. Vielleicht kommen Sie einmal dahin, daß Sie dem Trinken nicht mehr Bedeutung beimessen als dem Essen. Sie überlegen sich doch auch nicht, warum Sie essen. Warum schalten Sie beim Trinken den Intellekt ein?«

»Der Verstand schaltet sich von allein ein. Ich muß mich einfach fragen und Gründe suchen, obwohl ich tausendmal vergeblich gesucht habe. Warum, warum, warum.«

Der Psychotherapeut sah auf die Uhr. Die Stunde, exakt fünfundfünfzig Minuten, war um.

»Ich erwarte heute keine Patienten mehr«, sagte er. »Wir haben noch etwas Zeit, uns – in groben Zügen – mit den physischen Störungen zu beschäftigen, die die Patienten zu uns führen. Sie haben mir sehr schön geschildert, daß gewissermaßen Ihr ganzes Leben von Flaschen übersät ist. Es hat sich also bei Ihnen ein schlimmes Verhaltensmuster herausgebildet. Je tiefer dieses Muster in Ihrer Psyche eingegraben ist, desto mehr führt es in Zeiten der Belastung zu fehlangepaßter Aktivität, zu den sinn- und ziellosen Handlungen, von denen Sie eben berichtet haben. So bilden sich mit der Zeit Verhaltensweisen heraus, die wir neurotisch nennen. Es haben zwar viele Menschen einen Lebensstil, der gelegentlich Ähnlichkeiten mit neurotischem Verhalten aufweist. Von Neurosen dürfen wir aber nur sprechen, wenn sich das Verhalten ungünstig auf den Betreffenden und seine Umweltbeziehung auswirkt.«

»Ich bin also ein Neurotiker«, fiel ich ihm ins Wort, als könnte ich es gar nicht abwarten, diese Bezeichnung auf mich anzuwenden, denn mir dämmerte – so sehe ich es heute –, daß sich mir hier eine ungeheure Chance bot, »gesellschaftsfähig« krank zu sein. Bisher hatte ich mich, je nach den Umständen, für haltlos, für willenlos, für unehrlich, für großsprecherisch, für im Guten wie im Schlechten ständig zur Übertreibung neigend gehalten. Vieles davon hatte ich für schuldhaft gehalten und mich vergeblich bemüht, es zu ändern. Aber jetzt sah ich Licht.

Ich war zum Doktor gekommen in der festen Überzeugung oder Angst, Alkoholiker zu sein. Schon zehn Jahre zuvor hatte ich in mein Tagebuch »von der gottverdammten Abhängigkeit vom Alkohol« und von meiner »chronischen Trinkerei« geschrieben, und alle Jahre wieder erneuerte ich, so oft ich in Bedrängnis geraten war, den Vorsatz, mit dem Trinken Schluß zu machen und nie mehr zu trinken, nie, nie mehr!

Ich wußte wenig von der Krankheit Alkoholismus.

Heimlich, damit meine Frau es nicht merkte – aber sie hatte es doch bemerkt –, hatte ich wissenschaftliche Literatur und populäre Veröffentlichungen über dieses Thema studiert. Die Aussagen wichen stark voneinander ab. Manche waren fürchterlich. So schrieb ein Professor Dr. med. Ernst Rüdin, Psychiater und Direktor des Kaiser-Wilhelm-Institutes, maßgebend für viele Psychiater, daß »nach den Erfahrungen der ärztlichen Wissenschaft schwerer, hartnäckiger Alkoholmißbrauch fast ausnahmslos auf konstitutionell erblicher, psychopathischer Basis entsteht und daher Nachkommen aus diesem Grund nicht erwünscht sind«. Er empfahl, Alkoholiker zwangsweise unfruchtbar zu machen. Ich hatte schon drei Kinder gezeugt!

Soweit gingen die anderen Experten nicht, aber fast alle waren sich darin einig, daß Alkoholiker Psychopathen sind. Für mich hörte sich das wie eine Beleidigung an. Trotzdem hielt ich mich bis jetzt für einen Alkoholiker. Gut, daß ich mit keinem Menschen darüber gesprochen hatte, denn der Psychotherapeut machte mich nun darauf aufmerksam, daß die exakte Beschreibung meines Zustandes »Neurose« lautet. Das war mehr als ein Trostpreis. Das war eine riesige Erleichterung. Neurotisch war schließlich heutzutage jeder. Ich wollte mit Freuden ein Neurotiker sein.

»Es gibt bei den neurotischen Verhaltensweisen fließende Übergänge und Mischformen«, belehrte mich der Psychotherapeut. »Die verschiedenen Schulen bekennen sich zu verschiedenen Auffassungen, dieser Streit soll uns aber nicht kümmern. Wir halten uns an eine handfeste Einstellung. Danach gibt es ein zwanghaftes, ein paranoides, ein hysterisches, ein impulsives und ein depressives Verhalten.«

Er skizzierte die verschiedenen Typen. Die Depressionen, mit denen ich nie fertig wurde, kamen bei allen Verhaltensweisen vor. Die für paranoides Verhalten bekannte extreme Überempfindlichkeit und ein Gefühl von Scham sowie die ständige Erwartung des Schlimmsten waren auch mir geläufig.

Als ich »die Stunde« verließ, war ich bereit anzunehmen, daß ich rundum neurotisch war, und war entschlossen, mit Hilfe meines Psychotherapeuten alles nur Denkbare gegen diese Neurosen zu tun.

Die Fortschritte ließen lange auf sich warten.

Nach der vierzigsten Stunde eröffnete mir der Psychotherapeut: »So kann es nicht weitergehen.«

Ich hätte ihn beständig in die Irre geführt, ja, er sagte es, wenig lobend für sich, noch deutlicher: »Sie haben mich aufs Kreuz gelegt.«

Nach allem, was ich in der Zwischenzeit über mich, den Neurotiker wußte, war es gewissermaßen mein gutes Recht, mich unter Inanspruchnahme all meiner neurotischen Fähigkeiten dem Arzt zu entziehen, ihm den Zugriff in mein Innereres unmöglich zu machen oder jedenfalls so zu erschweren, daß er davon Abstand nahm.

Während dieser ganzen Periode, die sich fast über ein Jahr erstreckte, hatte sich am Trinken nichts geändert. Oft schwenkte ich auf dem Weg zum Psychotherapeuten in eine Kneipe ab. Ich hatte einige hundert Meter von seiner Villa entfernt einen soliden Unterschlupf entdeckt. Dort saß ich oft, während ich auf der Couch des Psychotherapeuten liegen sollte, und behielt die Gedanken für mich, die ich eigentlich ihm hätte anvertrauen sollen.

Diese Trinkerei war eine Kampfansage, auch wenn es mir nicht bewußt war, eine kostspielige Kampfansage übrigens, denn die vereinbarte »Stunde« mußte ich bezahlen. Das bedrückte mich wenig. Ich saß in der Kneipe und malte mir aus, wie er jetzt unruhig in seinem Behandlungszimmer auf und ab ging, grübelnd, ob ich jemals wiederkommen würde, und war gar nicht traurig darüber, daß sein ganzer Aufwand bei mir vertan war.

Am anderen Tag versuchte ich durch doppelten Eifer die Versäumnisse aufzuholen. Das meinte der Doktor wahrscheinlich, als er sagte, ich hätte ihn aufs Kreuz gelegt. Er kannte sich nicht aus.

Meine äußere Lage wurde immer miserabler. Ich machte einen Selbstmordversuch – sehr demonstrativ rief ich in letzter Sekunde, ehe mich die Mischung aus Alkohol und Schlaftabletten ins Dunkel riß, den Therapeuten an, kam dann wieder zur Stunde, zerknirscht, innerlich wund, bockig, voller Widerstand.

Es war mir aufgetragen, meine Träume zu schildern. Ich stürzte mich zunächst auf diesen Auftrag. Bald verflachte die Begeisterung. Mir kam diese Art, etwas zu zerreden und ernsthaft zu begucken und zu beriechen, vor allem deshalb schlechthin idiotisch vor, weil ich die Träume meist erst auf dem Weg zum Doktor oder auf der Couch erfand. Aber das geschah nicht vorsätzlich. Ich träumte viel, nur war nach dem Erwachen jegliche Erinnerung weg, und auch die intensivste Anstrengung konnte das Geträumte nicht in die Wirklichkeit heben. Aber ich wollte beim Doktor nicht als therapieunwillig dastehen.

Weil meine Schlafstörungen unvermindert anhielten, erbat ich Rat, was dagegen zu tun sei.

»Autogenes Training«, sagte er und sah mich verdutzt an, als ich schallend lachte.

»Ich kenne einige ganz vernünftige Ärzte, die meinen, das Autogene Training habe seinem Erfinder nicht geholfen. Aber wenn Sie meinen, daß es mir etwas bringen kann, will ich es versuchen«, sagte ich und arbeitete mich in die beiden ersten Stufen dieser Methode der Selbsthypnose ein. Die Übungen waren nützlich, wenn mir weiter nichts fehlte, weil ich nicht trinken wollte.

»Sie könnten vielleicht auch eine Formel üben, die sich auf den Alkohol bezieht«, meinte der Therapeut etwas unsicher, wie mir schien. »Versuchen Sie es mal mit dem Satz: Alkohol ist ganz unwichtig.«

Ich antwortete: »Das kann ich mir doch nicht einreden, Ich kann doch nicht weglügen, daß der Alkohol für mich leider sehr wichtig ist.«

Der Seelendoktor lächelte fernöstlich und schlug Yoga

vor, das damals gerade anfing, als besonders schick zu gelten.

Aber woran mochte es liegen, daß ich zwar den Segen der Atemtechnik an und für sich auch gerne für mich in Anspruch genommen hätte, aber nicht den geringsten Zusammenhang zwischen meiner Sauferei und dieser indischen Konzentrations- und Meditationspraxis erkennen konnte. Mich dürstete nicht nach der absoluten Erkenntnis des Yoga. Ich wollte nur erfahren, ob und wie ich mit dem Trinken aufhören konnte.

Man könnte es einmal mit LSD versuchen, schlug der Seelendoktor eines Tages vor, als ich endlich den Mut fand zu protestieren, da sich überhaupt kein Fortschritt zeigte. Ich sei ja schlimmer dran als zu Beginn. Er gab mir die Schilderung zu lesen, in der sich eine neurotische Amerikanerin begeistert für die Droge LSD einsetzte. Mir erschien die Darstellung ihrer LSD-Erlebnisse nicht gerade wie eine Offenbarung. Ähnliche Rauschzustände hatte ich hinter mir, ich verlangte nicht nach einer Wiederholung, stimmte jedoch dem Experiment zu.

Der Doktor hatte mich aufgeklärt. Es könnten schlimme Dinge kommen. Aber ich hatte gelesen, daß im Ausland bei Alkoholikern höchsten Grades erstaunliche Erfolge mit LSD erzielt worden seien, und die Hoffnung, mir werde dasselbe widerfahren, ließ mich drängen, er möge mir doch dieses Mittel geben.

In den Therapiestunden war gelegentlich von Gott die Rede gewesen. Ich war diesem Thema immer ausgewichen. Ich hatte keine Vorstellung von Gott. Ich sah keine Beziehung zwischen mir und ihm. Und zwischen ihm und mir nur eine miserable. Ich machte ihn für alles Unheil in meinem Leben verantwortlich, ebenso wie ich ihm auch für das wenig Gute stets dankte. Da aber das Böse überwog, hatte ich immer viel Grund, mit Gott zu hadern, der mir verweigerte, was er anderen so großzügig gab. Zur gleichen Zeit wußte ich, daß ich bei diesem Hader mit Gott immer den kürzeren ziehen würde. So gerne ich an ihn geglaubt hätte, ich vermochte es nicht, ich hatte es nie vermocht.

Mein Gottesproblem nahm der Therapeut sehr ernst. Bei richtiger Anwendung der Droge LSD hätten manche Suchenden erstaunliche geistige und seelische Erfahrung machen können und seien in sonst unerreichbare Zonen vorgestoßen.

In der LSD-Sitzung sah ich plötzlich vor mir die Apostel Peter und Paulus. Mit Petrus konnte ich nichts anfangen. Zu Paulus bekannte ich mich leidenschaftlich. Den Mann, den Gott auf offener Straße angesprochen hatte, beneidete ich um die Glaubenskämpfe, die er durchlitten hatte, und wegen seines unerschütterlichen Mutes. Unmittelbar zuvor hatte ich vom Trinken erzählt. In eisiger Kälte lag ich, wie ein Toter aufgebahrt, auf einem Brett und fror. Im Zimmer war es warm, und ich lag unter einer Wolldecke, aber ich zitterte am ganzen Körper derart, daß ich hin- und herflog.

»Ich fühle mich wie ein Penner in einem Wartesaal ohne Fenster im Winter«, sagte ich dem Therapeuten.

»Woher kommt das?« fragte er.

»Vom Saufen, Mann«, sagte ich grob und hörte erstaunt, daß ich den Doktor duzte. »Du kannst nicht ahnen, wie das ist. Das beschissene Saufen.«

Mein Helfer ging aber auch jetzt nicht darauf ein und steuerte mich weiter durch das Meer meines Rausches. Plötzlich wurde mir warm. Es kam eine Vision vom Fegefeuer. Ich ließ mich immer tiefer fallen, vom Fegefeuer in die Hölle, einen dunklen, engen Schacht, einen Schoß. Und dann schrie ich wie nie in meinem Leben und hatte das Gefühl – nach langen Sekunden sprach ich es aus –, als sei ich eben geboren worden.

Aber das Zeug wirkte noch immer. Ich stieg wieder in den Rausch hinein, und der Therapeut sprach, vielleicht um die seelische Erfahrung zu vertiefen, vom Beten.

Ich sagte ihm, daß ich nicht bete. Ich hatte die wenigen Gebete, die ich als Kind gelernt hatte, vergessen. Selbst vom Vaterunser wußte ich nur noch die ersten Sätze bis ».... Dein Wille geschehe«.

Ob ich nicht ein einfaches Gebet wisse, einen frommen, kindlichen Spruch.

»Ja«, sagte ich. »Lieber Gott, mach mich fromm, daß ich in den Himmel komm.«

Einen beseligenden Augenblick lang verspürte ich den Wunsch, den ich mit diesem Gebet ausgesprochen hatte, dann war alles weg. Ich empfand mich als albern. Ich schämte mich, warum, weiß ich nicht. Vielleicht schämte ich mich, weil ich nicht einmal diese einfachen Worte für mich anzunehmen bereit war.

»Das ist Ihr Intellekt«, sagte der Therapeut. »Alles machen Sie mit dem Kopf, das ist Ihr Fluch.«

Ich gab ihm recht, aber was konnte ich an die Stelle meines Kopfes setzen?

Ich hatte niemals das Verlangen einer Wiederholung des LSD-Rausches.

Immerhin verbrachte ich daraufhin einige Monate ohne Alkohol.

Die Behandlung wurde, für mich ziemlich überraschend, nach etwa 300 Sitzungen für abgeschlossen erklärt. Meine »Neurosen und Neuröschen«, so wörtlich der Psychotherapeut, seien beseitigt. Zum Abschied ermahnte er mich, es doch mit der Yoga-Atemtechnik zu versuchen, vor allem aber sei es wichtig, daß ich mich auslaufe. Nicht spazierengehen nach gemächlicher Bürgerart, sondern richtig mich auslaufen, querfeldein, über Stock und Stein, bergauf, bergab.

»Das bringt's«, versprach er.

Ein guter Rat. Wie empfohlen stapfte ich durch Wald und Flur. Hungrig und durstig ließ ich mich dann an einem Wirtstisch nieder. »Einen Drink hinterher« hatte der Therapeut empfohlen. Einen, hatte er ausdrücklich gesagt. Und einen nahm ich mir jedesmal vor, ehe ich mir den nächsten bestellte.

Die Typen – mein Typ

Von der Couch des Psychotherapeuten zur Theke im Imbiß brauchte ich ein knappes Jahr. Der Weg war vorgeschrieben. Nach den Vorstellungen, die ich mir zeitlebens von mir gemacht hatte, hätte ich nie dort landen dürfen. Aber ich wurde nicht gefragt.

In einem ähnlichen Lokal war ich zum ersten Mal nach einer langen Nacht im Wintergarten gelandet. Vor dreißig Jahren hatte Lilo, die Bardame, mich bei Sonnenaufgang in eine Kneipe mitgenommen, die den Namen Letzter Hieb führte. Lilo trank Bier, ihren Schlaftrunk, ich bestellte, um für die bevorstehende Arbeit wieder frisch zu werden, einen Mokka. Vor einem Bier hätte mir gegraust. Sie saß im glitzernden Abendkleid da, ich trug, lebemännisch, eine Nelke im Knopfloch. Zwei bunte Vögel unter schwarzen Raben. Schwacher Mokka, fleckiger Tisch, schlampige Bedienung, ein Mief zum Schneiden, Alkoholdunst vermengt mit dem Schweiß übernächtigter Männer und Frauen. Einer lag mit dem Gesicht in einer Bierlache auf dem Tisch und schnarchte rasselnd. Ab und zu stieß ihn sein glasig vor sich hin starrender Nachbar an.

Einmal ist keinmal, sagte ich mir. Hier hast du nichts verloren. Diesen Vorsatz befolgte ich viele Jahre lang. Mein Durst konnte noch so groß sein: Wenn ich versehentlich in ein Lokal dieser Sorte geriet, das sich vielleicht hinter einer täuschenden Fassade versteckte, verließ ich es entweder sofort oder nach einem Glas.

Nach meiner Trennung von Erna spürte ich öfter am Vormittag das Verlangen nach einem aufmunternden, stärkenden Schluck. Gleich neben unserer Wohnung war eine gutbürgerliche Gaststätte, die sich prächtig für einen ausgedehnten Frühschoppen eignete. Aber eines Abends hing ein Plakat da: »Wegen Renovierung vorübergehend geschlossen.« Solange konnte ich natürlich nicht warten. Aber die Bumskneipe, drei Häuser weiter, an der ich jahrelang naserümpfend vorbeigegangen war, hielt offen. Lachen, laute Männerstimmen und Gläserklirren drangen an mein Ohr.

Einmal ist keinmal, sagte ich mir und ging hinein. Zwei Männer würfelten mit einem Mädchen um Bier. Sie quatschten nicht über Politik oder Fußball wie die Stammtischler in der gutbürgerlichen Gaststätte, und sie hatten große Klare neben dem Bier stehen. Daß es nicht die ersten Schnäpse waren, verrieten die lebhaften Reden. Das Mädchen gab den beiden Männern ganz schön 'raus. Es waren übrigens »Herren«, die sich vom Streß ihrer Arbeit in der Versicherungsbranche entspannten. Keineswegs arbeitsscheue Säufer, die ich bisher für die Stammgäste solcher Lokale gehalten hatte. Sie mußten nach etlichen Runden wieder zu ihren Kunden, und ich war mit dem Mädchen allein.

Sie bewies mir, wie man sich um die schönsten Erlebnisse bringen kann, wenn man Vorurteilen folgt. Meine Einstellung bis dahin verbot mir näheren Umgang mit weiblichen Wesen hinter der Theke. Freundliche Distanz!

Die Kleine sprang zuerst über die Hürde, indem sie einen Klaren ausgab. Dann war ich dran, und so kamen wir ins Reden. Sie studierte an der Uni und half hier dreimal in der Woche aus. Hier habe sie eine ganz andere

Einstellung zu den Menschen bekommen, sagte sie. In dieser Umgebung könne sie selbst mit Fremden sprechen, als seien sie alte Bekannte. Richtig ausquatschen.

»Wenn du das nicht kannst, Junge, gehst du ein«, sagte sie.

Wir waren übergangslos beim Du gelandet. In mir brach eine Schleuse. Ich sollte mich nicht wundern, erklärte Toni – sie hatte die nämlichen warmen, kräftigen Hände wie einst Lilo, ihre Bewegungen liefen sicher und geschmeidig, wie geölt, sie sah mir mit guten und freundlichen Augen voll ins Gesicht, und ihr Mienenspiel gab alle inneren Regungen wieder –, daß sie, eine Studentin der Medizin, kurz vor dem Abschluß, hier Bardame sei.

»Ich habe alle Beziehungen zu früher abgebrochen. Ich war gut und teuer verheiratet. Ich habe es nicht ausgehalten, dieses Leben, bei dem ich am Morgen schon wußte, wie der Abend aussieht.«

Mit diesem Wort schloß sie mein Herz auf. Ich hatte sehnlichst darauf gewartet, mich einem verstehenden Menschen anvertrauen zu dürfen. Alles in mir hatte danach verlangt, aus dem von meiner Frau gesteuerten Leben auszusteigen, das sich in einem anschwellenden Bankkonto und einem wachsenden Kreis mir innerlich fremder Menschen erschöpft hatte. Oh, wie ich es haßte, dieses Leben voll satter Sicherheiten – haste was, dann biste was – und ängstlicher Vorsorge. Dieses Leben ohne Trauer und ohne herzerschütternde Freude, ein Leben von stinkiger Normalität, die wie abgekochtes, lauwarmes Wasser schmeckte.

Ich bat Toni, zur Feier unseres Kennenlernens eine »Marionowska« mit mir zu trinken im Gedenken an eine Marion, die mir diese Mischung – Sekt und Wodka – verraten hatte, und nach einigen Gläsern wäre es absurd gewesen, Toni nicht in die geheimsten Winkel meiner Seele schauen zu lassen.

»Warum darf ich nicht sein, wie ich bin«, fragte ich sie im Halbdunkel der Kneipe.

Meine Zunge stolperte nicht, als ich mich einen Feigling nannte, der es nie gewagt habe, seiner Frau zu sagen, wie es in ihm aussah und wie er sich wünschte zu leben. Ich erzählte Toni, mich überwältigte manchmal das Verlangen, nichts mehr zu müssen und nichts mehr zu wollen, sondern einfach zu sein:

»Dann schwänze ich und gehe durch die Stadt, Stunde um Stunde. Frauen sehen mich freundlich an, aber ich wage es nicht, zurückzublicken, weil ich mich vor der Enttäuschung fürchte. Ich ertappe mich bei dem Gedanken, zum Bahnhof zu gehen und eine Fahrkarte zu nehmen, irgendwohin, ohne Ziel und ohne die Absicht zurückzukehren. Und wenn am Abend die Fenster erleuchtet werden, versetze ich mich in fremde Häuser, weil ich hinter den Fenstern jenes Behagen und dieses Glück vermute, nach dem ich mich sehne. Dann wieder schäme ich mich solcher Gedanken, die mir undankbar erscheinen, denn ich habe ein Zuhause mit vielen großen Fenstern und schweren Vorhängen in satten Farben, die anderen dieselbe Illusion vorgaukeln wie mir die fremden Fenster. Es ist ein schreckliches Verlangen in mir, das Leben, das ich gerade habe, gegen ein anderes einzutauschen, mehr, es wegzuwerfen.«

Die Wogen des Selbstmitleides schlugen über mir zusammen. Ich mußte schluchzen.

»Bin ich nun ein Romantiker, Toni, oder ein Verrückter?«

»Du bist ein großes Fragezeichen«, sagte sie. »Du bist okay. Als Mensch und als Mann, ich mag dich, trotz deinem heulenden Elend.«

Wir hatten immer nur ein »mündliches« Verhältnis, Toni und ich, obwohl wir später sogar einige Monate zusammen lebten, als beide nicht mehr das Geld für eine eigene Wohnung erübrigen konnten. Sie studierte nie zu Ende. Sie blieb Bardame, ist jedoch schon lange verschollen.

Nach einigen Monaten, als ich wieder Anschluß an das Leben gefunden zu haben schien und sogar noch mehr Geld verdiente als in dem verlorenen Traumjob, nahm ich die eine oder andere Bekannte, naiv, wie ich war, in Tonis Lokal mit, in dem ich mich wohl gefühlt hatte wie ein gejagtes Tier in seiner Höhle.

Meine Freundinnen wollten dort jedoch nicht heimisch werden. Alle verstanden es, mich davon zu überzeugen, ein derartiges Lokal sei vielleicht geeignet für einsame Junggesellen mit einfachen Ansprüchen oder Frauen mit eindeutigen Absichten, die anderswo kein Opfer finden, aber nichts für mich.

»Toni mag ja ganz passabel sein, aber alles andere ist weit unter deinem Niveau. Es sei denn, du willst nur zum Saufen ausgehen.«

Ich mußte zugeben, mich wirklich sehr oft nicht nur mit Toni, sondern auch mit der Flasche besprochen zu haben – weil ich sonst niemand hatte. Aber es hatte auch schöne Stunden gegeben. Schöne Stunden nannte ich solche, in denen ich so vom Alkohol in Anspruch genommen war, daß ich nur noch meine Traumwelt wahrnahm.

Daraufhin wurde mir regelmäßig bedeutet, daß es für schöne Stunden bessere Plätze und passendere Gesellschaft gebe. Nach einigen Besuchen in anspruchsvollen Abendlokalen – mit Krawattenzwang, dem ich mich hündisch unterwarf –, wo die Zeche fünfmal höher ausfiel als bei Toni, genierte ich mich fast, je in einer Bumskneipe Stammgast gewesen zu sein. Das ist vorbei, das war einmal, das hast du hinter dir, sagte ich mir, wenn ich mich, niveaubewußt und stilvoll, in Lokalen betrank, die

Stammbücher für prominente Gäste führen, deren Namen die Klatschspalten der Zeitungen füllen.

Hier war auch ich – wer?

Jahre später war der Imbiß für den Gescheiterten, der sich immer noch für »etwas« hielt und der noch immer versuchte, jemand darzustellen, genau richtig. Diese Stehkneipe mochte stinken und vom Geschrei der Streitenden erfüllt sein, sie mochte unsauber sein und die Bedienung miserabel – ich mußte dorthin.

In der Nachbarschaft kannte ich einige solide Lokale. Ich war dort immer einsam geblieben. Ein Fremdling in den Runden der fröhlichen Stammgäste.

Im Imbiß war ich zu Hause. Eine wüste Clique harter Säufer beherrschte den Laden. Andere konnten sich nicht halten. Der Imbiß war ein Versteck für mich. Hier war ich geschützt vor Bekannten oder Kollegen. Hier konnte ich untertauchen, hier konnte ich mich vor der Außenwelt verbergen, in der ich mich nicht mehr zurechtfand, mit der ich immer mehr zerfiel. Hier setzte mir niemand mit mitleidigen Blicken zu, wenn ich stumpfsinnig vor mich hin brütete, niemand störte oder weckte mich, wenn ich vom Alkohol übermannt einschlief, jeder verstand, daß auch ich mal Pause machen mußte.

Als grausame Schicksalsfügung erschien mir aber doch, daß meine Frau mich hier hängenließ. Ich wußte ja, daß Angela sich in einem anderen Gasthaus bürgerlichen Schlages nur einige Straßen entfernt bei Freunden und Bekannten am Stammtisch einfand und wohl fühlte. Hierher traut sie sich nicht, dachte ich voll dumpfer Bosheit.

An einem Samstagnachmittag, die Clique war zu einer Sauftour aufgebrochen, hockte ich allein da. Das Bier widerte mich heute an. Ich brauchte Schnaps, um ein wenig aus dem Trübsinn herauszukommen. Was ich einer alten schmuddligen Zeitung entnahm, drang schon nicht mehr in mein Hirn. Draußen war schönstes Wetter. Leicht bekleidet stiegen gutgelaunte Menschen mit Badetaschen in ihre Autos.

Plötzlich stand unser Renault da. Angela und Regine stiegen aus. Ich erschrak und drückte mich in die Ecke, damit sie mich nicht sahen. Aber sie kamen herein. Angela blieb zwei Schritte vor dem Tisch stehen und sagte:

»Wir sind zufällig vorbeigekommen. Regine hat dich sitzen sehen. Ich habe es nicht glauben wollen.«

Sie machte keine Anstalten näherzukommen. Regine sah mich mit erschreckten Augen an. Mir wurde heiß und kalt zugleich. Ich nahm einen Schluck und sagte:

»Gerade wollte ich gehen. Trink bitte ein Glas mit mir.«

Regine hatte sich schon neben mich auf die Bank gesetzt. Zögernd ließ Angela sich gegenüber nieder.

»Du verkehrst jetzt hier?«

Schnuppernd mißbilligte sie die stickige Luft, kritisch besah sie das schäbige Inventar, den schmuddeligen Zapfer, der mit gedunsenem Gesicht und Kaninchenaugen hinter der Theke stand.

»Wo soll ich hingehen, ich finde nichts Besseres«, sagte ich mühsam.

Meine Betrunkenheit war unmerklich weiter gediehen, als mir lieb war. Ich hätte gerne forscher gesprochen und munter zu einem kleinen Umtrunk animiert.

»Wir fahren zum Baden«, sagte Angela.

»Komm doch mit, Papi«, sagte Regine und sah ihre Mutter bittend an.

Mit schiefem Gesicht erklärte ich, baden komme nicht in Frage, ich hätte keine Badehose.

»Wir gehen an den FKK-Strand«, sagte Regine, »da brauchst du keine Badehose.«

»So, ihr geht zum Nacktbaden, auf den Fleischmarkt«,

lallte ich böse, »davon halte ich gar nichts. Ob das für Regine das Richtige ist, mußt du natürlich verantworten, du hast ja das Sorgerecht.«

»Aber Papi, da ist doch gar nichts dabei, die anderen Kinder kommen auch mit«, meinte Regine.

Nun wären einige passenden Worte über die Erziehung meiner Tochter fällig gewesen, markante, von Verantwortungsgefühl zeugende Worte, um Angela zu treffen, aber was konnte ich sagen, so wie ich da saß mit meinem siebenmal aufgewärmten Rausch.

Regine wollte mir helfen. Sie hakte sich bei mir ein, legte ihre Kinderhand auf meine dreckige Pfote und drückte ihren Körper an mich. Das hieß: Ich liebe dich so, wie du bist.

Ich preßte die Zähne aufeinander, was ziemlich schmerzhaft war, weil sich mein Gebiß in einem trostlosen Zustand befand, aber ich konnte so wenigstens verhindern, laut loszuheulen, und rückte beiseite.

»Papi«, sagte Regine erschreckt.

Wie sollte sie verstehen, daß ihre Berührung wie Feuer brannte. Das Kind konnte nicht wissen und ich war nicht fähig, es ihr zu erklären, daß und warum ihre Geste so weh tat. Sie hatte mir einen Stoß versetzt.

Mein Herz war übersät mit den Narben von »Stößen«. Ich sagte auch »Spritze« oder »Stich«, wenn Schmerz oder Trauer wie ein Stromstoß oder ein Blitz oder eine Injektion in mich fuhren. Die meisten Stiche kamen aus der Erinnerung an eine Entäuschung oder ein Versagen.

Es gab mir jedesmal einen Stich, wenn ich mich erinnerte, daß ich einmal in der Garderobe einer Hotelbar versehentlich einen fremden Mantel angezogen hatte. Ich fand in der Tasche ein Portemonnaie, gab ihn aber nicht sofort zurück, sondern erst, nachdem ich mich nach längerem Seelenkampf entschieden hatte, mich nicht mit dem Inhalt des Geldbeutels vertraut zu machen. Passiert ist gar nichts. Der Besitzer des Mantels saß zechend an der Bar und lud mich auf ein Glas ein, als ich ihm die Verwechslung schilderte:

»Jeder zieht mal den falschen Mantel an.«

Aber mir erlaubte ich das nicht.

Einen Stich gab mir die Erinnerung an eine zu heftige Ohrfeige, die ich vor vielen Jahren meinem Neffen verpaßt hatte. Meine Schwester meinte zwar, er habe sie nicht zu Unrecht bekommen, tilgte aber damit nicht meine Erinnerung.

Einen Stich versetzte mir jedesmal die Erinnerung an die einzigen Schläge auf den Hintern, die ich Regine verpaßt hatte, als ich mit einem ihre Trotzanfälle nicht fertig wurde. Regine konnte diese Schläge sofort vergessen, ich nie.

Stiche setzte es, wenn mir Versäumnisse ins Bewußtsein drangen, die bestimmt außer mir niemand geschadet hatten. Ein zu hartes Urteil über einen mir wohlwollenden Menschen, zu wenig Verständnis für jemand, der guten Willens auf mich zugegangen war.

Alle Fehler, alle Schwächen konnten sich in Stöße oder Stiche verwandeln. Sie rissen mich unerwartet und unvermittelt aus den besten Stimmungen heraus, sie vergällten mir die Freude, sie vergifteten meinen Schlaf, und es gab gegen sie nur eine Medizin: trinken.

Angela hatte die wortlose Unterhaltung zwischen unserer Tochter und mir bemerkt und machte ein böses Gesicht dazu.

Nein, jetzt wolle sie schon gar nicht mehr mit mir trinken, sagte sie auf meine Frage hin. Der Schenkkellner glotzte. Die Sekunden dauerten ewig.

»Geht, geht mit Gott, aber geht!« sagte ich wütend.

Angela hat mir ein weiteres Wiedersehen im Imbiß erspart. Regine kam einige Male, weil ich hier viel zuverlässiger anzutreffen war als zu Hause. Dem Schenkkellner, auch einem Saufbruder, half sie gerne beim Gläserwaschen, das sie gründlicher besorgte als er. Es gab dafür fünf Mark. Wenn die Saufköpfe nicht zu voll waren, quatschten sie gerne mit dem Kind, zu dem sie mich herzlich beglückwünschten. Als ich Regine einmal fragte, wie ihr dieser oder jener, der besonders als Büffel oder Schläger verschrien war, gefalle, gab sie mir zur Antwort:

»Gut. Warum? Es sind doch deine Freunde.«

Nur kurze Zeit hielt sich einmal ein braver Bürger in unserer Runde. Er kam zu festgesetzten Zeiten, trank ein Glas oder zwei und wenn seine Frau nicht zu Hause war, auch noch ein drittes. Als wir eines Tages nebeneinander saßen, gab er sich plötzlich einen Ruck, sah mich ernst an und sagte:

»Ich habe mit dir zu reden, bitte nimm es mir nicht übel. Du bist der einzige in diesem ganzen Schuppen, der einen Wert hat. Du paßt hier doch überhaupt nicht hinein. Hast du Kummer? Jeder säuft mal seinen Ärger weg. Aber dich sehe ich hier sitzen, wenn ich komme, und du bleibst hocken, wenn ich gehe, Tag für Tag. Ich frage mich, ob ich dir helfen kann. Ehrlich. Brauchst du Arbeit? Bei mir gibt es genug zu tun. Oder brauchst du eine Wohnung. Kann ich dir dazu verhelfen?«

Ich sagte: »Danke der Nachfrage«, weil ich mich erinnerte, daß der Mann immer wieder händereibend berichtet hatte, einen Dummen gefunden zu haben, der ihm für wenig Geld viel bringe.

»Einen trinken, wenn man sich's leisten kann«, meinte er, »ist ja nicht zum Schaden. Aber schau dir mal die Penner und Gammler an. Am hellen Vormittag saufen die schon. Arbeiten wollten sie nicht. Alles, was recht ist, aber unterm Adolf hat es das nicht gegeben.«

»Du meinst, da sei nicht gesoffen worden, Knallkopf«, sagte ich wütend. »Natürlich, die Gammler und Penner, die hat man aus dem Weg geräumt, weil sie nicht in die heile Naziwelt paßten. Eingesperrt, kastriert, in Lager gesteckt, wo sie mit Sicherheit draufgingen. Oder umgebracht, wenn sie geisteskrank waren. Aber laß mich damit in Ruhe. Nur, falls du es wissen willst, den Obersten aller Säufer, den Chef der Arbeitsfront, den Dr. Ley, den hat dein Adolf noch in letzter Minute zum Reichsarbeitsminister ernannt. Ein schöner Vorarbeiter. Darauf können wir einen trinken.«

»Ja, aber nur, wenn du einen ausgibst«, meinte der gute Mensch.

»Dem hast du es prima gegeben«, sagte Kuno, als der andere gegangen war. »Hast du bemerkt, daß den schon ein paar Mal seine Alte abgeholt hat, kaum, daß er richtig da war? Ich glaube, der darf zu Hause höchstens in seinem Partykeller einen zur Brust nehmen.«

Gespräche, die mit dem Thema Alkohol zusammenhingen, hatten im Imbiß Vorrang. Nur die Bundesliga fand ein ähnliches Interesse. Aber die war immer rasch abgefeiert, während unser Thema Nr. 1 unerschöpflich war.

»Stimmt es, daß der Goethe so gesoffen hat?«

Ich, manchmal auch »Professor« genannt, mußte das wissen.

»Ganz sicher hat der Goethe für sein Leben gern getrunken«, sagte ich, geschmeichelt, daß man meine geistige Überlegenheit auch hier zu schätzen wußte. »Aber sein Sohn erst, der soff noch mehr als der Alte.«

Meine Behauptung wurde von irgend jemand angezweifelt, der immer stänkern mußte. Ich erzählte ihm, der junge Goethe habe schon als Junge gebechert wie ein Alter. Er sei um die Vierzig am Suff eingegangen.

»Ein schöner Tod«, sagte der Mondkopf, der seine Existenz als Taxifahrer durch den Suff verloren hatte.

Auf diesem Niveau konnte es stundenlang dahingehen. Tag für Tag. Es widerte mich an. Aber was half es? Der Imbiß hielt mich sicherer als ein Gefängnis. Am Imbiß kam ich nicht vorbei. Hier konnte ich zu jeder Stunde trinken. Bald wußte ich, wenn ich eintrat, daß es nicht in meiner Hand stand, wann ich gehen würde. Oft wollte ich nur ein einziges Bier oder vielleicht einen Schnaps trinken, wenn ich zu einer Verabredung unterwegs war. Selbst wenn ich genügend Zeit hatte, um trotz eines Drinks pünktlich zu sein, kam ich nie an mein Ziel, falls ich im Imbiß einkehrte. Ich konnte mir das nicht erklären. Früher hatte ich doch mit dem Trinken aufhören können. War ich schon so abgetakelt? Jetzt konnte ich mich nicht mehr in den Griff kriegen, selbst wenn ich den Imbiß eine bestimmte Zeit mied.

Von Zeit zu Zeit reizte es mich, die Probe auf meine Willenskraft und Entschlossenheit zu machen. Mit forschen Schritten trat ich ein, beachtete den Stammtisch mit den Typen nur mit einem kurzen, abweisenden Blick und bestellte an der Theke mit fester Stimme ein Mineralwasser oder eine Tasse Kaffee. Sofort fragte einer aus der Clique, ob ich heute nicht auf dem Damm sei. Ich sprach von einer »Saufpause« und machte, daß ich wegkam.

Weil der erste Versuch so gut geklappt hatte, wiederholte ich ihn, aber nicht an der Theke, sondern, meiner Sache ganz sicher, am Tisch bei der Clique. Wenn dann einer gemächlich sagte, meine Spinnerei werde sich schon wieder geben, fauchte ich zurück, das werde er schon sehen, daß ich mich nicht um meinen Verstand und um mein ganzes Geld saufen werde, zahlte und ging mit geschwellter Brust. Aber es zog mich wieder dorthin zurück, zu den anderen Säufern, wenn ich das Alleinsein nach wochenlanger Abstinenz nicht mehr ertragen konnte.

Ich begann wieder, wie ich aufgehört hatte, mit Bier

und Schnaps, in den ersten Tagen noch gemächlich, dann in schärferem Tempo. Steuern konnte ich es ohnedies nicht. Die Rückfälle kamen jetzt nicht mehr allmählich, sondern wie Hammerschläge, wie ein Naturereignis.

Ich wußte, wie es weiterging, und sagte regelmäßig zu Kuno. »Dies Spiel wird ein böses Ende nehmen.«

Darauf tranken wir dann erst recht.

Weit hinter mir lag die Zeit, in der ich es fertiggebracht hatte, mich nüchtern zu trinken. In den ersten Trinkjahren war Verlaß darauf, daß das Verlangen nach Alkohol nachließ, wenn ich nach einem schweren Besäufnis am nächsten Abend den Rausch nur bis zu einer milden Glut aufwärmte und dann ausschlief. Diese Möglichkeit gab es nicht mehr.

Ich kann nicht sagen, wann ich diese letzte Kontrolle verloren habe, ich weiß aber, daß ich in den Jahren, die ich im Imbiß verbracht habe, fast jeden Tag den inneren Kampf »trinken oder nicht trinken« entscheiden mußte. Beim Verlassen der Wohnung nahm ich mir jedesmal vor, eine ganz bestimmte Menge zu trinken oder nach einer bestimmten Zeit aufzuhören. Niemals konnte ich die Menge oder die Zeit einhalten, und oft trank ich vor mich hin, bis ich am Tisch einschlief. Erwacht stand ich vor dem alten Problem, mich aufs neue müde trinken zu müssen. Das gelang in der kurzen Zeit selten, und ich war hellwach, wenn der Imbiß schloß. Ich brauchte aber noch etwas.

In meiner Wohnung trank ich nicht gern, aber in der Nähe gab es eine Discothek, die bis zum frühen Morgen aufhielt. Der Laden gehörte einer Bekannten und war seriöser als der Imbiß. Mir war diese Disco zu laut und das Publikum zu grün: Kinder mit der Cola-Flasche und einem Joint.

Aber ich hatte dort Kredit, weil ich meine Zechschulden immer kurzfristig beglichen hatte. Offenbar hatte ich aber meine Sonderstellung zu sehr zur Schau gestellt, denn die Miene der Wirtin wurde immer unfreundlicher, wenn ich nach der saftigen Zeche krähte: »Anschreiben!«

Eines Nachts kam ich vom Imbiß so angetrunken in die Disco, daß ich Mühe hatte, mich an der Theke festzuhalten.

Die Wirtin sagte: »Bargeld!«

Ich tippte auf meine goldene Armbanduhr.

»Ich kann nicht mit Uhren handeln«, sagte sie und stellte mir ein Bier hin. »Das ist das letzte.«

Wütend beschaffte ich mir am nächsten Tag Geld und zog mit zwei Kumpels, die in der Discothek höchst ungern gesehen waren, hin. Wir machten uns an der Bar breit und tobten, bis wir mein Geld versoffen hatten. Im Imbiß prahlten wir anschließend, wie wir es der Zicke gezeigt hätten, und verzichteten künftig darauf fremdzugehen.

Der Imbiß war meine Heimat. Es war ein schlechter Scherz, wenn ich manchmal sagte, das Heimgehen lohne sich für mich nicht. Eine Hängematte im Imbiß – das wäre die Lösung!

Ringsum hieß es, das sei ein guter Einfall und ich ein toller Hund! Nur Heinz gefiel der Vorschlag nicht. »In eine Hängematte steige ich nicht. Mir wird schon schlecht, wenn ich mir vorstelle, wie die schaukelt.«

Sprach's, stand ruckartig auf und taumelte hinaus um zu kotzen.

Umgang mit Ärzten

Dr. T. gewann mein Vertrauen auf Anhieb. Der leise, behutsam auf mich eingehende Doktor erinnerte mich an den Hausarzt meiner Kindheit. Schon wenn er an mein Bett trat, ließen die Ängste und die Schmerzen nach. Es fiel mir leicht, ihm gegenüber offen zu sein, weil er geduldig und verstehend zuhörte. Bei ihm mußte ich keine Moralpredigten oder, schlimmer noch, verächtliche Blicke befürchten, wenn ich, vom Alkohol geschlagen, zu ihm kam. Und ich kam oft, und oft mußte er zu mir kommen. Es gab mir zu denken, daß ich als sein Patient viel häufiger ärztliche Hilfe brauchte als früher und wegen der unterschiedlichsten Ursachen.

Nur der Vollständigkeit halber führe ich hier einen gebrochenen Arm und einen Knöchelbruch auf, die der Orthopäde behandelte. Das waren zwei harmlose Arbeitsunfälle. Unkompliziert, weil ich mich dem Arzt erst vorstellte, als ich ausgenüchtert war, denn ich war im Suff gestürzt.

»Früher bin ich eigentlich niemals richtig krank gewesen«, berichtete ich Dr. T., als er meine Vorgeschichte aufnahm, »obwohl ich immer munter drauflos gelebt habe.«

»Irgendwann bekommen wir alle die Rechnung«, warf Dr. T. ein.

»Ja, schon. Aber mir kommt diese Rechnung zu hoch vor. Mir ist nämlich so, als könnte ich überhaupt nicht

154

mehr richtig gesund sein. Auch wenn mir körperlich nichts fehlt, werde ich diese Sorge nicht los. Vielleicht bin ich zu ängstlich?«

Ein Hypochonder sei ich aber meines Wissens nicht, der wegen jedem querliegenden Furz den Arzt belästigt. Dr. T. schmunzelte, als ich ihm berichtete, wie gründlich seine Kollegen in der Klinik sich meiner angenommen hatten.

»Ein Test nach dem anderen. Dreimal war ich in den letzten Jahren auf der Intensivstation. Jedesmal kamen ein paar weitere Test dazu. Ich habe gar nicht gewußt, daß die Medizin so rasend schnelle Fortschritte macht. Schade, daß diese Tests den Ärzten so wenig Zeit für mich gelassen haben. Meine Transaminasen müssen furchtbar wichtig sein ...«

Dr. T. machte eine wegwischende Handbewegung.

»Doch«, sagte ich, »sie müssen furchtbar wichtig sein. Beim letzten Aufenthalt im Krankenhaus hat sich meine Entlassung um zwei Tage verzögert, weil die Transaminasen noch nicht da waren, wie mir die Oberschwester sagte.«

»Wir wollen das jetzt vergessen«, sagte Dr. T. »Sie haben angedeutet, daß es in der Beziehung zu Ihrer Frau Schwierigkeiten gibt. Wie sieht es damit aus?«

Die Trennung von Angela belastete mich zwar, sagte ich, aber davon allein sein mein Leben nicht so beschwert. Es gebe noch andere, für mich sehr merkwürdige Bedrängnisse seelischer Natur, die ich so eindringlich noch nicht erlebt hätte, vor allem nicht so oft.

Zum Beispiel fühlte ich mich seit einiger Zeit immer mehr an meinen Vater erinnert, nicht nur, wenn er mir im Traum erschien, auch im Wachzustand stehe er oft plötzlich vor mir und sehe mich an und lasse mich meiner Schuldgefühle bewußt werden.

»Ich bitte ihn unentwegt um Entschuldigung für mein Versagen, aber meine Worte kommen nicht durch und machen ihm offenbar keinen Eindruck. Er sieht mich mißtrauisch an, als wolle er fragen: Stimmt das wirklich, was du sagst?

Ich weiß, daß das unsinnig ist. Mein Vater ist seit über dreißig Jahren tot, und zu seinen Lebzeiten hat er nie getadelt, ohne zugleich zu helfen – aber jetzt erscheint er mir wie ein strafender Gott, und ich fürchte mich immer mehr vor ihm.

Allerdings habe ich diese Zustände fast nur nachts, wenn ich wach liege und die Tabletten nicht wirken oder der Alkohol vom Abend nicht mehr vorhält. Dann kommen diese Schuldgefühle mit einer solchen Wucht über mich, daß ich zittere. Ich versuche, sie zu verdrängen, indem ich lese. Aber nach ein paar Seiten merke ich, daß ich das Gelesene gar nicht aufgenommen, sondern statt dessen weitergegrübelt habe. Wie kann ich diese Grübeleien abstellen? Ich denke, daß ich mich vielleicht körperlich tüchtig ermüden sollte, und raffe mich zu einem langen Spaziergang in scharfem Tempo auf.

Es nützt nichts.

Nichts, was ich unternehme, nützt.

Erst die völlige Entspannung bringt den Schlaf – in der kommenden oder auch erst in der übernächsten Nacht. Wenn ich Glück habe, habe ich ein paar gute Tage. Wenn ich denke, daß ich die Krise hinter mir habe – bums, kommt die nächste.«

»Gibt es dafür einen äußeren Anlaß, eine Entäuschung, besondere Schwierigkeiten, Rückschläge, für die Sie nicht verantwortlich sind, kurzum die berühmten Umstände, mit denen wir uns alle herumschlagen müssen?«

»Überhaupt nicht. Reale Schwierigkeiten spornen mich eher an. Nun erst recht, sage ich dann und greife zu.

Ein Zauderer bin ich nicht, und ich kann eine Menge aktueller Belastungen aushalten. Darum begreife ich nicht, daß ich dauernd über Winzigkeiten stolpere. Meistens Sachen von gestern. Sie verderben mir das Heute. Sie knabbern an meiner Seele und fressen sie auf. Aber langsam. Zwischendurch darf ich immer Atem holen.«

»Zum Beispiel?«

»Ich stehe an einem schönen Sommertag auf dem Bahnsteig und warte auf den Zug, der mich für einige Tage erfreulichen Ereignissen näher bringen soll. Ich bin ausgeschlafen und bester Laune. Zufrieden. Plötzlich fällt mich eine Erinnerung an, ich sehe mich, wie ich mit bösen, giftigen Worten auf meine Mutter einschlage, die klein und schmächtig vor mir steht und mich traurig ansieht. Dabei fährt mir ein Stich ins Herz, und wie bei einer richtigen Injektion reagiere ich mit einem sekundenlangen Schrecken. Damit bin ich aus meiner guten Stimmung herausgerissen, mit der Injektion ist, so stelle ich es mir vor, ein Giftstoff in meine Seele gebracht worden, der nun massiv zu wirken beginnt. Meine Ruhe ist weg und der Tag ist hin.«

»Ihre Mutter ist tot?«

»Schon lange. Sie starb an Krebs, das Sterben war für sie eine Erlösung. Der Schmerz, sie verloren zu haben, hat mich weniger bedrückt als die Gefühle unerledigter Schuld ihr gegenüber.«

»Solche Gefühle können jahrelang neben uns herlaufen«, sagte Dr. T. »In bestimmten Lebensphasen treten sie verstärkt auf.«

»Ich habe das schon immer gehabt«, sagte ich. »Schon als Kind. Es hat sich auch durch meine Psychotherapie nicht gelegt, im Gegenteil, im Verlauf dieser Behandlung habe ich drei Herzattacken erlebt, die nicht von schlechten Eltern waren, massive Anfälle einer begin-

157

nenden Angina pectoris, wie das mehrere Ärzte bezeichneten.«

Die hatte ich selbst behandelt.

Dr. T. fand das »hochinteressant«, und ich erzählte ihm, daß ich beim ersten Anfall glücklicherweise ohnmächtig wurde, als er mich zu Hause überfiel, und nach dem Erwachen aus der Ohnmacht alles vorbei war.

Die zweite Attacke ereignete sich bei einem Spaziergang im Anschluß an die analytische Stunde auf der Couch, bei der mich der Therapeut darauf vorbereitet hatte, daß es zehn Jahre dauern könne, bis meine Frau wieder zu mir zurückkomme. Ein halbes Jahr später waren wir wieder – auf Probe – vereint!

Bald darauf riß der dritte Anfall mich nachts aus Schlaf und Traum. Ich fürchtete zu ersticken. Langsam gelang es mir, den Oberkörper hochzuschieben und Luft zu bekommen. Dann sagte ich – ich weiß nicht, woher ich die Worte nahm, sie müssen aus der Tiefe meiner Seele gekommen sein, von dorther, wo der Mensch weiß, was für ihn gut ist – ich sagte: »Wenn du mich sterben lassen willst, dann laß' mich sterben, mir soll es recht sein.«

Das war das Ende meiner Angina pectoris.

Ich vergaß Doktor T. gegenüber zu erwähnen, daß alle diese Anfälle in einer alkoholfreien Phase aufgetreten waren. Während dieser Zwangsabstinenz war ich wie ein Zuchtmeister und Teufelsaustreiber mit mir selbst umgegangen. Alles wurde analysiert und psychologisiert. Jedes Versagen machte mich schuldbewußter.

Dr. T. hatte mich zu diesem Gespräch bestellt, um das Ergebnis der Generaluntersuchung mit mir zu erörtern. Sie war ihm angezeigt erschienen, weil ich ständig mit neuen Beschwerden und Symptomen bei ihm aufgetaucht war, ohne daß er mir sagen konnte, was eigentlich mit mir los war.

»Es ist soweit alles in Ordnung, Sie dürfen sich freuen«, sagte er herzlich.

Ich war von Kopf bis Fuß, einschließlich der Leber, die ich bestimmt für angeschlagen hielt, so gesund, wie ich es nicht erwartet hatte. Trotzdem nickte der Doktor bestätigend, als ich meinte, ganz in Ordnung könnte ich doch nicht sein. Ich hatte ihm bis jetzt manches verschwiegen, zum Beispiel auch, daß ich Halluzinationen hatte.

»Ich höre Stimmen, ganz deutlich und einwandfrei menschliche Stimmen. Am hellen Tag, am Schreibtisch oder am Herd. Erst wenn ich antworte, merke ich, daß ich allein bin. Eine Täuschung ist ausgeschlossen. Es ist schon etliche Male geschehen, die Stimmen kommen aus dem Raum. Es passiert vor allem, wenn ich sehr wenig Schlaf habe.«

»Sind Sie dann nicht müde?«

»Manchmal müde und schlapp, manchmal aufgekratzt. Ich frühstücke dann gründlich.«

Der Doktor nickte dann beifällig, es freut ihn offenbar, daß ich meine Ernährung nicht vernachlässigte.

Ich sagte also nichts davon, daß ich, wenn ich länger trank, fast gar nichts aß.

Dr. T. überlegte lange und fragte dann: »Wie würden Sie ihre momentane Gesamtverfassung einschätzen?«

Ob ich sie meinem Alter entsprechend fände, ob ich mich unangemessen reduziert fände, ob ich das Gefühl hätte, mehr vollbringen und leisten zu können, ob ich insgesamt mit mir zufrieden sei.

»Ich bin mir oft selbst zuwider«, sagte ich, »weil ich – in allem – das Gefühl habe, daß es rückwärts geht.«

Dr. T. blickte zweifelnd drein. Er sollte nicht glauben, ich wollte ihm etwas vormachen.

»Es ist eine ungeheure Kluft da zwischen Soll und Haben, zwischen Erwartung und Wirklichkeit, und sie wird immer größer. Aber ich bin kein Phantast, der plötzlich merkt, daß er sich übernommen hat. Mit dem Spruch *Was kostet die Welt?* habe ich einmal angefangen und eine Menge bekommen.

Jetzt wird diese Welt immer kleiner, mein Aktionsradius immer enger. Manchmal komme ich mir vor wie angepflockt, kein Mumm mehr in den Knochen, kein Auftrieb. Es ist, als hätte ich mir das Kreuz gebrochen. Oder soll ich sagen: seelische Querschnittslähmung? Es haut einfach nichts mehr hin. Meistens jedenfalls.«

Nun sah er ganz erschreckt drein, der Gute. Ich holte tief Atem und sagte:

»Ich komme mir fremd vor. Oft ist mir so, als handle ein anderer für mich, spreche ein anderer aus mir, empfinde ein anderer für mich und reagiere für mich – alles gegen meinen Willen. Ich steh da wie gelähmt und erlebe, wie ich Minus mache. Mit Widerwillen tue ich Dinge, die ich nicht tun möchte, nehme mir vor, sie nicht wieder zu tun, und der Teufel weiß, warum ich sie trotzdem wieder tue.

Hinterher ist mir mies, ich komme nicht damit zurecht, so zu sein. Ich bin der nicht, den Sie vor sich sehen, aber wer bin ich? Bin ich der Abenteurer und Seiltänzer, für den ich mich selbst gerne halte? In meiner Jugend hat man mir eine glänzende Zukunft prophezeit. Und jetzt? Mein Leben ist ein Scherbenhaufen. Meine Zukunft – die habe ich hinter mir.«

Mit erhobener Hand hielt er meinen Redesturm an.

»Meinen Sie wirklich? So pessimistisch? Ich kenne Sie doch auch ganz anders. Sie erholen sich immer unglaublich rasch. Dann sprechen Sie so anders, daß man nicht glauben möchte, ein und denselben Menschen vor sich zu haben.«

»Finden Sie das auch, dieses Zweierlei«, sagte ich hastig, weil ich im Grunde ja viel lieber vom guten, tüchtigen Adam redete als vom Versager. »Wochenlang bin ich manchmal unfähig, zu arbeiten, überhaupt etwas Sinnvolles zu tun. Dann packt es mich, von einer Stunde auf die andere, und ich rotiere wie ein Verrückter. Täglich zehn, zwölf, vierzehn Stunden, ohne Pause, ohne Punkt und Komma.«

»Haben Sie kein Hobby, andere Interessen, Theater, Film, haben Sie nicht einmal das Bedürfnis nach Urlaub?«

»Im Urlaub hätte ich ein schlechtes Gewissen. Wenn ich versuche auszuspannen, packt mich nach drei, vier Tagen die große Unruhe, und ich reise Hals über Kopf ab. Mein letzter Urlaub liegt sieben Jahre zurück. Außer Sonnenbräune hat er mir wenig eingebracht.

Kino, Theater, Museen, Konzerte, das war einmal, Jahrzehnte ist das her. Können Sie sich vorstellen, daß ich in meiner Jugend ein Theaternarr gewesen bis? Um die Dreißig herum hat das vollständig aufgehört. Jetzt lasse ich Theaterkarten verfallen oder laufe nach dem ersten Akt weg mit der von mir selbst nicht geglaubten Begründung, das Stück interessiere mich nicht. Filme gehen mir auf die Nerven, von denen ich erst ein paar Szenen gesehen habe.

Früher konnte ich davon nicht genug kriegen, ich habe Theater- und Filmkritiken geschrieben, ich habe sogar manchmal geglaubt, hauptsächlich, weil man es mir sagte, daß aus mir ein guter Schauspieler hätte werden können oder auch ein Regisseur.«

»Wenn ich Sie so vor mir sehe, möchte ich das gerne glauben«, sagte Dr. T. »Aber wir müssen doch alle einmal von unseren Träumen Abschied nehmen und uns für etwas entscheiden und dann dabei bleiben. Sie haben doch ihren Beruf. Gefällt er Ihnen nicht oder nicht mehr?«

»Gott behüte! Ich möchte keinen anderen. Aber es bedrückt mich, daß ich gar nichts mehr aufstellen kann.«

»Könnten Sie nicht versuchen, Ihren Ehrgeiz etwas zu zügeln, sich für die Arbeit einzuteilen, etwas weniger zu wollen?«

»Mein ganzer Ehrgeiz besteht darin, gute Arbeit zu leisten, und was das betrifft, war ich immer anspruchsvoll. Aber einteilen kann ich nicht. Weder meine Gefühle, noch meine Arbeit, noch meine Zeit, noch mein Geld. Ich versuche es immerzu, aber es gelingt mir nicht. Alles fällt extrem aus.

Ich habe ein schlechtes Gewissen, wenn ich einer Frau Gefühle schuldig bleiben muß, weil ich sie – verdammt noch mal – nicht zeigen kann. Zu einer Frau *ich liebe dich* zu sagen, ist mir schier unmöglich. Diese Worte erscheinen mir immer ein paar Nummern zu groß für meine Gefühle, wenn ich nicht von der Liebe zu dieser Frau ganz und gar erfüllt bin. Und wann ist das schon der Fall bei einem Charakter, der sich selbst so mißtraut wie ich?

Ähnlich ist es mit der Arbeit. Ich liebe sie. Ich liebe das Schreiben wie eine Frau. Ich schmeiß' mich ran, ich klammere mich fest. Kann nicht locker damit umgehen. Dann kommen die Hemmungen, wenn mein Ego sich vordrängt. Ich habe in der Liebe wie in der Arbeit null Demut, keine Bescheidenheit. Immer: Alles oder nichts. Darum wird mir die Arbeit genau wie die Liebe immer zur Misere. Aber es hat anders angefangen. Die ersten Jahre mit Frauen, die ersten Berufsjahre – was war das eine Freude, heute noch zehre ich davon.«

»Wenn Sie gelegentlich trinken, um sich zu entspannen oder um zu vergessen, so ist das bei Ihrem Typ doch zu verstehen«, meinte Dr. T.

»Gelegentlich trinken«, sagte er schon ungewollt, als hätten wir vereinbart, eine schlechte Gewohnheit nicht übertrieben ernst zu nehmen, zumal sie keine körperlichen Schäden angerichtet hatte, bisher wenigstens noch nicht.

Daß ich wochenlang im Imbiß herumging, konnte Dr. T. sich wahrscheinlich nicht vorstellen. Er hatte den Laden nie von innen gesehen. Wenn er wüßte, daß ich mir dort meine Räusche nicht nur ansoff, sondern sie auch dort ausschlief? Ob er sich dann über meine Diagnose noch so viele Gedanken machen würde?

Vorsichtig erkundigte er sich nach den Einzelheiten. Ob ich alleine trank? Solo trinken sei besonders tückisch und schwer kontrollierbar.

»Fast nie«, sagte ich. »Ich habe ganz selten Alkohol zu Hause. Ich bin ein geselliger Mensch, der beim Trinken eine Ansprache haben muß.«

Ich war sicher, Dr. T. war nicht einmal annähernd im Stande, sich mein »geselliges Trinken« vorzustellen. Konnte er es sich ausmalen, wie mir zumute war, wenn ich im Imbiß, um das Schnapsglas an die Lippen zu bringen, mein Taschentuch zu einem Strick einrollte, es mir um den Hals legte und dann, die zitternde Rechte um das Glas geklammert, hochhievte.

»Spaßeshalber«, hatte ich gesagt, »probier ich das mal.«

Tatsächlich war ich aber froh, daß mir dieses alte Säuferrezept eingefallen war.

Dr. T. blätterte nun in einem ärztlichen Handbuch und zog noch ein zweites zu Rat, immer wieder einen Blick in seine Aufzeichnungen werfend.

Ich hatte alles ausgesprochen, was mich bedrückte: die Wut über meine Ohnmacht, die Fehleinschätzung meiner eigenen Kräfte, die lähmende Resignation und die blinde Hoffnung, die Hoffnung, doch zu überleben, die Sorgen über die Vergangenheit und Zukunft.

Nun wandte Dr. T. sich mir zu. Geschickt und beinahe beiläufig machte er mich mit der Tatsache vertraut, daß er ehrenamtlich in einer Helfergruppe für Selbstmordverhütung arbeite – dort höre er von Menschen meines Alters und meines sozialen Milieus oft ähnliches.

Am tiefsten beeindruckte es ihn, wie sehr diesen Menschen das Selbstwertgefühl verlorengegangen sei, diesen Menschen, die meist ihren Wert in einem sehr aktiven Leben bewiesen hätten, ließen plötzlich die Flügel hängen.

»Vielleicht können sie sich nicht damit abfinden, daß die Jahre von uns allen ihren Tribut holen, und fordern sich mehr ab, als sie zu leisten vermögen. Nicht veränderlich und in einer ganz auf Leistung abgestellten Gesellschaft. Aber die Kräfte lassen mit dem Alter nach. Diese Rückbildung ist schicksalhaft, es hat keinen Sinn, dagegen zu rebellieren. Viele Menschen tun es aber, und das Mißverhältnis zwischen Wollen und Können führt schließlich zu diesen Depressionen und anderen Krisenerscheinungen.«

»Und wie heißt das Kind medizinisch?« fragte ich, zwischen Angst und Hoffnung schwankend.

Ich habe eine Schwäche für Diagnosen. Sie sind etwas, woran man sich festhalten kann – man weiß, was man hat.

»Ich möchte meinen«, sagte Dr. T. bedächtig, »daß bei Ihnen eine Involutionsdepression vorliegt. Sie können es aber auch Midlife Crisis nennen.«

Offenbar spiegelte mein Gesicht die Enttäuschung über die Diagnose wider. Gegen die lärmende Geschäftigkeit, mit der dieser Begriff Midlife Crisis unter die Leute gebracht worden war, hegte ich tiefstes Mißtrauen. In meinen Augen war das nichts anderes als eine geschickte Masche, unter einem Sprühnebel von Schlagworten, die auf alles paßten, den Menschen die Wahrheit vorzuenthalten. Aber Dr. T. nahm ich von diesem Verdacht aus. So, wie er sich meiner annahm, war er einer Unehrlichkeit überhaupt nicht fähig.

»Ich werde mir alles noch mal durch den Kopf gehen lassen«, sagte er abschließend. »Kommen Sie bitte morgen und holen Sie sich Ihr Rezept.«

»Ich zweifle nicht mehr«, sagte er bei dieser Gelegenheit, »daß Sie mit entsprechender medikamentöser Stützung über diese Krise hinwegkommen. Diese Mittel werden Ihnen helfen, gelassener an die Dinge heranzugehen. Und ein bißchen, meine ich, sollten Sie auch mehr sich selbst vertrauen. Ich erinnere mich«, sagte er in aufmunterndem Ton, »daß Sie immer noch respektabler Leistungen fähig sind. Sie haben mir erzählt, daß Sie in einem Monat so viel gearbeitet haben, wie ein Normalmensch in der doppelten Zeit leistet. Sagt Ihnen das nichts? Das ist eben Ihr Rhythmus, etwas ungewöhnlich, aber warum nicht? Jedenfalls könnten Sie damit zufrieden sein.«

»Ja, das stimmt. Ich habe den ganzen Mai durchgebummelt und tatsächlich im Juni jeden Tag, den Gott gegeben hat, durchgeackert und bin mit 87 Wochenstunden intensiver Arbeit herausgekommen.«

»Dann stimmt die Rechnung doch«, meinte der Doktor. »Sie haben die verlorene Zeit hereingeholt.«

Anschließend informierte er mich, wofür die verordneten Tabletten gut seien. Auf dem Beipackzettel stand: »Endogene, symptomatische und psychogene Depressionen: chronischer Alkoholismus; Zwangsweinen.«

»Und achten Sie gut auf Ihre Ernährung. Ernährung und Verdauung sind wichtig.«

Es hat Jahre gedauert, bis Dr. T. merkte, daß er mir mit der falschen Diagnose und den Rezepten für »Seelenpillen« einen Riesenanspruch auf Hilfe eingeräumt hatte, den ich bedenkenlos ausnütze.

Ich weiß gar nicht mehr, wie oft er sich, um »das

Schlimmste« zu verhindern, nämlich meinen Selbstmord, nachts an mein Bett zitieren ließ, wie oft er sich den Kopf zerbrechen mußte, meine alkoholbedingten Erkrankungen der Versicherung gegenüber unverfänglich zu etikettieren, wie lange er warten mußte, bis ich seine Rechnung bezahlte, weil ich die von der Versicherung erhaltene Erstattung für dringendere Bedürfnisse brauchte.

Irgendwann hat er seine Diagnose geändert und mich als das genommen, was ich für ihn war: ein hoffnungsloser Trinker.

Aber das sagte er mir nicht, solange ich noch trank.

Wir konnten beide nicht ehrlich sein.

Die Stunde der Wahrheit kam – ich möchte es schon hier berichten – erst nach vielen Leiden, als ich schon über zwei Jahre trocken war und meinen Hausarzt wegen einer hartnäckigen Erkältung aufsuchte. Er überlegte, welches Medikament er verschreiben sollte.

»Nichts, was eine suchtmachende Substanz enthält«, sagte er, »ich weiß, Sie nehmen das sehr genau.«

»Suchtmachend«, sagte ich, »das bedeutet wohl, daß damit ein Nichtsüchtiger süchtig gemacht werden kann. Ich bin aber süchtig, bestimmt nach Alkohol. Das reicht. Solange ich Schlaf- oder Beruhigungsmittel genommen habe, bin ich auch aus dem Alkohol nicht herausgekommen. Ich habe ehrlich geglaubt, wenn ich diese Mittel nehme, finde ich Ruhe vor dem Suff. Fehlanzeige. Diese Mittel haben mir nicht die Seelenruhe verschafft, die sie nach den Ankündigungen ihrer Hersteller bringen sollen. Sie haben mich vorübergehend benebelt, in Sicherheit gewiegt und eine scheinbare Stabilisierung bewirkt. Fast so wie der Alkohol. Wenn ich sie weggelassen habe, fing ich kurz darauf wieder mit dem Alkohol an. Fast zwanzig Jahre habe ich kaum eine Nacht ohne Schlaf-, Beruhigungsmittel oder Alkohol schlafen können. Ich kann mich nur auf meine Erfahrungen beziehen, die besagen, daß ein *weniger suchtmachendes Medikament* für mich genauso lebensgefährlich ist wie ein *schwach alkoholhaltiges Getränk,* zum Beispiel eine leichte Bowle oder das angeblich *alkoholfreie Bier,* das sich gar nicht Bier nennen dürfte, wenn es nicht Alkohol enthalten würde. Es enthält, ich glaube, ein halbes Prozent Alkohol – für mich genug, nämlich genau den ersten Schluck, um den Rückfall in Gang zu setzen.

»Und Sie haben jetzt kein Verlangen mehr nach Alkohol, niemals?«

Ich antwortete: »Haben Sie sich noch niemals vorgestellt, wie es wäre, wenn Sie einen Volltreffer im Lotto hätten?«

»Doch«, sagte der Doktor lachend. »Aber ich spiele nicht im Lotto.«

»Warum nicht?«

»Warum nicht? Weil ich kein Verlangen nach einem Lottogewinn habe. Ich bin ohne Lottogewinn zufrieden.«

»Und ich ohne Alkohol. Ich brauche ihn nicht mehr.«

»Wie ist das mit dem Suchtdruck? Man hört und liest doch oft, daß die Abstinenz einen langen und schweren Kampf mit dem *Suchtdruck* auslöst.«

»Ich kann mir darunter nichts vorstellen. Mich drückt die Sucht nicht mehr, seitdem ich nicht mehr gegen den Alkohol kämpfen muß. Die Zwangsabstinenz früher, die hat mich gedrückt, damals habe ich immerzu das Verlangen nach Alkohol niederkämpfen müssen, ein Verlangen, das aus meinem Innersten kam. Dieser Kampf ist über meine Kräfte gegangen. Und die Medikamente, die mich in diesem Kampf stärken sollten, waren regelmäßig die Schrittmacher des Rückfalls.«

Ich sagte das völlig unbefangen, ohne zu bedenken, daß ich mit meinem Arzt sprach, der sich jahrelang bemüht hatte, mir das richtige Medikament gegen den Alkohol zu verschreiben. Durfte ich ihm Vorwürfe machen, weil diese Behandlung, die ich verlangt hatte, fehlgeschlagen war?

»Ich muß Ihnen etwas gestehen«, sagte ich. »In der Euphorie der ersten trockenen Monate habe ich manchmal spekuliert, ob ich viel früher mit dem Trinken hätte aufhören können, wenn Sie mir sofort gesagt hätten, daß Sie gegen meine Trinkerei machtlos sind. Ich habe mir vorgemacht, daß ich dann aufgehört hätte. Tatsächlich wollte ich aber von Ihnen nur eine Hilfe gegen die Folgen des Trinkens. Ich habe außerdem spekuliert, warum Sie mir nie empfohlen haben, zu den Anonymen Alkoholikern zu gehen, wobei ich vorausgesetzt habe, daß Sie die AA kennen müßten.«

»Sie sind der erste anonyme Alkoholiker, den ich kenne«, sagte Dr. T. »Aber nicht mehr der einzige. Durch Sie weiß ich, daß die AA helfen können.«

»Ich muß Ihnen noch etwas gestehen«, sagte ich. »Trotz AA habe ich noch gut zwei Jahre gebraucht, bis ich zugegeben habe, daß ich dem Alkohol gegenüber machtlos bin und bis ich daraus die einzige Konsequenz gezogen habe, die mir blieb: kapitulieren! Aufhören, gegen den Alkohol zu kämpfen. Kapitulieren heißt für mich, Schluß machen mit dem Wahn, ich könnte im Alleingang nach einem selbstgestrickten Therapieprogramm mit dieser Krankheit fertig werden, die schlimmer ist als Krebs. Aber dieser Wahn ist ein Teil der Krankheit und mit dem Verstand allein – wie will man da einem Wahn beikommen?

Mich hat erst die totale Niederlage von diesem Wahn befreit. Aber davon war ich, als ich Ihr Patient wurde, noch etliche Ackerlängen entfernt. Alle Diagnosen, die Sie mir im Laufe der Jahre gestellt haben, habe ich gar nicht so ungern akzeptiert, obwohl ich wußte, daß sie falsch waren. So ein linker Vogel war ich.«

»Linker Vogel«, sagte der Doktor, »ist eine moralische Qualifikation. Sie haben an einer unerkannten Krankheit gelitten. Das ist keine Schande, so wenig es eine Schande ist, an einem unerkannten Tumor zu leiden, und inzwischen haben Sie ja etwas dagegen getan.«

Schwacher Trost bei Psychiatern

Leider konnte ich Begegnungen mit Angela nicht vermeiden. Sie wohnte zwar am anderen Ende der Stadt, aber ich kannte ihre Gewohnheiten und Wege! So kam es immer wieder zu einem Wiedersehen. Mit klopfendem Herzen ging ich auf sie zu. Im Beisein von Regine ließ sie sich den Ärger nicht anmerken, aber wenn sie allein war, gab sie mir wenig Anlaß zu Hoffnungen. Ich redete mir ein, das sei pure Taktik, um sich nicht kampflos geschlagen geben zu müssen, bis ein Krach mich zu der Einsicht zwang, daß ich bei meiner Frau nichts mehr zu bestellen hatte.

Wie kann Liebe so gründlich mißverstanden, so schmählich zurückgestoßen werden, grübelte ich im D-Zug nach dem Süden, wo ich einige Tage entspannen und Abstand gewinnen wollte. Nach einem heftigen Streit hatte ich mich dazu entschlossen. Überlegt hatte ich mir diese Reise nicht, die ich mit meinem letzten Bargeld finanzierte. Dringende Aufträge, die überfällig und unerledigt zu Hause lagen, mußten zurückstehen.

Das sagte ich mir in aller Ruhe, denn ich hatte beim Einsteigen in den Nachtzug ein paar Schlaftabletten genommen. Außer mir war nur ein freundlicher Herr im Abteil, der deutlich auf Unterhaltung erpicht war. Er kramte aus seiner Reisetasche eine Flasche irischen Whisky hervor. Sein »Milder Tau« – nur Iren können einem Schnaps einen so treffenden Namen geben – rann wärmend durch die Kehle.

Die leere Flasche stand auf dem Klappbrett, und eine Dame im Lodenkostüm betrachtete mißbilligend meine Bemühungen, zu mir zu kommen und herauszukriegen, wo wir waren. Weit jenseits des vorgesehenen Urlaubszieles, unmittelbar vor der Grenzstation. Dort könnte ich sofort in den Gegenzug steigen, sagte der Zugschaffner. Hatte ich es so eilig? Ich wartete lieber im Bahnhofsrestaurant auf die nächste Verbindung.

In später Nacht und bester Laune kam ich nach P. Sie wurde noch besser, als der Hotelportier versicherte, die Hotelbar kenne keine Polizeistunde, nur Gäste.

Es gab auch eine Tagesbar. Dort erzählte ich am nächsten Vormittag, alles andere als nüchtern, eine mit lustigen Zwischenfällen gespickte Geschichte über meine Anreise mit dem Kraftwagen, die mit der Versicherung schloß, künftig für solche Fahrten den Zug zu nehmen. Daß ich schwindelte, merkte ich erst mitten im meinem Bericht und war von dieser Feststellung so angetan, daß ich mir fest vornahm, meine Story aufzuschreiben. Das wird bestimmt gedruckt, und dem Fernsehen kann ich es auch anbieten, dachte ich, dort fehlt es bekanntlich an Einfällen. Ich schrieb die Geschichte nie und hatte auch keine Vorstellung, wie die Fernsehbearbeitung aussehen sollte.

Am nächsten Morgen war alles vergessen. Auch, wo mein Geld geblieben war. Mit dem Rest, den ich aus verschiedenen Taschen und dem Geheimfach zusammenkratzte, kam ich nicht weit.

Aber Geld zu besorgen, erschien mir halb so schwierig, wie über die nächsten Stunden hinwegzukommen. Ich könnte einen Scheck ausschreiben – wenn ich einen Scheck ausschreiben könnte. Ich brachte meinen Namen nicht hin. Unmöglich, diese Kritzelei stimmte mit dem Schriftzug auf der Scheckkarte so wenig überein, daß keine Bank zahlen würde. Wenn ich mit der linken Hand die Schreibhand festhielt, entstand eine einigermaßen leserliche Unterschrift. Aber nach dieser Methode konnte ich nicht vor dem Bankbeamten unterschreiben.

Ich habe mir die rechte Hand verstaucht, natürlich, das war eine einleuchtende Erklärung. Ein fester Verband wäre doch überzeugender. Am zuverlässigsten aber wäre ein stärkender Schluck. Ich mußte jedoch mindestens bis zum Abend ohne Alkohol auskommen, sonst war die Katastrophe unvermeidlich. Wenn es nur schon Abend wäre. Zwölf Stunden noch. Ich mußte zu Geld kommen, mit ein paar Scheinen in der Tasche kam ich besser durch den Tag.

Der Portier tippte mit dem Zeigefinger auf das Datum der ausliegenden Zeitung.

»Heute ist bei uns Bankfeiertag«, sagte er, »aber wir akzeptieren selbstverständlich Ihren Scheck.«

Glück im Pech zählt doppelt. Aber in meinem Zustand war das kein Trost. Im Gespräch mit dem Portier konnte ich mit Mühe den Brechreiz verbergen, der ständig hochkam – ich hielt die Hand vor den Mund, als befürchtete ich einen Hustenanfall. Ein normales Frühstück war undenkbar. Eine Semmel wenigstens?

»Daran ist schon mancher erstickt«, sagte ich zu dem Mann an der Tagesbar und schob den Teller von mir.

»Ich mixe Ihnen etwas, das macht Tote lebendig«, sagte er.

Man sah mir die letzten Tage offenbar an.

»Donnern Sie Salz rein«, bat ich ihn, »ich habe es gern gut gesalzen. Aber ohne Alkohol.«

Aus Erfahrung wußte ich, daß nach den bromhaltigen Schlaftabletten der Organismus für Salz dankbar ist.

Körperlich fühlte ich mich nach dem Drink etwas wohler. Dafür ging es in meinem Kopf immer schlimmer zu. Da drehte sich pausenlos die Schallplatte mit immer den gleichen Fragen, auf die es keine Antwort gab. Und sie würde sich weiterdrehen, bis ich sie mit Alkohol oder einem starken Medikament anhielt.

Woher nehmen? Ich scheute mich vor einem fremden Doktor. Welche Beschwerden konnte ich vorbringen? Wenn ich ehrlich sagte, was los war? Ich konnte nicht zu jedem gehen. Vielleicht gab es einen Hotelarzt. Ich legte mich ins Bett, klingelte und mimte Magenkrämpfe. Oft geübte Schau!

Der Herr Doktor sei heute bei einem Kongreß. Hier am Ort im Kurhaus beginne jetzt ein Kongreß. »Bitte schön, hier ist das Programm«, sagte der Etagenkellner.

Es war ein respektabler Kongreß mit vielen bekannten Experten. Den kenne ich, entfuhr es mir, als ich auf Professor X. stieß. Glück im Pech. Jetzt bekam ich Hilfe. Der Name des Professors X. stand immer wieder im Zusammenhang mit Suchtkrankheiten in den Zeitungen. Also würde er mich verstehen. Wenn ich ihn ansprach, riskierte ich gar nichts. Ein Ordinarius wie er würde bestimmt öfters ganz unkonventionell um Hilfe angesprochen.

Direkt beschwingt stieg ich aus dem Bett, machte ausgiebig Toilette, wie schwer mir das Rasieren auch fiel, kleidete mich sorgfältig an, die Krawatte nahm mich lange in Anspruch. Aber ich schwitzte so stark, daß ich Angst hatte, der Hemdkragen könnte aufweichen. Ich atmete mühsam, ich wußte nicht, wohin mit den Händen, und meine Augen flackerten hinter der Sonnenbrille, als ich im Kurhaus auf den jugendlichen Ordinarius zuging, der sich so unbefangen meiner annahm, wie ich es nie und nimmer erwartet hätte.

»Ich bin in einer fürchterlichen Lage«, sagte ich. »Ich glaube, daß ich mich mit der Tatsache vertraut machen muß, Alkoholiker zu sein. Darf ich offen mit Ihnen sprechen?«

Er hatte ein zweifelndes Lächeln aufgesetzt, als ich »Alkoholiker« sagte, aber er nickte zustimmend: »Natürlich habe ich Zeit für Sie, dafür bin ich doch da. Gehen wir in den Kurpark.«

Ich schilderte, wie ich vor einigen Tagen in ein fürchterliches Saufen hineingeraten war und daß ich nun nicht mehr herauskam. Ich hatte vor meiner Abreise hierher getrunken, ich hatte während der langen Fahrt getrunken und nach meiner Ankunft das Trinken bis zum gestrigen Abend fortgesetzt. Heute sei der erste Tag, an dem ich nichts getrunken hätte.

»Und Sie haben jetzt kein Verlangen nach Alkohol?«

Ich versicherte wahrheitsgemäß, daß mir schon übel werde, wenn ich nur an Alkohol denke.

»Wissen Sie, wenn Sie ein Alkoholiker wären, dann hätten Sie um diese Zeit schon etwas intus. Aber wie kommen Sie überhaupt auf die Idee, Alkoholiker zu sein? Wenn ich Sie so vor mir sehe, dann gibt mir Ihr Aussehen doch schon die Antwort auf Ihre Frage. Alkoholiker sehen anders aus. Und nun zu Ihrem Problem! Haben Sie Schwierigkeiten in der Arbeit?«

»Über die Arbeit habe ich eigentlich nicht zu klagen, aber es könnte besser sein. Privat stimmt es nicht mehr. Ich weiß einfach nicht mehr, was mit meiner Frau los ist.«

Und nun schilderte ich, wie ich »angetrunken« in einen fürchterlichen Streit mit meiner Frau geraten sei, daß ich sie dabei Hure genannt, mich nachher aber kniefällig bei ihr entschuldigt habe, wenn ich auch nicht sicher sei, ob sie es mit der ehelichen Treue hundertprozentig genau nehme. Unter solchen Zwischenfällen leide natürlich meine Arbeit erheblich.

»Also heißt Ihr Problem Ehe, nicht Alkohol«, entschied der Professor. »Trennen Sie sich von Ihrer Frau, wenn Sie glauben, daß es mit ihr nicht mehr geht. Schaffen Sie klare Verhältnisse.«

Ich versuche mich besser verständlich zu machen.

»Ich habe meine Frau sehr gern, ich würde ihr einen Seitensprung nicht nachtragen, denn sie hat mir schon viel verzeihen müssen, aber ich verstehe einfach nicht, warum ich weder mit ihr zusammen- noch von ihr loskomme.«

»Hörigkeit«, sagte der Professor. »Hörigkeit! Immer wieder des Menschen Hörigkeit.«

Da kann er recht haben, dachte ich mir, denn ich sah jetzt Angela vor mir, wie ich sie einst im Arm gehalten hatte. Jede Pore ihrer Haut war mir vertraut, und ich hatte ein irres, krankes Verlangen nach ihr. Jedenfalls bildete ich es mir ein.

»Glauben Sie mir, Sie sind nicht der erste Patient, der mit dieser Hörigkeit zu mir kommt«, sagte der Professor wie in einer Vorlesung. »Wenn diese Hörigkeit und der berufliche Leistungsdruck, unter dem Sie ja stehen, zusammentreffen, hilft sich der Mensch gern mit einem Gläschen oder zwei. Und er betrinkt sich auch einmal. Das ist nicht bedenklich, solange er im sozialen Rahmen bleibt. Der Alkoholiker, der fällt aus dem sozialen Rahmen. Die Depravation, dieser dramatische Verfall der Verhaltensweisen einer Persönlichkeit, die zeigt mir den Alkoholiker an. Und nun schauen Sie einmal in den Spiegel und fragen Sie sich, wie Sie ausschauen.«

Mein blütenweißer Sommeranzug stammte aus einem »ersten Haus«, Hemd und Schuhe waren maßgeschneidert, die Krawatte hatte ich in Capri gekauft und die

Schuhe in Bologna. Ich war gebadet, rasiert und ge-
kämmt, die Fingernägel waren sauber. Ich roch nicht nach
Alkohol, sondern nach Russisch Leder.

»Ich gebe Ihnen den Rat, trennen Sie sich von dieser
Frau. Sie haben keine Mühe, eine neue zu finden. Und
vergessen Sie den dummen Gedanken, ein Alkoholiker zu
sein! Alkoholiker schauen anders aus.«

Wir aßen gemeinsam in einem Restaurant am See Mittag. Dabei trank ich ein einziges Glas Wein. Dann fuhr ich
mit dem Taxi in mein Hotel. Dort verbrachte ich drei Tage
an der Bar.

Wie ich schließlich in den Zug und nach Hause kam,
weiß ich nicht mehr. Verwunderlich war es nicht, denn
mein Organismus war inzwischen darauf eingespielt, die
notwendigen Dienste halb unbewußt zu verrichten. Wenn
keine außergewöhnlichen Ansprüche gestellt wurden, löste er Routineaufgaben unauffällig.

Während der Fahrt beschäftigten mich die Vorschläge
des Professors. Scheidung von Angela – nichts wünschte
ich mir lieber als das Gegenteil davon. Und dann eine
Neue suchen und wieder heiraten! Ich hatte doch Angela
in der Hoffnung geheiratet, daß ich mit ihrer Hilfe vom
Trinken einigermaßen wegkäme. Aus mir unerklärlichen
Gründen war daraus nichts geworden. Wenn überhaupt
eine Frau mir helfen konnte, dann war es Angela, sonst
keine. In diesem Punkt wußte ich besser Bescheid als der
Professor.

Aber sonst war es ein gutes Gespräch gewesen. Ich
mußte mir wegen des Trinkens nicht so viele Gedanken
machen, ein Alkoholiker konnte ich nicht sein, wenn sich
mein Problem wegheiraten ließ.

Zu Hause trank ich weiter bis zu dem Nachmittag, an
dem Polizisten die Wohnungstür aufbrachen, Kranken-
pfleger mich in eine Decke wickelten und der Notarztwa-

gen mich in die Klinik fuhr. Dort erwachte ich in absoluter Nacht. So schwarz hatte die Welt noch nie ausgesehen.

Wo war ich? Tot in einem Sarg? In einer Dunkelzelle? Ich konnte nicht rufen, wie manchmal in Träumen versuchte ich zu schreien, brachte aber keinen Ton heraus.

Schmerzen in der Blasengegend waren das erste wahrnehmbare Lebenszeichen. ich zog das Ding heraus, das in meinem Penis steckte – ein Katheter, wie man mir später sagte. Darüber verlor ich wieder das Bewußtsein. Ich träumte vielleicht, daß – oder ich war tatsächlich auf hoher See, denn ich wurde bewegt. Wohin ging es? Ich spürte, daß ich in ein Bett geschoben wurde und war wieder weg.

Vierundzwanzig Stunden dauerte es ungefähr, bis ich erfuhr und begreifen konnte, wo ich war und warum: Auf der Intensivstation wegen Alkohol- und Medikamentenvergiftung.

Widerwillig zögernd gab die Erinnerung mir Stück um Stück des Geschehens zurück. Nicht alles. Das letzte Stück fehlte: Wer hatte für mich um Hilfe gerufen? Das wußte ich nicht.

In drückender Mittagshitze war ich vom Imbiß nach Hause gewankt, wo ich seit dem frühen Morgen noch hartnäckiger getrunken hatte als in den Wochen zuvor. Und jetzt Schluß, sagte ich unterwegs immer wieder. Schluß ist. Ich mache Schluß.

Ein Pfosten in einem Gartenzaun, auf den ich mich stützte, als ich plötzlich schwer schwankte, gab nach, und ich fiel in ganzer Länge in den Maschendraht. Am hellen Tag!

Ich versuchte, mich abrollen zu lassen, aber der Zaun hielt mich fest. Eine Masche hatte sich in meine Jacke gebohrt. Der schöne Anzug! Ganz leicht und sommerlich. Bei der Befreiung riß ich in die Jacke ein Dreieck.

Und jetzt wird geschlafen, sagte ich beim Aufschließen der Wohnungstür, was mir problemlos gelang. Also konnte ich nicht sinnlos besoffen sein. Im Bad nahm ich, ohne zu zählen, eine Ladung Schlaftabletten und zog mich aus. Kühl spürte ich das Bettlaken.

Keine Störung. Bestimmt kommt irgend so ein Idiot und stört mich, dachte ich mir und legte den Hörer neben das Telefon. Dann wickelte ich das Kissen um die Ohren und sagte mir: Ich werde schlafen, einen langen Schlaf tun. Schlafen, schlafen, nichts als schlafen. Wegsein!

Nach dem ersten Spaziergang im Krankenhausgarten fand ich eine Aufforderung auf meinem Nachttisch, mich um sechzehn Uhr bei Obermedizinalrat M., Zimmer X zu melden. Die Schwester klärte mich auf – das heißt, sie machte mich mit einer Bestimmung des Landesverwahrungsgesetzes bekannt, wonach bei Selbst- und/oder Fremdgefährdung eine Einweisung erfolgt.

»Einen Zwangseinweisung?« fragte ich scharf.

»Zum Schutz der Patienten«, erklärte die Schwester.

»Hat es eigentlich schon einer bereut, daß er sich umgebracht hat?« fragte ich boshaft.

Innerlich war mir flau, darum die zynische Frage. Unter Selbstmordverdacht zu stehen, das war doch ein Witz!

Die Psychiater kennen den Begriff des Bilanzselbstmordes. Sie verstehen darunter eine überlegte, bis in Einzelheiten geplante Selbsttötung psychisch sonst unauffälliger Personen, die verschuldet oder unverschuldet in eine verzweifelte, trotz all ihrer Bemühungen unübersehbare Situation geraten sind.

Ich hatte meine Selbsttötung nicht überlegt oder geplant. Aber die unübersehbare Situation, in der ich sterben wollte, war mir sehr vertraut geworden. Ich glaube, daß ich etwa fünf Jahre alt war, als ich zum ersten Mal sagte: »Ich möchte sterben.«

Sterben und einen schönen Sarg bekommen wie Schneewittchen im Märchen. Erst stirbt man, dann wird man gerettet, so wußte ich es aus dem Märchen. Und die Prinzessin war auch nicht echt tot, sondern nur wie tot, erklärte ich meiner Mutter, die über meinen Todeswunsch erschrocken war. Ich hatte sterben wollen, weil ich mich hinter meinen Geschwistern zurückgesetzt fühlte.

Das Gefühl einer einsamen Traurigkeit war in meinem Leben immer wieder über mich gekommen. Lange hatte ich es einfach weggescheucht, indem ich es Blödsinn nannte oder streng sagte: Damit spielt man nicht. Aber immer, wenn ich in der Welt keinen Platz mehr für mich sah, stellte ich mir vor, in einen Strudel geraten zu sein, der mich langsam hinabzog. Doch auch wenn ich sagte: Herrgott, laß mich doch verrecken, in meinem Innern wollte ich es nicht, und selbst in meinem elendsten Zuständen hatte ich noch ein fernes Licht gesehen und mit seiner Hilfe alle Herausforderungen des Todes überlebt. Aber dazu mußte ich mich erst hinuntertrinken, ganz tief. Meine Hingabe an den Todeswunsch war: bei vollem Bewußtsein trinken bis zur Bewußtlosigkeit. Unmoralisch war mir das nie erschienen. Jedenfalls hatte die Vorstellung, der Nachruf auf mich könnte aus den Worten bestehen:

»Er hat sich totgesoffen«, kein einziges Glas verhindert und mir damals nicht einen Schluck vergällt.

Was ist schon groß passiert, konnte ich bis zum Schluß sagen, weil ich nie mit dem Gesetz ernsthaft in Konflikt gekommen war, weil ich nie betrunken ein Auto gesteuert hatte – ein einziges Mal versuchte ich alkoholisiert zu fahren, konnte aber nicht einmal den Zündschlüssel einführen –, alle Zechschulden hatte ich bezahlt, und den Einweisungen ins Nervenkrankenhaus konnte ich bei Selbstmordversuchen immer entgehen.

Was wirklich geschah, die langsame Selbstzerstörung von Körper, Seele und Geist, sah ich nicht. Die längste Zeit lebte ich ja in dem Wahn, unzerstörbar zu sein, weil ich glaubte, mit dem Trinken aufhören zu können, wenn es mir wirklich gefährlich würde. Bis zum äußersten wollte ich es nie kommen lassen und bis zum äußersten war es immer noch weit.

Der Obermedizinalrat war höflich, freundlich und leise.

»Ich habe dazu Stellung zu nehmen, ob bei Ihnen eventuell eine Überweisung in das Nervenkrankenhaus angezeigt ist«, sagte er verlegen und fuhr dann nachdrücklicher fort: »Aber ich möchte meinen, bei Ihnen braucht es das nicht. Es ist nur der Form halber, daß Sie mir ein paar Fragen beantworten. Wie steht es mit Ihrem« – kleine Pause – »Sexualleben?«

Ich verstand nicht recht. Ich war nicht wegen Sexualstörungen in der Klinik.

Ich sagte: »Keine Klagen.«

Ob ich schon einmal Selbstmordgedanken gehabt hätte.

Nun klingelte es bei mir. Wenn ich ihm die Wahrheit sagte oder auch nur einen Teil der Wahrheit, dann steckte er mich in die Klapsmühle. Ich mußte ihm erzählen, was er hören wollte, um eine wohlwollende Diagnose stellen zu können. Ein unvorsichtiges Wort, und ich wurde »verwahrt«. Ich mußte ihn in Sicherheit wiegen, indem ich ihm einen saftigen Knochen hinwarf, aus dem er sich ein schmackhaftes Gutachten herausbeißen konnte.

Ich belog ihn nicht. Jede Frage beantwortete ich ehrlich. Meine Fragen, die ich hatte, behielt ich bei mir. Zu Selbstanzeigen war ich nicht verpflichtet. Ich beschrieb meinen Arbeitseifer, die Energie, mit der ich mich vorantrieb, und gab vorsichtig zu, daß mein Ehrgeiz mich vielleicht dann und wann zu weit führte. Nur so könnte ich mir den Zwischenfall erklären. Ich hatte eine Phase intensivster Arbeit hinter mir, berichtete ich, in der der Schlaf viel zu kurz gekommen war.

»Schlafstörungen?«

»Ja. Es fällt mir schwer, nach der Arbeit abzuschalten. Es dauert lange, bis ich einschlafe. Wenn ich nachts aufwache, bin ich sofort hellwach und mit den Gedanken schon wieder bei der Arbeit, daß ich meistens aufstehe und wieder an den Schreibtisch gehe.« Das war nun wirklich glatt gelogen. Abgesehen davon, daß ich in den letzten Wochen auch bei Tag nur wenige Stunden am Schreibtisch verbracht hatte, die Nachtstunden hatte ich mir dort nicht vertrieben. Der Psychiater meinte:

»Das ist natürlich nicht sehr gesund, der Mensch braucht seinen Schlaf. Aber Selbstmordabsichten, ich meine, Gedanken, Ihrem Leben ein Ende zu machen, die haben Sie doch wohl nicht. Ich glaube, Sie sind in Ihrem Beruf ganz schön erfolgreich. Dazu würde das, was wir Psychiater den Bilanzselbstmord nennen, ja auch gar nicht passen.«

Durch die hohen Fenster fiel helles Mittagslicht. Die breiten Kronen mächtiger Bäume füllten den Himmel. Warum bedrückte mich dieses Bild so? Wenn ich dem Mann doch erzählen könnte, wie mir zumute war. Daß ich am hellen Tag mein Zimmer wie eine Festung dichtmachte. Die Bettdecke über den Kopf zog, um ganz im Dunkeln zu sein. Am liebsten würde ich mich in mich selbst verkriechen und zu dem winzigen Ei zusammenschrumpfen, als das ich mein Leben begonnen hatte.

Wenn ich ihm das erzählte, würde er mich in die Klapsmühle stecken. Offenbar fehlte ihm aber die Zeit, mir länger zuzuhören. Ich bemerkte, daß er schon zum zweiten Mal die Armbanduhr betrachtete, obwohl ich erst wenige Minuten da war.

Er wollte Tatsachen hören, und ich sagte ihm: »Wegen der Schlafstörungen ist es auch zu diesem Zwischenfall gekommen. Ich hatte vierundzwanzig Stunden durchgemacht und wollte mich, zumal meine Arbeit beendet war, wieder einmal richtig ausschlafen. Weil ich Schlafmittel schlecht vertrage, hab' ich nachgetrunken, dabei hat es mich erwischt.«

»Alkohol? Harte Sachen?«

»Nein, ich habe nur ein paar – ein paar – Bier getrunken, und weil ich so viel Alkohol nicht gewöhnt bin, habe ich mich wahrscheinlich bei den Tabletten verzählt.« Tatsächlich hatte ich sie einfach in die Hand geschüttet. »Eine Verkettung unglücklicher Umstände, gewissermaßen.«

Das leuchtete dem Psychiater ein. Ich tat noch ein übriges, indem ich sagte, vermutlich seien die verwendeten Schlafmittel nicht ganz die richtigen gewesen. Auch er war der Ansicht, ein anderes Präparat helfe mir besser, und schrieb ein Rezept aus. Eine bis zwei Beruhigungsmittel sollte ich zum Einschlafen und eine zum Durchschlafen nehmen.

»Sie haben die typischen Schlafstörungen, wie ich sie jetzt häufig bei Managern und angestrengt arbeitenden Freiberuflern sehe«, meinte er abschließend und drückte mir fest die Hand.

Es war kein Kunststück, ihn auf die falsche Fährte zu führen. Offenbar fand er es selbstverständlich, Schlafmittel zu nehmen und zu verordnen.

Am Abend brachte mir die Schwester einige Medikamente »für die Nacht und morgen früh«, und ich erkundigte mich, was es sei.

»Ein Schlafmittel und ein Beruhigungsmittel«, erklärte sie mir.

Ich wollte aber ohne auskommen.

Die Schwester war verdutzt: »Sie sollen sie aber nehmen.«

»Ist es ein leichtes Mittel?«

»Sie brauchen Ihren Schlaf, um wieder gesund zu werden«, sagte sie mit Nachdruck, »und Sie haben das richtige Mittel bekommen, damit Sie auch wirklich schön schlafen.«

Ich nahm die Tabletten nicht, sondern versuchte, mich mit Graham Greenes Geschichte vom Schnapspriester, »Die Macht und die Herrlichkeit«, in den Schlaf zu lesen. Da ich allein lag, störte ich niemand.

Plötzlich kam die Nachtschwester herein: »Ja, warum schlafen wir noch nicht, jetzt machen wir gleich das Licht aus.«

»Ich bin noch nicht müde, ich gehe nie vor Mitternacht ins Bett, ich bin ein Nachtmensch.«

»Das geht hier nicht. Haben Sie denn Ihr Schlafmittel nicht genommen?«

»Doch«, log ich – die Pillen lagen noch im Schälchen.

Die Schwester überlegte: »Ich gebe Ihnen noch etwas, das nehmen Sie aber gleich jetzt, und dann wird geschlafen.«

Meine Einlieferungsdiagnose hatte gelautet: »Schlafmittel-/Alkoholvergiftung.«

Die Umstände waren daran schuld, daß ich zu viel trank und täglich Medikamente schluckte. Der Psychiater hatte es mir bestätigt, was ich mir selbst immer vorsagte. Ich war in jener Zeit unfähig, eine persönliche Verantwortung für meinen traurigen Zustand zu übernehmen, und es konnte mir nichts besser in mein System des Selbstbetrugs passen als diese erneute Bestätigung von berufener Seite.

1.30 Uhr in der Nacht

Wieder mußte ich Dr. T., meinen Hausarzt, kommen lassen, obwohl ich mir fest vorgenommen hatte, mir allein zu helfen, wenn es mir nach dem Trinken schlecht ging. Genügend Tricks hatte ich ja oft mit Erfolg erprobt. Einen anderen Doktor ließ ich nur an mich heran, wenn Dr. T. nicht zu erreichen war und ich derart zitterte und seelisch elend war, daß ich fürchtete, zusammenzuklappen. So hatte ich im Verlauf von Jahren die unterschiedlichsten Notärzte kennengelernt. Einige hatten es vor allem eilig, wieder wegzukommen, was ich ihnen nicht verdachte, denn meine Höhle war bei diesen Gelegenheiten wenig einladend. Andere, meistens jüngere Ärzte, versuchten sogar über das Medizinische hinaus ein Gespräch. Ich war aber immer wie zugeschnürt und unfähig mitzuteilen, was sich in meinem Inneren abspielte. Nur die äußeren Beschwerden konnte ich präsentieren.

Den jetzigen Notruf an Dr. T. hatte ich lange hinausgezögert. Er war an sich schon in der Nacht zuvor dringend fällig gewesen.

Als ich um 1.30 Uhr aufwachte, brannten alle Lichter in der Wohnung. Auf dem Nachttisch stand ein Glas, daneben lag ein Röhrchen mit Schlafmitteln. Ich schüttelte es. Es schien leer. Wütend warf ich es ins Zimmer.

Ich haßte diese Tabletten, die ich schon jahrelang nahm. Auf den Beipackzetteln stand, diese (damals noch) rezeptfreien Mittel sollten über längere Zeit nicht ohne ärztliche Anweisung genommen werden. Was nützte mir dieser Hinweis, wenn mich das große Grausen vor einer schlaflosen Nacht überkam.

Jetzt erinnerte ich mich gar nicht, all diese Tabletten genommen zu haben. Den ganzen Tag hatte ich im Imbiß verbracht, ein Bier nach dem anderen, null Essen. Dreimal hatte ich gekotzt, am Morgen nach dem ersten Glas, am Mittag nach dem ersten Underberg und auf dem Heimweg wenige Schritte vor meinem Haus, wo mir das Zeug einfach aus dem Gesicht fiel. Ich hatte mich diesmal mit voller Absicht betrunken, um endlich einmal eine ganze Nacht durchschlafen zu können.

Ausgeschlafen wollte ich heute an meine Arbeit gehen, die geradezu nach mir schrie. Ich brauchte Geld. Die auf mich zukommende Pleite bedrängte mich schon wochenlang, endlich mit dem Trinken aufzuhören, aber ich mußte den Beginn immer wieder verschieben, weil ich niemals fähig gewesen war, den Tag am Schreibtisch zu beginnen und zu beenden.

Meine Armbanduhr stand. Der Wecker zeigte auf 13.30 Uhr. Das konnte nicht stimmen. Dann hätte ich nur eine Stunde Schlaf hinter mir. Hemd und Hose lagen am Boden. Ich hatte mich mit Slip und Strümpfen ins Bett gelegt, weil ich mit kalten Füßen nicht schlafen kann. Wütend hob ich die Kleider auf, warf sie wieder hin, zornig, weil mir beim Bücken schwindelig geworden war.

Ich wankte in die Küche. Der Kühlschrank war nicht leer, aber schon beim bloßen Gedanken an Essen wurde mir übel. Oder war mir schlecht vom eigenen Gestank? Hunger verspürte ich nicht, nur ein ganz verrücktes Verlangen, irgend etwas zu mir zu nehmen, was helfen würde, den Brechreiz zu dämpfen. Ich biß in ein kaltes Wiener Würstchen. Es schmeckte wie fettiges Stroh, aber der Magen behielt es. Irgend etwas mußte ich unternehmen, ich ertrug diesen Zustand nicht, lange konnte ich ihn nicht aushalten. Wenn ich mich selbst befriedigte? Verrückter Gedanke, ich hatte kein Verlangen.

Wenn ich noch Geld hätte, würde ich eine Kneipe suchen. Ich mußte noch Geld haben und ich mußte es finden, ich mußte trinken, nur Trinken half mir jetzt. Ich wühlte alle Taschen von Mänteln, Jacken und Hosen durch. Manche Anzüge hingen schon jahrelang unbenützt auf dem Bügel, denn die meiste Zeit schlampte ich in alten Sachen herum. Früher einmal hatte ich Wert darauf gelegt, gut angezogen zu sein, die Kleider stammten sozusagen aus einem früheren Leben, in den letzten Jahren war nichts Neues dazugekommen.

Ich trage meine Kleider auf wie meine Vergangenheit. An diesem Satz finde ich ein so selbstzufriedenes Gefallen, daß ich ihn notieren muß. Während ich ihn mühsam auf ein Blatt kritzle, grüble ich weiter. Ich bestehe überhaupt nur noch aus Vergangenheit. Gegenwart und Zukunft sind schreckliche Gezeiten. Vor dem heutigen Tag fürchte ich mich. An Morgen kann ich nicht einmal denken, morgen werde ich genauso dasitzen wie heute oder schlimmer – besser geworden ist es schon lange nicht mehr.

Irgendwo muß Geld sein. Ich weiß bestimmt, daß ich gestern noch etwas übrigbehalten habe. An einem solchen Tag greife ich nämlich immer wieder in meiner Tasche die Scheine und Münzen ab, ob es noch reicht, und mir ist, als hätte ich bis zuletzt einiges gehabt. In der Hose? Beide Taschen sind löchrig. Münzen könnten durchgefallen sein. Ich hatte eine Jacke angehabt. Wo ist sie? Ich bin in der Jacke nach Hause gekommen. Sakko, wo bist du, sage ich in die Stille hinein. Er kann doch nicht verschwunden sein. Wo habe ich ihn ausgezogen?

Ich war im Wohnzimmer, denn der Schlüsselbund liegt auf dem Schreibtisch. Natürlich liegt er hier, nicht auf seinem gewohnten Platz. Richtig, mir war auf dem Nachhauseweg etwas sehr Wichtiges eingefallen, was ich nicht vergessen durfte. Die Erinnerung an einen Lichtbildervortrag, es kann 1966 oder 1967 gewesen sein. Ungemein eindrucksvoll war geschildert, wie es in einer Alkoholikerwohnung in Berlin-Wedding aussieht. Der Alkoholiker liegt entkräftet auf einer Matratze, rings um ihn leere Schnapsflaschen und volle Aschenbecher, in der Ecke ein Kübel. Na ja, im Wedding.

Ein Schmuckkästchen ist meine Wohnung nicht, sie könnte wie viele Junggesellenwohnungen einen Großputz vertragen. Aber alles steht an seinem Platz. Ordnung habe ich als Kind gelernt, gegen Unordnung bin ich geradezu allergisch. Es wird sich in der ganzen Wohnung bestimmt keine leere Flasche finden.

Mit diesen Gedanken bin ich gestern nach Hause gekommen, habe alle Räume erleuchtet und stolz durchmessen, um mir sehr zufrieden bestätigen zu können: Die Wohnung eines Alkoholikers sieht nicht so aus. An diesen Strohhalm habe ich mich auch geklammert, wenn ich keineswegs betrunken war.

Dann habe ich mein Sakko zum Lüften auf den Balkon gehängt wie ein ordentlicher Mensch. Richtig, da hängt er in der kühlen Nacht und stinkt immer noch nach Imbiß. Ich greife in die Taschen.

Das Geldfach hat ein Loch. Die Münzen könnten im Futter stecken, am unteren Saum lassen sie sich ertasten. Das beruhigt mich ungemein. Man möchte nicht glauben, wieviel Auftrieb einem Menschen, der sich pleite wähnt, ein solcher Überraschungsfund gibt. Was soll jetzt noch schiefgehen? Wie eine Beute schleppe ich die Jacke ins Schlafzimmer. Ich muß meine Lage genießerisch auskosten. Ich ziehe die Vorhänge zurück und den Rolladen hoch. Dabei nehme ich mir vor, von nun an täglich zu lüften. Jetzt im Sommer kann ich bei geschlossenen Jalousien das Fenster nachts weit offen lassen. Ständig will ich es so halten, um immer in frischer Luft zu schlafen. Ganz toll wäre es, gewissermaßen der Gipfel der Hygiene, künftig im Sommer die Rolläden nachts oben zu lassen, um von der Morgensonne geweckt zu werden.

Mit den Hühnern aufstehen. Als Kind habe ich gehört, jene Menschen seien erfolgreich, die früh schlafen gehen und früh aufstehen. Es ist direkt zum Lachen, daß ich mich in meinem Schlafzimmer verbarrikadiere und im Bett die Decke über den Kopf ziehe, wie ein Kind, das sich vor dem bösen Wolf fürchtet. Und nun lache ich wirklich, als ich merke, daß ich mir zurede wie einem ängstlichen Kranken, der sich selbst nicht mehr zu helfen weiß.

Tief ziehe ich die frische Luft ein und versuche sogar, sie möglichst lange in der Lunge zu halten, wie einst im Yoga-Kurs gelernt. Da überfällt mich plötzlich ein unüberwindlicher Würgereiz. Ich haste ins Bad und erbreche das Wasser, das ich vor ein paar Minuten getrunken habe. Dann geht es hinten los, so schnell, daß ich gerade noch auf die Brille komme. Das trockene Kotzen treibt mir die Tränen in die Augen, vor denen es plötzlich flakkert und dunkel wird. Mit dem Sehen stimmt es in letzter Zeit auch nicht mehr, eine neue Brille könnte nicht schaden.

Die doppelte Entleerung hat mich zugleich erleichtert und geschwächt. Aber ich gebe nicht auf. Sorgfältig mache ich mein Bett, schüttle die Kissen auf, leere den Aschenbecher und trage das leere Tablettenröhrchen zum Mülleimer. Aus dem Jackenfutter ziehe ich eine ganze Menge Münzen ans Licht, sogar zwei Fünfmarkstücke. Damit ist der Tag schon halb gerettet, das weitere wird sich finden, es hat sich noch immer ein Ausweg gefunden. Vielleicht steckt in der anderen Tasche sogar ein Schein?

Das nicht, aber oben in der Brusttasche finde ich eine ganze Packung Schlaftabletten, zehn Stück. Die muß ich irgendwann gestern in der Apotheke, beim Imbiß um die Ecke, geholt haben, als hätte ich vorausgesehen, daß ich sie jetzt brauchen werde. Nun kann mir nichts mehr passieren.

Noch ist Polen nicht verloren, denke ich, wie immer, wenn es wieder mal anders gekommen ist, als ich gedacht habe. Ich sollte nicht so pessimistisch sein, ich bin doch noch voll da. Auf Anhieb fallen mir sogar die polnischen Worte für meinen Lieblingsspruch ein: Jeszcze Polska nie zginela – einmal gehört, für immer behalten, so prächtig funktioniert mein Gedächtnis.

Jetzt will ich genau wissen, wieviel Uhr es ist. Eine klare Frauenstimme sagt am Telefon:

»Beim nächsten Ton ist es 1 Uhr, 45 Minuten und 40 Sekunden.«

Ich reibe Gesicht und Körper mit Kölnisch Wasser ab und atme den strengen Geruch tief ein. Ich fühle mich frischer. Fünf Schlaftabletten sind im Wasser zerfallen, ich trinke sie, dämpfe das Nachtlicht und versuche mit einem Krimi einzuschlafen. Das will nicht gehen, es kommen zu viele Personen vor, die ich im Auge behalten müßte, ich verliere die Übersicht, begreife gar nicht mehr, was ich lese, und stelle erschreckt fest, daß ich wieder ganz wach bin.

Besser geeignet für mein Vorhaben ist der *Radetzky-Marsch* von Joseph Roth, den kenne ich Zeile für Zeile, die Figuren leben in meinem Gefühl, sie werden mich in den Schlaf begleiten. Ich schlage die Seiten auf, die von den letzten Stunden des Regimentsarztes Max Demant berichten, der im Duell für etwas fällt, was in dem Buch

Ehre genannt wird. Ich weiß aber, daß er sterben wollte, weil er sich im Leben verlaufen hatte, ähnlich wie ich. Er hinterläßt eine hübsche, nicht gerade mit viel Verstand gesegnete Witwe, sie hat ihm Geld ins Haus gebracht. Die hätte er nicht heiraten sollen. Ich kenne eine ganze Reihe Frauen wie Eva Demant, die unter ihrem kindischen Egoismus eine Menge Herz verbergen, das darauf wartet, gestreichelt zu werden. Warum hat Joseph Roth dem Doktor Demant nicht erlaubt, seine schöne Frau zu streicheln, warum durfte er ihr nicht sagen: Ich liebe dich?

Heftig ergreife ich gegen den Schriftsteller Joseph Roth die Partei des von ihm zu Tode verurteilten Max Demant. Er ist der Sohn und Enkel von Schankwirten, weisen Männern drüben im Osten des alten Habsburger Reiches, die ihren Söhnen Leben vorgelebt haben. So einer sollte nicht für eine törichte Eva sterben, die im blauen Seidenhöschen vor dem Spiegel steht und sich pudert. Ich weiß das. Ich bin auch Enkel und Urenkel mächtiger Schankwirte, und wenn ich im Leben auch viel falsch gemacht habe, wie der Doktor Demant viel falsch machte, so lebe ich doch noch und will nicht sterben.

Wir wissen etwas Besseres als sinnlos zu sterben, Demant, sage ich und fühle mich als uralter, weiser Bruder.

Wir dürfen nicht sterben, so nicht, Max. Ich will nicht, daß du stirbst. Ich lösche das Licht. In tiefer Nacht spreche ich mit Max Demant, mit seinem Freunde Joseph Trotta, der ein Trinker ist, und mit der Frau Eva, die sich halbnackt vor dem Spiegel pudert, weil keines Mannes Hand zärtlich über ihre Haut streicht.

Sie sind weit weg. Am Ende eines langen Tunnels stehen sie im Licht, und aus meiner Dunkelheit rufe ich sie an, aber sie hören mich nicht. Sie können die Worte nicht verstehen, die ich immer und immer wieder sage, wie eine Schallplatte, die sich endlos wiederholt.

Joseph Roth steht vor der Mündung des Tunnels, der große Trinker. Ihm habe ich nichts zu sagen, er hat sich totgetrunken, wie er es gewollt hat, er weiß alles. Komm später, Roth, sage ich, erst muß ich mit dem Stabsarzt Demant reden, versteh das doch. Und Roth geht. Es schmerzt, seine klugen schönen Augen so traurig zu sehen, vielleicht weint er. Das kann auch vom Schnaps kommen, das kenne ich schon, da macht er mir nichts vor.

Demant ist wieder da. In Uniform. Die Hand am Säbelgriff, unbewegt. Ich flehe ihn an, auf mich zu hören. Siehst du nicht, wie ich um dich leide, wenn du so sinnlos stirbst. Bitte, stirb nicht, stirb, bitte, nicht, bitte stirb nicht.

Ich suche verzweifelt nach anderen Worten, ohne sie zu finden, und so sage ich immerzu in die Dunkelheit hinein: bitte, stirb nicht, und die Dunkelheit verzerrt gnadenlos meine Worte, und dann wird es in mir Nacht.

Das Bett liegt auf der Bettdecke, als ich wieder zu mir komme, weil eine große warme Hand mich behutsam geweckt hat. Das Kopfkissen ist feucht von meinen müden Tränen, ich will nach der Hand greifen, die ich eben noch gespürt habe, aber ich bin allein. Spärlich fällt Licht durch die Ritzen der Jalousie. Krampfhaft schließe ich die Augen wieder. Sie schmerzen. Ich bin matt, als hätte ich viel Blut verloren.

Ich möchte weiterschlafen, so lange, bis ich gesund und kräftig bin. Der Kampf um die Seele des Doktor Demant hat mich erschöpft. Ich habe ihn nicht retten können. Wenn ich nur noch ein wenig schlafen könnte, vielleicht ein paar Minuten, man hört doch immer wieder, daß einige Minuten Tiefschlaf einen Menschen erquicken können. Ich reibe die brennenden Lider und habe dabei die Empfindung, als würde ich Feuerbälle sehen.

Warum muß ich leben? frage ich mich. Es hat doch alles keinen Sinn, ein Tag ist wie der andere, ich komme aus meinem Loch nicht heraus, warum darf ich nicht verrekken.

Das Tablettenröhrchen liegt auf dem Boden, leer. Ich erinnere mich nicht, die fünf Stück in der Nacht genommen zu haben, aber das Glas mit dem körnigen weißen Bodensatz in der Küche beweist, daß es geschehen ist. Dafür habe ich fast sechs Stunden geschlafen.

In den ersten Minuten fühle ich mich am ganzen Körper taub. Jetzt spüre ich da und dort Schmerzen. Die Hände sind gefühllos. Den Vorsatz, ein Bad zu nehmen, gebe ich auf, als das heiße Wasser, aus dem Hahn dampfend, in die Wanne rauscht. Kein Mensch interessiert sich dafür, ob ich bade. Die wenigen Schritte erschöpfen mich völlig. Ein wütender Brechreiz würgt mich. Ich glaube, es ist der eigene Schweiß, vor dem mich heute so ekelt. Nach diesen Tabletten stinke ich besonders übel.

Irgend etwas muß ich unternehmen. Die zitternden Finger sind nicht fähig, die Hülle von einem Fleischbrühwürfel zu entfernen. Ich zerklopfe ihn und brühe die Masse mit dem Papier auf. Mit dem ersten Schluck verbrühe ich mir Lippen und Zunge, den Rest lasse ich stehen.

Gegen meinen Zustand gibt es nur ein Mittel. Trinken. In einer Stunde öffnet der Imbiß, und Geld habe ich auch. Wäre ich nur schon dort.

Daß die kommende Nacht schlimm wird, weiß ich schon, als ich am Nachmittag wieder in meine Wohnung einlaufe. Ich stelle es ohne besondere Erregung fest, weil ich nicht nur jede Menge Bier, sondern auch drei Distraneurin-Kapseln in mir habe, im Imbiß einem Saufkopf abgeknöpft, der dieses Medikament eben zum ersten Mal von seinem Doktor verschrieben bekommen hat. Ich habe ihn aufgeklärt.

»Das ist stärker als der stärkste Schnaps, damit kannst du total zumachen, brauchst weniger zu saufen, schläfst wie ein Ochse.«

Max sagt, sein Doktor habe ihn gewarnt, mit den Kapseln vorsichtig umzugehen. Man könne davon abhängig werden.

»Werden ist gut«, sagte ich. »Wenn du das erst noch werden mußt, dann sei vorsichtig.«

Max begreift.

»Ich nehme die Dinger schon lange«, sage ich. »Wenn ich sie nicht brauchen würde, würde ich sie nicht nehmen. Ich brauche sie nur, weil ich saufe, sonst würde ich sie nicht anrühren. Heute brauche ich sie. Und das Distra erhöht die Wirkung. Abhängigkeit? Eine Abhängigkeit mehr, was spielt das noch für eine Rolle.«

»Mann«, sagt Max ganz fidel, »wenn das so ist, dann finanziert die Kasse ja unseren Suff mit.«

»Sag das nicht so laut, die haben das vielleicht noch nicht gemerkt bei der Kasse, außerdem kostet der Doktor weit mehr als die paar Pillen, und den zahlt die Kasse auch. Und wir zahlen unseren Suff. Klar?«

»Klar, Adam«, sagt mein Kumpan.

Wir haben einander schon oft geholfen. Er sieht heute besonders elend aus. Schweiß steht auf seinem gedunsenen Gesicht, er zittert noch stärker als ich, an den Fingern hat er Brandblasen, die Augen sind blutunterlaufen.

»Jetzt habe ich schon sechs Underberg und zittere immer noch«, sagt er.

»Distra bringt's.«

Jeder schluckt zwei Kapseln. Die Wirkung kommt bald. Wir entspannen und quatschen träge aneinander hin. Den Max haben sie neulich mit dem Notarztwagen in die Universitätsnervenklinik gefahren, als er mitten in der Nacht zu toben anfing. Davon weiß er aber gar nichts.

»In der Klinik war ich ganz ruhig«, das weiß er.

Max ist eine Seele von Mensch, kein Krachmacher. Er geht jedem Streit aus dem Weg. Er spricht leise. Meist liegen Trauerschatten auf seinem gutmütigen Bubengesicht.

»Und was haben sie dort mit dir gemacht?«

»Nichts. Abgehört und abgeklopft wie in der Sprechstunde, aber mir fehlt doch weiter nichts«, sagt Max, der schon seit Wochen krankgeschrieben ist.

»Und dann?«

»Dann ist eine andere Ärztin gekommen, ein ganz junges, rassiges Weib, die hat mir ein paar Fragen gestellt.«

Seine Stimme klingt plötzlich scharf und böse.

»Wie lange ich schon trinke und wieviel und wie. Was geht die das an, ich hab' halt gesagt, da ein Bier und dort ein Bier und zum Essen und zum Fernsehen und zur Unterhaltung und einen Underberg, wenn mir nicht gut ist. Aber das hat die gar nicht interessiert, glaub' ich. Denn plötzlich fragt die Sau, ja, Sau sag' ich, wie es mit meinem Sexualleben steht. Das will die wissen, vom Ficken wollte die reden in meinem Zustand.«

Zwecklos, Max aufzuklären, daß die Doktorin mit ihrer Frage diagnostische Absichten verfolgte, was aber einem psychiatrisch unverbildeten Menschen nicht ohne weiteres einleuchtet. Max ist seit Jahren von Ärzten abhängig, weil der Suff ihn körperlich schwer gezeichnet hat. Er vertraut den Doktoren, die ihm helfen. Über Sex hat er bestimmt noch mit keinem Arzt gesprochen. Die Frage der Ärztin hat ihn, verstört, wie er war, nur noch mehr durcheinandergebracht.

Der Max, das weiß jeder, der ihn im Imbiß kennt, hat seit zehn Jahren keine Frau mehr angerührt. Er kommt nicht los von einer Frau, die er die Hure nennt, seit sie ihn vor zehn Jahren verlassen hat. Seitdem gibt es für Max keine Frauen mehr. Dabei ist er zu jedem weiblichen Wesen, ob klein oder groß, häßlich oder schön, aufmerksam, zurückhaltend und höflich, als könne er sie erschrecken oder verletzen. Keiner von den Typen im Imbiß hat je an seine Wunde gerührt.

Gegen Mittag waren wir satt, tranken uns aber über den momentanen Tiefpunkt hinweg. Ich brauchte auf dem Nachhauseweg den Bürgersteig samt der Gartenzäune. Ein seltenes Ereignis, denn ich haßte es, zu schwanken. Einmal schlief ich, an einen Zaun gelehnt, sogar ein, fuhr aber jäh hoch, als mich jemand anrief, ob mir nicht gut sei, und schleppte mich eilends in meine Wohnung.

Ich rief Dr. T. an, der um diese Zeit Krankenbesuche machte, und bat ihn, am Abend vorbeizukommen. Bitte, unbedingt. Voll angezogen lag ich einige Stunden auf meinem Bett. Als ich erwachte, fror und glühte ich zugleich. Ich machte die Wohnung dicht, zog mich aus und versuchte zu lesen.

Das Buch fiel mir ständig aus der Hand. Ich legte mich, um zu lesen, auf den Bauch, aber ich konnte den Kopf nicht oben halten. Ich rief wieder in der Praxis an, Dr. T. machte noch Krankenbesuche. Ich muß ihm sagen, daß er unbedingt noch kommt, beschloß ich und rief erneut an. Natürlich machte er immer noch Krankenbesuche, es waren ja nur wenige Minuten vergangen.

Ich legte mich ins Bett und versuchte regelmäßig ganz tief zu atmen. Das beruhigte, ich schlief ein. Vielleicht für Minuten, ich konnte es nicht feststellen, ich war so verwirrt, daß ich überhaupt nichts mehr denken oder vernünftig handeln konnte. Aber ich wiederholte die Atemübung hartnäckig, und immer wieder riß es mich weg in einen quälenden Schlaf, aus dem mich die sonderbarsten Geräusche weckten. Glocken läuteten, eine Stereo-Anlage plärrte, dann klingelte es, lange und andauernd, an der Tür oder am Telefon, ich konnte es nicht ausmachen, und als ich aufstand, war der Ton weg. Und der Doktor kam nicht. Oder er war schon dagewesen, hatte geklingelt und war gegangen, weil ich nicht geöffnet hatte. Oder er hatte angerufen, um mir zu sagen, daß er später käme.

Es muß doch irgend etwas geben, was mir hilft, durchzustehen, bis der Doktor da ist, dachte ich verzweifelt. Da fiel mir ein, daß ich mir schon auf dem Wege zum Imbiß eine Zehnerpackung Schlaftabletten besorgt hatte. Ich nahm fünf Stück auf einmal und wartete von Sekunde zu Sekunde auf die Wirkung. Als ich nach zehn Minuten nur eine aufwallende Übelkeit spürte, nahm ich weitere fünf. An die möglichen Folgen dieser Überdosis dachte ich nicht. Von Denken konnte überhaupt jetzt keine Rede mehr sein. Mein Zustand war unerträglich – helfe dagegen, was helfen mochte. Tatsächlich duselte ich vor mich hin, manchmal bis an die Schwelle des Schlafes, aber so oft ich meinte, jetzt sei ich weg, fuhr ich mit einem Schreck wieder hoch. Ein leiser Stich ins Herz, ein Augenblick Atemlosigkeit und dann schwitzende Angst.

So hatte Dr. T., der gegen Mitternacht kam, mich noch nie gesehen. Er ließ frische Luft ins Zimmer, er leerte den Aschenbecher, er machte mir Kamillentee.

Das Sprechen fiel mir schwer, trotzdem hatte ich einen großen Drang, mit ihm zu reden. Ich mußte mich entschuldigen, daß ich ihn wieder angerufen hatte. Vor einer Woche hatte ich ihm in die Hand versprochen, ihn nie wieder außerhalb der Sprechstunde in Anspruch zu nehmen. Direkt von der Praxis war ich dann in den Imbiß gegangen und hatte die Woche dort verbracht. Das erzählte ich ihm mit schwerer Zunge, stockend, unter Herzklopfen.

Diesmal, davon war ich überzeugt, mußte es mich am

Herz erwischt haben. Mir war, als schlage es außerhalb meines Körpers.

Dr. T. beruhigte mich, die momentanen Unregelmäßigkeiten hätten nicht viel zu bedeuten.

»Ich werden Ihnen eine Injektion geben und solange bei Ihnen bleiben, bis Sie schlafen.«

»Ich verdiene Sie nicht, Doktor«, sage ich, »ich verdiene Sie wirklich nicht.«

Ehe ich weitere Schuldsprüche von mir geben konnte, schüttelte er den Kopf und sagte:

»Entschuldigen Sie, daß ich so spät komme. Sie haben wahrscheinlich das Tonband nicht mehr gehört, daß ich heute abend nicht mehr zu erreichen bin. Mein Sohn hat nämlich Geburtstag, und ich bin vom letzten Kranken direkt dorthin gefahren und nicht mehr in die Praxis. Ich habe aber noch einen schwerkranken Patienten. Ich wollte hören, wie es ihm geht, und habe deshalb meine Sprechstundenhilfe angerufen. Bei dieser Gelegenheit erfuhr ich von Ihrem Anruf.«

Während er die Spritze aufzog, erzählte er von seinem Sohn. Jedes Wort strahlte Freude aus.

»Ich bin ein schlechter Sohn«, sagte ich. »Mein Vater hat das, Gott sei Dank, nicht mehr erleben müssen. Ich zerstöre mein Leben, weil ich nicht fähig bin, etwas daraus zu machen. Ich weiß, daß ich ein Greuel für alle Menschen bin, die mit mir zu tun haben. Ich nütze sie aus, ich mache mich schuldig.«

»Sie schulden mir nichts«, sagte Dr. T., »Sie schulden mir gar nichts.«

Er band den Arm ab, ich pumpte mit der Faust, sanft stach er ein und drückte den Kolben der Spritze langsam nach unten.

»Sie werden diese Spritze vertragen«, sagte er. »Wissen Sie, daß Sie mir dauernd Rätsel aufgeben. Ich weiß, wie

Sie arbeiten und was Sie leisten können. Und dann das andere. Das alles halten Sie aus. Sie erholen sich immer unglaublich rasch. Sie klagen nicht, Sie jammern nicht. Wie halten Sie das nur aus?«

»Ich habe keine Ahnung«, sagte ich mühsam, »warum sollte ich klagen, wenn ich klage, klage ich mich an. Was hilft's, wenn ich mich anklage? Das Schlimmste ist doch, daß ich das alles aushalte. Ein paar Tage nach den schlimmsten Exzessen bin ich wieder topfit. Ich weiß, es ist ein Verbrechen, wie ich mit meinem Leben umgehe und meine Kräfte mißbrauche. Ich weiß, ich weiß. Das ist das Schlimmste, daß ich es weiß und nicht ändern kann. Wissen Sie, was ich mir manchmal wünsche? Eine richtige, schwere, saubere Krankheit, meinetwegen ein Magengeschwür oder eine Operation. Eine Krankheit, die kommt, die mich beutelt und die wieder geht. Eine Krankheit, gegen die es ein Mittel gibt. Eine Sache, mit der die Medizin etwas anfangen kann.«

Das Sprechen fiel mir schwer. Ich hatte große Mühe, die Gedanken, die von allen Seiten hereinstürmten, auseinanderzuhalten und in verständliche Sätze zu fassen, ehe mir der Schluß einfiel.

»Ich habe ein schlechtes Gewissen«, sagte ich, »weil ich Sie immer wieder in der Nacht rufe, weil ich mich wirklich sterbenselend fühle, während sich dann herausstellt, daß mir eigentlich gar nichts fehlt. Aber ich fühle mich stets besser, wenn Sie mit mir sprechen. Ich rede ja sonst fast mit niemand mehr. Ich rede fast nur noch mit mir und das fast jede Nacht. Wenn ich doch einmal schlafen könnte. Ganze Nächte liege ich wach und denke, denke und frage mich, warum das alles, warum?«

»Ich habe Sie wohl noch nie gefragt, wieviel Sie trinken«, sagte Dr. T.

Er hatte mich wirklich nie gefragt. Natürlich hatte ich

ihm mein Trinken nicht verschwiegen, auf das ich meine Beschwerden zurückführte, aber um Häufigkeit und Menge hatte wir uns beide wenig gekümmert.

»Genau kann ich es Ihnen nicht sagen. In meinem Tagebuch stehen vor allem die niedrigen Mengen verzeichnet, aber das ist nicht oft der Fall. Jetzt habe ich eine Woche lang getrunken, aber ich weiß nicht, wieviel. Beim Trinken registriere ich manchmal bis zu einem gewissen Quantum. Wahrscheinlich trinke ich jenseits dieses Quantums das meiste. Früher habe ich auf die Menge überhaupt nicht geachtet, weil ich sehr viel vertrug. Jetzt vertrage ich weniger, aber es kommt doch schon noch etwas zusammen.«

»Und in den Pausen zwischen den Trinkphasen trinken Sie gar nichts. Kostet Sie das große Überwindung?«

»Es kostet mich wenig Überwindung, zeitweise gar nichts zu trinken. Das ist es ja, was ich nicht verstehe. In den letzten Jahren bin ich zusammengerechnet knapp die Hälfte des Jahres abstinent gewesen. In der anderen Hälfte war ich betrunken. Vom Trinken allein können meine Schlafstörungen nicht kommen, wenn Sie das meinen sollten, denn in der trinkfreien Zeit brauche ich Schlafmittel, und zwar zunehmend mehr. Dann ist mir das Trinken schon lieber.«

»Sie können nicht in etwa die Menge angeben?« Er lächelte. »Es ist nicht nur wegen der Moral, sondern wegen Ihrer Leber. Heute ist sie ganz in Ordnung.«

»Doch, ich weiß schon, wieviel ich trinke. Ich trinke so viel, wie ich brauche.«

Nach dieser Antwort fühlte ich mich seltsam erleichtert. Als hätte ich eine sehr wichtige Auskunft richtig erteilt. Dann wurden mir die Augen schwer. Hindämmernd plapperte ich noch vor mich hin, halbe Sätze, unzusammenhängende Worte. Ich hörte nicht mehr, wie Dr. T. die

Wohnung verließ, ich merkte nur, daß er nicht mehr auf dem Bett saß, aber da schlief ich schon.

In den letzten Monaten meiner Trinkzeit erlebte ich dann schlimmere Nächte, aber ich brachte es nicht mehr fertig, Dr. T. zu rufen. Ich schämte mich.

Die immer schlimmeren Entzugserscheinungen – unter einer Woche ging es nun schon nicht mehr ab – stand ich mit Hilfe beruhigender und schlafbringender Medikamente durch. Immer öfter erlebte ich, daß sie vollkommen gegenteilig wirkten. Satt der versprochenen Ruhe lösten sie panische Unruhen aus, gegen die auch der Alkohol nicht mehr ankam, soviel ich auch trank.

Das Delir

Das Delir kam im vierzigsten Jahr nach dem ersten Glas, zehn Jahre nach Beginn der dreijährigen psychotherapeutischen Behandlung, im sechsten Jahr des Imbiß.

Die Therapie hatte für kurze Zeit den Druck von mir genommen, ein Alkoholiker zu sein. Daß ich wenige Monate nach der Behandlung mehr Alkohol brauchte denn je, kam mir nicht ins Bewußtsein, weil ich es nicht wahrhaben wollte.

Ich hatte wieder mit meiner Familie zusammengelebt, wie ich es mir gewünscht hatte. Hatte einen neuen beruflichen Beginn versucht und in mein finanzielles Durcheinander eine oberflächliche Ordnung gebracht.

Das Problem schien gelöst, weil ich kurzfristig wie ein Gesunder und Normaler zu denken und zu handeln schien – ich konnte mich so verhalten, weil die Neurosen bewältigt waren, wie der Therapeut versichert hatte.

Wenn nun doch wieder etwas schiefging, lag es nur daran, daß diese oder jene Neurose wieder aufflammte. Hauptverantwortlich dafür waren nach meiner Überzeugung die Verhältnisse. Die Umstände. Die Umwelt in erster Linie. Angela, die mich nicht verstehen wollte, Regine, die sich merklich von mir zurückzog, die Umwelt, die mir keine Chancen gab, den mir zustehenden Platz in der Welt einzunehmen.

Wenn Angela sich wirklich ändern und mir zuwenden

würde, wenn ich für mich die richtige Umgebung fand, wenn der ständige Leistungsdruck auf ein normales Maß zurückgeführt, wenn mir ein bißchen Sicherheit geboten wurde, dann könnte ich den Alkohol glatt vergessen. Die richtige Beziehung zur Liebe und zur Arbeit – auf die kam es an. Niemand konnte verlangen, daß ich das allein erbrachte. Da mußte mir meine Umwelt schon mit einigen Hilfen unter die Arme greifen.

Mit diesen Forderungen saß ich nun das sechste Jahr im Imbiß bei der Flasche. Ich mußte trinken, um vergessen zu können, daß die Welt nicht so war, wie ich sie mir vorstellte und wie sie für mich sein sollte. Dieses Vergessen betäubte mich gegen die Schmerzen der Einsicht, daß mir das Leben zwischen den Fingern zerronnen war. Je deutlicher ich das sah, desto mehr mußte ich mich betäuben. Dank hartem Training gelang es mir, obwohl oft schon am Vormittag schwer betrunken, zumindest mir den Eindruck vorzutäuschen, so schlimm sei es doch nun auch wieder nicht.

Wenn ich mich in der Frühe zur Kneipe schleppte, fühlte ich mich natürlich elend, wenn ich aber genügend eingefüllt hatte oder gar – immer seltener ereignete es sich – fast bewußtlos aus der Kneipe abzog, ins Bett oder in die nächste Kneipe, dann bewegte ich mich in forschem Schritt. Dachte ich. Was sich in meinen vier Wänden abspielte, sah keiner. Die Jalousien, Fenster und Vorhänge geschlossen, die Klingel an der Wohnungstür abgestellt, das Telefon unter Kissen begraben. Warum sollte ich mich täglich rasieren, warum jeden Morgen waschen, wo ich ohnedies viel lieber badete (und es von Tag zu Tag verschob), wozu Zähne putzen, wenn doch der Mund stets mit Alkohol desinfiziert wurde?

Die eigene Ausdünstung roch ich längst nicht mehr. Um meine guten Anzüge nicht dem Kneipengestank auszuliefern, kleidete ich mich einfach: Jeans, Pullis, Sandalen. Die Schmutzwäsche stopfte ich in Tragetüten, die sich im Bad stapelten, bis ich wieder einer großen Wäsche fähig war. Viel verschwand auch in der Mülltonne zusammen mit den vergammelten Lebensmitteln.

Und ohne mit der Wimper zu zucken, versicherte ich den Trinkkumpanen:

»Eigentlich lebe ich sehr bescheiden. Ich brauche für mich nicht viel. Der Mensch muß alles das gar nicht haben.«

Den Kumpanen ging es nicht anders. Wenn wir zu trinken hatten, war die Welt für uns in Ordnung.

In meinen vier Wänden sah mich niemand, wenn ich das Bett naß schwitzte oder hineinpinkelte, mir die Seele aus dem Leib kotzte, auf allen vieren kroch, auf dem Klo einschlief. Niemand sah mich, wenn ich mein Spiegelbild anschrie und anspuckte: Du Schwein! Du dreckiges, elendes Säuferschwein! Du verkommener Lump, und danach ausgelaugt wieder in mein Bett krabbelte und mir die Decke über die Ohren zog, zusammengekrümmt wie ein Embryo.

Nichts hören, nichts sehen, nichts sprechen.

»Warum verrecke ich nicht?« fragte ich einmal einen Notarzt. »Warum darf ich nicht verrecken? Ich tauge, scheint mir, nicht einmal zum Verrecken.«

Der Doktor wußte darauf keine Antwort.

Das Delir kam pünktlich, gute vierundzwanzig Stunden nach dem letzten Schluck. Drei Wochen hatte ich rund um die Uhr getrunken, zuvor zwei Monate »gemäßigt« – wie ich sagte, wenn es mir gelang, das Trinken vorübergehend zu unterbrechen. Die Fähigkeit, unter Aufbietung der letzten Willenskraft längere Trinkpausen einzulegen, war mir inzwischen abhanden gekommen. Wenn ich angefangen hatte zu trinken, konnte ich nur noch eine Stunde warten, in der nichts mehr in mich hineinging, und manchmal dauerte es Wochen, bis die Gier, für kurze Zeit, Ruhe gab.

Nach jenen drei Wochen wachte ich früh morgens auf. Die nächsten sieben Stunden verbrachte ich mit verzweifelten Bemühungen, noch einmal einzuschlafen, obwohl ich genau wußte, daß ich es nicht erleben würde. Ich las, ohne zu begreifen, was ich las. Ich suchte nach etwas Trinkbarem, wohl wissend, daß außer leeren Flaschen nichts im Haus war. Ich schluckte, weil ich sonst nichts fand, einige Rheumatabletten, ich ließ ein Bad einlaufen und wieder abfließen, weil ich Angst hatte, in die Wanne zu steigen. Ich legte eiskalte Wickel um die Waden, ich holte alte Zeitungen aus dem Papierkorb und las sie von vorn bis hinten, einschließlich der Anzeigen und amtlichen Bekanntmachungen.

Um 8.30 Uhr machte die Kneipe auf. Schon beim Gedanken, mich anzuziehen und die fünfhundert Meter dorthin gehen zu müssen, brach mir der kalte Schweiß aus. Wenn ich ein paar Stunden schlafen könnte, vier, fünf Stunden vielleicht – das war mir lange nicht mehr vergönnt gewesen –, aber wenn ich eine richtige Ladung Tabletten nahm, konnte es klappen.

Distraneurin wäre natürlich besser, aber ich hatte in den drei Wochen so viele Distra geschluckt, daß ich nicht wagte, meinen Arzt um ein neues Rezept zu bitten, und es würde auch unendliche Stunden dauern, ehe ich sie bekam. So lange hielt ich es nicht aus. Langsam zog ich mich an. Als ich Jeans, Pulli und Schuhe anhatte, mußte ich mich wieder hinlegen, mir wurde schwarz vor den Augen.

Ich überlegte, wer mir helfen könnte. Es fiel mir niemand ein. Ich hatte niemanden mehr, so wenig wie ich jemanden hatte, der mir eine Tasse Tee gekocht, ein Stück Brot gereicht oder eine Stunde mit mir geredet hätte. Das war schon schlimm. Aber viel schlimmer noch war, daß ich außerstande war, mir selbst zu helfen, daß ich nicht in der Lage war, mich an jemanden zu wenden. Keine Angela, kein Kuno, kein Arzt, kein Nachbar, kein Bruder, keine Schwester. Niemand.

Ich mußte schlafen, denn wenn ich nicht schlief, dann trieb mich die Unruhe bestimmt in ein paar Stunden wieder dorthin, wo ich nicht landen wollte, und das elende Spiel ging weiter.

In einer Jackentasche fand ich einen zusammengefalteten Zehnmarkschein. Ich rief den nächsten Taxistand an, unterrichtete den Fahrer, welche Tabletten er besorgen sollte, und zog mich aus. Ich strich das Bettlaken glatt und schüttelt das Kopfkissen auf, dann klingelte es auch schon. Nackt hastete ich zur Tür, öffnete sie einen Spalt breit, murmelte etwas von entsetzlichen Kopf- und Zahnschmerzen, spürte die Packung in der Hand, ließ dem Mann ein paar Mark als Trinkgeld.

Dann schluckte ich fünf der bromhaltigen Tabletten, streckte mich lang aus und wartete auf den Schlaf. Das war um neun Uhr. Um zehn Uhr nahm ich, hellwach, aber sonderbar benommen, die nächsten fünf Tabletten und versank für ein paar Minuten in eine Art Betäubung. Schrilles Klingeln riß mich hoch. Die Türe oder das Telefon? Vor der Tür stand niemand, das Telefon blieb stumm. Ich mußte geträumt haben. Es war mir in letzter Zeit öfter passiert, daß ich Klingeln hörte, öfter aber noch Stimmen. Ganz deutlich vernehmbare, mir vertraute Stimmen, die ich gut kannte. Angela oder Regine sagten mir etwas, und ich antwortete in die Stille hinein, aus der kein Echo kam.

Wie kam ich zu meinem Schlaf? Ich hatte kein Geld mehr, mir noch mal Tabletten per Taxi bringen zu lassen. In der Kneipe hätte ich Kredit – aber jetzt hatte ich

Angst, auf diese zehn Tabletten Alkohol zu schütten; das Risiko, in der Kneipe umzukippen und wieder mit Martinshorn und Blaulicht im Krankenhaus zu landen, schreckte mich.

Bis Mitternacht lag ich, schwitzend, zitternd, von Angstzuständen gebeutelt. Manchmal hatte ich das Gefühl, woanders zu sein. Ich spürte, wie ich von Minute zu Minute in etwas hineingeriet, was ich noch nie erlebt hatte.

Um zwei Uhr gab ich meinen Widerstand gegen fremde Hilfe auf. Ich bat um einen Notarzt, der unverzüglich kam. Er war ein stattlicher Mann. Merkwürdig, daß er mir einmal so groß erschien, daß er das ganze Zimmer ausfüllte, dann wieder so klein wie der Liliputaner vom Dienst in den Filmen von Ingmar Bergman. Stotternd bat ich um Distraneurin gegen schwere Entzugserscheinungen. Er zog bereits eine Spritze auf.

»Drehen Sie sich bitte um«, sagte er.

»Was geben Sie mir?« fragte ich.

»Eine Zehner Valium intramuskulär«, sagte er, »bis Sie die Intus haben, schlafen Sie schon.«

»Intramuskulär ist witzlos. Geben Sie es mir wenigstens in die Vene. Sie wissen ja, ganz langsam.«

»Sie scheinen sich ja auszukennen«, sagte der Notarzt widerwillig und stach ein.

»Ja, aber dafür kann ich mir nichts kaufen. Es wäre mir lieber, ich wüßte davon nichts.«

»Das können Sie ja ändern«, sagte der Doktor.

Ich hätte mich dafür prügeln mögen, daß ich ihn nachher doch noch um Distraneurin anbettelte, das er mir glatt abschlug, und zwar mit einer verächtlichen Miene, die mir sagte: Du haltloser, charakterloser Säufer!

Noch nie hatte ein Arzt sich mir gegenüber so benommen. Aber ich bin heute dem Mann dankbar, daß er mir kein Distra gab, mit dem ich mich wieder an dem Delir vorbeigemogelt hätte. Ich brauchte dieses Delir. Es ging los, bald nachdem der Arzt mich verlassen und die von ihm versprochene Wirkung des Valium sich nicht eingestellt hatte. Einhundertvier Stunden schlief ich nicht! In diesen vier Tagen und fünf Nächten brach aller Widerstand, den ich gegen meine Krankheit aufgebaut hatte, wie ein Kartenhaus zusammen.

Ich bin nicht fähig, zu beschreiben, was sich im einzelnen in dieser Zeit abgespielt hat, ich weiß, daß auch die genaueste Darstellung ein Teilbericht wäre. Aber für immer wird der Augenblick mir erhalten bleiben, in dem ich vergeblich versuchte, mir zu sagen, wie ich heiße. Ich hatte vergessen, wer ich bin. Ich wußte meinen Namen nicht mehr.

Dann fiel mir mein Name ein, und ich sagte ihn laut vor mich hin, hörte ihn und fand ihn fremd. Nein, so hieß ich nicht. Du bist verrückt. Jetzt bist du verrückt.

Es erschienen mir die zwölf Apostel. So, wie sie immer wieder dargestellt werden. Würdige Männer, mit ernsten, knochigen Gesichtern. Sie drängten sich um mein Bett. Sie sagten nichts, sahen mich nur an. Ich wandte mich an Paulus.

Du weißt, Paulus, sagte ich, dich mag ich. Wie Gott mit dir gesprochen hat, das ist eine Riesensache. Du kannst glauben, Paulus. Ich kann nicht glauben, ich kann es nicht. Ich bin zu gescheit dazu oder zu dumm, was weiß ich. Ich kann Gott nicht sehen, ich kann ihn nicht hören, und ich spüre ihn nicht, Paulus.

Aufrecht im Bett sitzend redete ich mit dem Apostel, der mich schweigend ansah, bis der Klang meiner Stimme die Erscheinung vertrieb. Ich fiel in einen Abgrund von Apathie, wie einer, der sein Urteil angenommen hat und auf den Henker wartet. Grinsend sagte ich: Das Spiel ist aus. Heule nicht. Verrecke, du hast es nicht besser verdient. Es ist nicht schade um dich.

Tat es mir gar nicht leid um mich? Oder wenigstens ein bißchen? Oder ein bißchen zuviel?

Es konnte doch nicht mein Ende sein, im eigenen Dreck und Gestank sterben zu müssen, so elend. Das hatte ich doch nie gewollt. Warum wurde ich für mein Versagen so erbarmungslos bestraft? Ich hatte keine Wahl mehr. Ich war eingemauert in meine Verzweiflung und in mein Elend. Ich gab es zu. Ich wußte nicht mehr, wohin, ich wußte nicht mehr weiter. Keinen Schritt. Zitternd sagte ich immer wieder, als würde ich für einen anderen sprechen: Ich bitte um Gnade für deinen Sohn Adam.

Diesen Satz konnte mein Gehirn behalten, er flatterte nicht davon, ich sagte ihn immer wieder. Ich stellte mir die Worte als Leuchtschrift vor. In Druckbuchstaben, mit meiner Hand geschrieben. Immer wieder: Bitte … Gnade … Gnade, bitte … Gnade. Ich sprach die Worte ganz langsam, leiser, lauter, ganz schnell. Ich krümmte mich und winselte: Gnade. Die Bitte machte mich bescheidener, friedlicher.

Dann sah ich Bill, den Alkoholiker, der eine Vision gehabt hatte. Wenn Gott ihm geholfen hatte, konnte er auch mir helfen. Gott hat mich nicht vergessen.

Ich sah zwei Buchstaben, die aus einem Feuerball aufstiegen, heller und heller:

AA – ganz deutlich.

A wie Anfang.

A wie Adam.

AA wie Anonyme Alkoholiker.

Ich sagte: Komm!

Ich sah Licht, alles wurde Licht.

Eine Stimme sagte: Komm!

Das ganze Zimmer war erfüllt von dem Wort *komm*.

Ich sagte: Bitte, bitte laß mich aufhören. Ich komme, sagte ich und nach einer Weile: Nun hat die Not ein Ende.

Ob es so war, wie ich hier berichte, weiß ich nicht. Mein Verstand erfaßte es nicht. Aber mein Herz hat es so aufgenommen, verspürt und bewahrt.

Schlaf überkam mich.

Am siebten Tag nach dem letzten Glas ging ich unter den letzten Zuckungen des Delirs zum Treffen der Anonymen Alkoholiker am anderen Ende der Stadt.

Einhundertvier Stunden hatte ich nicht geschlafen, nichts zu mir genommen außer Tee, Wasser, unzählige Zigaretten; einige Tassen Fleischbrühe. Zwei Paar Würstchen – die erste feste Nahrung seit Wochen – hatte ich mühsam hinuntergewürgt.

Jetzt wartete ich auf den Bus. Es war ein naßkalter Oktoberabend.

Ich war pleite und bis über beide Ohren verschuldet. Wie hoch, wußte ich nicht. Es war hoffnungslos. Es war mir egal – ich lebte.

Ich war ohne Arbeit. Ein beschäftigungsloser Gelegenheitsarbeiter. Sollte ich aufs Sozialamt gehen? Betteln wäre mir fast sympathischer. Vielleicht taugte ich nicht einmal mehr dazu. Es war mir egal. Ich lebte.

Allein war ich schon seit fast zehn Jahren. Die wenigen flüchtigen Kontakte mit anderer Menschen Haut hatten dieses Gefühl der Verlassenheit nur noch schmerzhafter gemacht. Ich war gestrandet. Es war mir egal – ich lebte.

Egal der Schweiß, der mir kalt in den Hemdkragen ließ, das Würgen und trockene Kotzen, der ständig zuckenden Unterkiefer, die Sehstörungen, das Flattern der Lider, das Zittern der Hände und die Krämpfe, das fremde Gefühl, gar nicht in Kleidern zu stecken, sondern in einer Art Verpackung, all das war dem Adam egal, an diesem Oktoberabend an der Bushaltestelle.

Die Gedanken waren nur auf die nächstliegenden Dinge zu lenken. Hatte ich Fahrgeld? Zwölf Mark mußte ich eingesteckt haben, einen Schein und eine Münze. Mit der geballten Faust in die Manteltasche geschoben. Ich schwitzte so, daß ich fürchtete, das Geld werde aufweichen. Ich hatte den Schein doch in eine Jackentasche gesteckt. Wirklich? In welche? Ich durchsuchte die fünf Taschen – leer. Kein Schein. Ich stülpte sie um. Nichts. Ich kann nicht Bus fahren. Dann fahre ich schwarz, und jetzt rauche ich eine Zigarette zur Beruhigung. Der Zehnmarkschein fand sich im Zigarettenetui in der Manteltasche.

Wenn der Bus nicht pünktlich kommt, verpasse ich den Anschluß. Dann komme ich zu spät zum Meeting der Anonymen Alkoholiker. Darf ich dann noch rein?

An der Kreuzung muß ich über einen großen Platz gehen. Ob ich das schaffe? Heute ist doch Montag. Heute habe ich zweimal gebadet. Gestern auch. Aber der Dunst aus meinem Körper ist ekelig. Die Zigarette schafft mich. An einen nassen Baum gelehnt, erbreche ich einen dicken Strahl.

Welche Nummer hat der Anschlußbus? Es beginnt zu regnen. Zu Hause steht ein kaputter Schirm.

Gestern habe ich meinen Namen nicht mehr gewußt. Den eigenen Namen einfach nicht mehr gewußt. Ohne mein Gedächtnis bin ich verloren. Es ist mein Kapital.

Ich habe eine Erscheinung gehabt: zwei große A, die immer größer wurden und immer heller. Und ich habe gesagt, ich komme. Nur das zählt. Ich hätte schon lange zu den Anonymen Alkoholikern gehen sollen. Dort gehör ich hin.

Wo ist die Kirche? Um Gottes Willen, ich weiß nicht mehr, wie die Endhaltestelle heißt. Obwohl ich jahrelang in der Nähe gewohnt habe. Beim Einsteigen in den Bus schlägt mein Schienbein gegen eine Kante. Der Fahrer sieht mich merkwürdig an. An der vierten Haltestelle muß ich aussteigen. Ob sie angesagt wird? Ich werde mitzählen. Als ich sitze, fällt mir der fehlende Fahrschein ein. Beim nächsten Halt muß ich ihn lösen. Es steigen aber viele Menschen zu, ich komme nicht zum Fahrer durch. Wie heißt die Kirche? Wenn ich kontrolliert werde, kann ich die Strafe nicht zahlen. Auch einen Ausweis habe ich nicht dabei. Lieber Gott, mach, daß ich nicht kontrolliert werde.

Ach wo, egal! Im nächsten Bus hänge ich mich in die Halteriemen, weil ich nicht sitzen kann. Langsam wird mir übel. Ich stehe die lange Fahrt nicht durch. Wenn ich zusammenklappe, komme ich vielleicht in ein Krankenhaus. In ein weißes, frischbezogenes Bett. Wie nennt man es, wenn einem die Gedanken nicht mehr gehorchen? Gedankenflucht. Das ist zwanghaft. Oder heißt es zwangshaft?

Ich will mich jetzt auf einen Gedanken konzentrieren. Wie heißt der Bürgermeister in Falladas »Bauern, Bonzen, Bomben«, dem dicken Buch, das ich während des Delirs zweimal hintereinander gelesen habe. Ich kann den Mann von Kopf bis Fuß beschreiben, wie er leibt und lebt. Aber wie heißt er? Der Name ist weg.

Der Bus hat automatische Türen, und es ist gut, daß sie während der Fahrt dicht geschlossen sind. Ich habe Angst, aus dem Bus zu fallen. Ich spüre einen entsetzlichen Drang, aus dem Bus zu springen. Wenn die Türen während der Fahrt aufgehen, springe ich raus.

Der Bürgermeister heiß Gareis. Der dicke Gareis. So heißt er. Und sein Gegenspieler ist der versoffene Redakteur Stuff. Die Kirche heißt Herz Jesu und der Fahrer ruft:

»Endstation, alles aussteigen!«

Bis zur Kirche können es nur ein paar Minuten sein. Ich könnte ja Passanten fragen, wie ich hinkomme, aber ich habe Angst. Ich habe Angst, daß jeder Mensch mir ansieht, daß ich zu einem Alkoholiker-Meeting gehe. Ich laufe los. Schnell, aber mit unregelmäßigen, stolpernden Schritten, den Mantelkragen hochgeschlagen, den Kopf gesenkt. Eine Wohngegend. Die Leute sind beim Abendessen. Herz Jesu, ist das richtig? Ich muß die Kirche finden, trotz der schlechten Straßenbeleuchtung. Eine Kirche ist nicht zu übersehen.

Schließlich merke ich, daß ich mich verlaufen haben muß. Ich bin in einem anderen Stadtteil. Ich finde auch nicht zurück, denn ich bin ein paar Mal um Ecken gebogen. Es regnet stärker. Das elende Herzklopfen. Hier darf ich nicht umkippen. Ich habe noch immer zwölf Mark. Dafür könnte ich mir ein Taxi leisten, wenn eines käme. Das Meeting hat sicher längst begonnen. Was sage ich, wenn ich hineinkomme? Ich lehne mich gegen einen Zaun. Es hat alles keinen Wert. Es hat keinen Sinn. Gib's auf!

Ein Passant sieht mich mißtrauisch an. Ich stolpere weiter, und mit einemmal packt mich die Wut. Was bist du für ein Held, frage ich mich. Du hast in deinem Leben bei Nacht und Nebel jede Kneipe gefunden, die irgendwo noch offen war, und das in fremden Ländern und Städten und ohne Ahnung von der Landessprache. Wenn du noch einen Schuß Pulver wert bist, findest du das Meeting.

Genau das war die Sprache für diesen Augenblick, ich verstand mich. Im Weitergehen war ich um eine Ecke gebogen, und da lag groß und massig die Kirche, und im Parterre blinkte ein winziges Licht. Aber wo war das Gemeindehaus? Ich ging auf das Licht zu und klingelte an einer Tür, auf der »Pfarrschwester« stand. Stotternd brachte ich meine Frage heraus und wagte dabei die Frau nicht anzusehen.

Sie sagte: »Genau dort drüben ist das Meeting. Sie brauchen sich nur umzudrehen.«

Im Vorraum tobte ein Irrer, ein echter Irrer. Ein abgerissener, verlumpter, schmutzstarrender Stadtstreicher mit zwei riesigen Einkaufstüten, taumelte er von einer Seite zur anderen, brummte Verwünschungen vor sich hin, machte aber ersichtlich alle Anstrengungen, die Tür zu erreichen, auf der ein Schild hing: AA-Meeting. Hier war ich richtig.

Ich trödelte beim Ausziehen des Mantels, um dem Irren den Vortritt zu lassen, vor dem ich mich fürchtete. Er landete mit der Tür im Zimmer. Ich ging ihm nach und setzte mich auf den nächsten freien Stuhl. Etwas zwanzig Menschen saßen im Raum, es hatte kaum einer aufgeblickt, als der Irre und ich hereingekommen waren. Ich hörte eine ruhige Stimme sagen:

»Wir haben zugegeben, daß wir dem Alkohol gegenüber machtlos sind und unser Leben nicht mehr meistern können.«

Ich bin da, dachte ich. Ich spürte die Ruhe, die Gelassenheit und noch etwas, für das ich bis heute keinen Namen weiß. Ich sagte zu mir: Gott sei Dank! Dank wofür? Vielleicht, weil er mir geholfen hatte, Wort zu halten, hierherzukommen.

Ich, Adam, Alkoholiker

Eine Frau sagt:

»Früher habe ich immer meine Vergangenheit bejammert und mich vor der Zukunft versteckt. Mit der Flasche im Bett. Jetzt versuche ich, im Heute zu leben. Bei den großen Sprüngen bin ich immer gestürzt. Jetzt versuche ich Schritt für Schritt zu gehen. Was der Tag bringt, versuche ich so gut zu schaffen, wie ich es kann. Viel verstehe ich vom AA-Programm noch nicht. Aber das Wichtigste habe ich begriffen: Mädchen, meide den ersten Schluck. Ich sage nicht, das erste Glas, denn ich habe richtig aus der Flasche getrunken. Meistens hat eine Flasche nicht gereicht. Ich kann noch nicht viel reden. Lieber höre ich zu. Das hilft mir in meinem jetzigen Zustand am meisten.«

Hierzusein, im Meeting der Anonymen Alkoholiker, ist gut für mich. Hierzusitzen ist gut. Zuhören ist gut. Der Penner mit den Plastiktüten war wohl schon öfter hier. Er hat sich schwer in einen Stuhl fallen lassen und brummt undeutlich vor sich hin. Niemand scheint das zu stören. Plötzlich steht er schwankend auf, rollt die Augen, wirft die Arme hoch und schreit:

»Ich bring' mich um! Ich sauf' mich tot.«

Was geschieht jetzt? Die anderen müssen doch etwas unternehmen, ihn besänftigen, auf ihn einreden oder ihm in anderer Weise helfen, denke ich.

Es geschieht nichts, manche sehen zu ihm hin, die meisten blicken ruhig geradeaus. Der Betrunkene holt tief und rasselnd Atem, spricht dann weiter. Wirres, verdrehtes, verrücktes Zeug. Wieviel Flaschen er täglich saufe, wie er in den Pennerheimen schläft, wie er sich Geld zum Trinken besorgt und immer wieder der Refrain:

»Ich bring' mich um, ich sauf' mich tot!«

Niemand unterbricht ihn. Es lacht keiner, niemand empört sich oder weist ihn zurecht. Mir war es immer unheimlich geworden, wenn Selbstmordgedanken in mir hochkamen. Nie hatte ich mich einem Dritten offen anvertrauen und mich aussprechen können, obwohl manchmal Gelegenheit dazu bestanden hatte. Aber einfach jemandem zu sagen, daß ich mich umbringen wollte – unmöglich. Ich hatte es andeutungsweise versucht, im Gespräch mit Menschen, die allgemein als Experten dafür gelten. Litten sie an Hörstörungen? Oder ich an Sprachstörungen, daß ich nicht verstanden worden war?

Der Penner hatte mit seinen Worten in meinem Inneren die Schleuse hochgezogen. Plötzlich war er nicht mehr ein schmutzstarrender, nach Schnaps stinkender Abfalleimer. Irgendwo war er ich!

Ich zitterte am ganzen Körper. Wie kann ein Mensch so rabiat gegen sich selbst wüten? Wie bringen die anderen es fertig, ihn so ruhig zu ertragen? Vielleicht kommt der Penner nur, weil er weiß, daß man ihm zuhört. Solange ihm zugehört wird, bringt er sich nicht um.

Nach ihm sprach eine junge Frau, fast ein Mädchen noch. Mit zwölf Jahren fing sie beim Kochwein ihrer Mutter mit dem heimlichen Trinken an. Aus dem Medikamentenschrank der Eltern versorgte sie sich zusätzlich mit Beruhigungsmitteln. Daß sie fleißig stiebitzte, merkten die Eltern nicht, die selbst ständig chemische Seelentröster brauchten und für Vorrat sorgten.

»Das Glas lasse ich stehen«, sagte die junge Frau. »Mit den Tabletten habe ich noch immer Schwierigkeiten. Der Arzt sagt, zur Überbrückung könne ich sie unbedenklich nehmen.«

Ruhig sitzen konnte der Penner anscheinend nicht. Er begann zu rumoren.

Sein Nebenmann, ein kräftiger, robuster Typ streicht ihm zwei-, dreimal mit der Hand über die Schultern und spricht leise auf ihn ein. Daraufhin steht der Penner auf, packt seine Tragetüten und versucht zum Ausgang zu kommen, schafft es aber nicht. Der Nebenmann hakt sich behutsam bei ihm unter. An der Tür dreht sich der Betrunkene noch einmal um und schreit in den Saal:

»Aber zu Tode sauf' ich mich doch!«

»Du kannst ja wiederkommen, wenn du möchtest«, sagt freundlich der Chairman, der das Meeting leitet.

Von mir fällt die Spannung ab, als der Betrunkene gegangen ist. Bald werde ich das Wort bekommen. Was sage ich? Der Gedanke, reden zu müssen, versetzt mich erneut in Panik. Zum Glück wird nun eine lange, lange Geschichte erzählt, in der von fürchterlichen Dingen die Rede ist. Von Strömen von Alkohol, von Schlägereien, von Diebstählen, vom Knast, von Irrenhäusern, von Wochen und Monaten und Jahren, die der Sprecher oft unter psychisch gestörten Gewaltverbrechern und Schwachsinnigen hinter vergitterten Fenstern in geschlossenen Anstalten zugebracht hat. Einmal ist er dort am Vormittag entlassen und am späten Nachmittag wieder sinnlos betrunken neu aufgenommen worden.

»Die haben nicht einmal mein Bett frisch beziehen müssen«, berichtete er schmunzelnd.

Das war also einer von den Unheilbaren, über die ich so viel gelesen hatte, einer der therapieresistenten, hoffnungslosen, depravierten Fälle. Aber dieser einstige

Trunkenbold, Schläger und Dieb war sorgfältig gekleidet und gepflegt, er sprach in ruhigem und angemessenen Ton und er lächelte manchmal.

Es war Abstand in diesem Lächeln, Abstand zu dem kaputten, verrückten, in tausend Scherben zerfallenen Leben, das er ehrlich, unverblümt, ohne Anklage gegen irgend jemand und ohne Bedauern mit sich selbst schonungslos vor uns ausbreitete. Ich beneidete ihn. Ob ich jemals so über mich berichten werde wie er? Ich konnte es mir im Augenblick noch nicht völlig zugeben, daß ich dem Alkohol gegenüber machtlos bin und mein Leben nicht mehr meistern konnte, viel weniger noch, daß ich dem Alkohol gegenüber immer machtlos gewesen war und mein Leben noch niemals gemeistert hatte. Es war so, daß wußte ich, ich machte mir nicht mehr vor, daß es anders sein könnte. Aber das zugeben, war so ungeheuerlich, daß es weit über meine Kraft ging.

Als letzter bekam ich das Wort. Ich sagte meinen Namen.

Ich sagte: »Ich bin Alkoholiker«, und dann brachte ich stotternd einige wenige Worte heraus.

Der Penner vorher hatte viel flüssiger gesprochen.

Ich hatte mich die ganze Zeit gefragt, ob ich sagen müßte, daß ich kein Neuer war, weil ich die Anonymen Alkoholiker schon vor Jahren kennengelernt hatte. Vor über zwei Jahren war ich zum ersten Mal Anonymen Alkoholiker begegnet. Es sah wie ein Zufall aus, obwohl es keiner war. Ich hatte in Presse und Rundfunk von der Existenz der Anonymen Alkoholiker erfahren, und ich hatte das Buch von Joseph Kessel über die AA schon vor langer Zeit bei meinem Freund Alf gelesen und nachher selbst gekauft.

Es hatte mich so gepackt und innerlich aufgewühlt, daß ich es in meinen langen Bücherborden dort versteckt hatte, wo ich es bestimmt so rasch nicht wiederfinden würde. Ich hatte die Geschichte von Bill gelesen und von seiner Begegnung mit Bob. Wie ich es fertigbrachte, das alles jahrelang immer wieder zu verdrängen, kann ich nicht erklären.

Unter einem beruflichen Vorwand nahm ich mit Peter Fühlung auf. Ev, seine Frau, eine Alkoholikerin und ein dritter Alkoholiker erzählten mir ihre Geschichte. Mit Fragen, wie sie nur ein Alkoholiker stellen konnte, sagte ich diesen drei nüchternen Alkoholikern, so deutlich es nur ging, daß ich selbst ein Betroffener war, obwohl ich versuchte, den sachlich unbeteiligten Neugierigen zu spielen. Aber sie überließen es mir, selbst herauszufinden, ob die AA etwas für mich sei und ich den Wunsch hätte, mich ihr anzuschließen. Am nächsten Morgen schrieb ich Peter einen Brief:

»Ich gehöre zu euch, ich bin ein Alkoholiker.«

Die unmittelbare Wirkung des Abends mit diesen drei AA erlebte ich am eigenen Leib in aller Deutlichkeit. Das Verlangen nach Alkohol, der mir schon körperlich ein Bedürfnis geworden war, war plötzlich weg. Ich schrieb in mein Tagebuch die Mahnung:

»Geh nicht mehr in den Imbiß!«

Eine gewisse Zeit nahm ich noch Distraneurin, an die ich als Schlafmittel gewöhnt war, dann konnte ich es absetzen und hielt es genau drei Wochen ohne Alkohol und Medikamente aus. Es folgte ein mehrtägiger Rückfall und dann eine Fünftagepause ohne Alkohol und Medikamente.

Wenn mich der Alkohol nicht gefangen hielt, arbeitete ich wie ein Getriebener, vierzehn, sechzehn, achtzehn Stunden täglich, als müßte ich alle Versäumnisse meines Lebens in einem einzigen Gewaltakt wieder gutmachen. Fünf trockene Tage hatte ich hinter mir, als ich Schlag

Mitternacht ein kleines Lokal betrat mit dem festen Vorsatz, meinen eben begonnen Geburtstag mit einer Tasse Kaffee zu begießen. Und mit diesem Vorsatz begannen dreiundsechzig Tage toller Betrunkenheit.

Es waren genau drei Monate seit meinem Gespräch mit Peter und meiner Ankündigung, sofort mich bei den AA einzufinden, vergangen, als ich mich nach zwei alkoholfreien Tagen endlich aufraffen konnte, das erste Meeting der AA anzusteuern. Wieder stand ich unter Distraneurin. Ich hatte mir unmittelbar vor dem Meeting vier Fünfundzwanziger-Packungen besorgt. Mir war so übel, daß ich mich am Tisch festhalten mußte. Mein Magen rebellierte, in meinem Kopf tobte ein Schwarm Hornissen. Ich konnte niemandem in die Augen sehen, ich hatte offenbar Sehstörungen, manchmal verschwammen die Gesichter der Gegenübersitzenden.

Eine Frau war mir stark in Erinnerung geblieben, als sie gesagt hatte, sie habe nach dem ersten Meeting noch sechs Monate weitertrinken müssen. Müssen? Das verstand ich nicht. Und gleich sechs Monate? In der Erleichterung, mit der ich das Meeting verließ, erschien es mir unfaßbar, daß man nach einem solchen Erlebnis auch nur einen einzigen Tropfen Alkohol anrühren mochte. Das wollte ich beweisen. Ich beschloß, sechs Monate nichts zu trinken. Dann wollte ich vor die Gruppe hintreten und sagen: Seht mich an! Ich habe es geschafft, sechs Monate ohne Alkohol und ohne Meeting auszukommen. Ich verließ mich immer noch darauf, daß ich Jahre zuvor ohne AA ja schon über ein Jahr ohne Alkohol zurückgelegt hatte.

Tatsächlich trank ich sechsundvierzig Tage nichts. Meine körperlichen Beschwerden legten sich, der Appetit kam wieder, die Arbeit flog mir direkt von der Hand. In dieser Zeit ging ich noch dreimal ins Meeting, wo ich weniger zuhörte als redete. Nach langer Pause schlief ich wieder einmal mit einer Frau. Gefühlloser Sex. Nachher war ich wie betrunken.

Am sechsundvierzigsten trockenen Tag schrieb ich Worte der Zuversicht in mein Tagebuch und bestätigte mir selbst, alles getan zu haben, um vorwärtszukommen.

Am gleichen Tag noch begann ich ohne jeden besonderen Anlaß, wieder zum Glas zu greifen, einfach deshalb, weil es da stand und ich es nicht stehen ließ. Vierzig Tage und Nächte ging es nun dahin, Alkohol und Tabletten, Tabletten und Alkohol. Anschließend konnte ich wenigstens zwanzig Tage ohne Alkohol leben und sogar eine Woche davon ohne Alkohol und Tabletten. Um neuerdings wieder für zwanzig Tage abzustürzen. Abrupt und ohne Übergang brachte ich es dann fertig, den nassen Sprit und den trockenen genau zwanzig Tage zu lassen, bis einen Tag vor Weihnachten. An diesem Tag notierte ich in meinem Tagebuch, ein Buch habe mich in eine unlösbare Spannung hineingesteigert. Ich fand eine kleine Flasche spanischen Cognacs, der lange unbeachtet herumgestanden war. Er verschaffte mir sechs Stunden Schlaf.

»Erwachen ohne Reue«, heißt es anschließend im Tagebuch und weiter: »Nach einem kräftigen Frühstück an die Arbeit gegangen.«

Die nächste Zeile lautet: »Spaziergang. Komme am Imbiß nicht vorbei: 10 Bier, 1 Flasche Wein und Cognac.«

Betrunken überstand ich die Feiertage, betrunken erreichte ich das nächste Jahr, betrunken ging ich ins übernächste. Insgesamt habe ich vom Tag meines ersten Meetings an bis zu dem Meeting nach meinem Delir niemals mehr als sieben Tage hintereinander ohne Alkohol und Tabletten aushalten können, und von den siebenhundertdreißig Tagen dieser beiden Jahre fehlt mir die Hälfte. Ich weiß nichts von diesen verlorenen Tagen, als daß ich sie betrunken oder krank im Bett verbracht habe.

Wieder ein verlorener Tag, sagte ich, wenn ich aus der Betäubung von Alkohol oder Medikamenten wieder zu mir kam. Ich ging nicht mehr in die Kneipe, ich schleppte mich hin. Oft hielt ich mich unterwegs wie ein alter Mann an Gartenzäunen fest, weil ich fürchtete, zusammenzubrechen.

Bei jedem Glas sagte ich, das müsse das letzte sein. Niemals schaffte ich den Vorsatz. Manchmal stand ich nach einigen Glas auf und ging, obwohl noch ein volles Glas vor mir stand.

Ich will nicht mehr, sagte ich, taumelte nach Hause, machte die Wohnung dicht, legte mich nieder und versuchte zu schlafen oder zu lesen, um mich etwas zu beruhigen. Nach einer Stunde, manchmal aber auch schon nach wenigen Minuten kroch ich wieder aus dem Bett, zog mich an und trabte zurück zur Kneipe. Dreimal, viermal am Tag. Das Aussteigen, das allmähliche Aufhören dauerte jetzt meistens eine Woche, in der ich mich so lange betrinken mußte, bis der Körper sich endlich weigerte, auch nur noch einen Tropfen anzunehmen.

Aber nichts in der Welt brachte mich von meinem Glauben ab, daß ich nicht untergehen würde. Niemals! Ich hatte mir den Spruch im Wappen der Stadt Paris als Parole zugelegt. Das Wappen zeigt ein von den Wellen hochgetragenes Schiff, und darüber steht: fluctuat, nec mergitur – es wird von den Wogen gepeitscht, aber es geht nicht unter.

Zu meinem Hausarzt, der nicht mehr tun konnte, als mich mit Medikamenten über Wasser zu halten – womit allerdings auch vereitelt wurde, daß ich aus dem Wasser herauskam –, sagte ich dann und wann:

»Sie werden es sehen. Einmal hört es auf. Ich weiß nicht, wann und ich weiß nicht, wie, aber ich weiß, daß!«

An die Anonymen Alkoholiker dachte ich mit den

Gefühlen des verlorenen Sohnes, der sich nicht nach Hause traut. Ich war nun einmal der Gemeinschaft ferngeblieben. Je hartnäckiger ich sie mied, desto verbissener lehnte ich das wenige ab, das ich dort aufgenommen hatte. Was ich voller Überzeugung gesagt hatte: »Ich bin Alkoholiker«, erschien mir plötzlich als eine hysterische Übertreibung. Einige wenige trockene Tage und ich begann schon wieder mit der Spekulation, ob ich nicht eben ein Neurotiker sei, ein bißchen labil, ein bißchen haltlos und letzten Endes doch nur mit dem Problem behaftet, mit meiner Zeit und meinem Geld nicht umgehen zu können.

Es hat mich wie ein Schock getroffen, zu hören, daß ich alkoholkrank sein sollte. Ein chronisch Kranker, im landläufigen Sinn unheilbar, weil die chronisch fortschreitende Krankheit Alkoholismus nur zum Stillstand gebracht werden könne, aber nicht geheilt.

Als ich aus diesem Schock wieder zu mir kam, rebellierte alles in mir gegen diese Tatsache, die mir wie ein Todesurteil erschien. Ich weigerte mich, sie zur Kenntnis zu nehmen. Ich sagte mir, das ist doch die pure Angstmacherei. Wie die Kirche mit der Hölle und der ewigen Verdammnis droht, so operieren die Anonymen Alkoholiker mit der Unheilbarkeit. Vielleicht veranstalten sie diese Angstmacherei nur, um die Leute bei der Stange zu halten, damit sie wiederkommen. Denn das war mir klar, wenn ich die Krankheit aufhalten wollte, mußte ich künftig mit der Hilfe anderer Kranker etwas für mich tun. Ich für mich!

Das paßte mir nicht. Vielleicht, sagte ich mir, ist das alles wissenschaftlich gar nicht so gesichert, wie die Leutchen felsenfest behaupten. Wahrscheinlich stützen sie sich auf Beobachtungen an besonders schwer Betroffenen. Möglicherweise war ich gar nicht »krank«, sondern nur schwer gefährdet, wenn ich unter ungünstigen Begleitumständen im Alkohol Trost suchte. Ich mußte mich eben hüten, zuviel zu trinken.

Nach drei Meetings, in denen ich mich aufführte, als wisse ich schon alles, war ich beinahe sicher, daß mich von den anderen Alkoholikern mehr trennte, als ich mit ihnen gemeinsam hatte. Sie brauchten sicher die Gemeinschaft viel mehr als ich. Ich kam mir überlegen vor. Wenige – so meinte ich – hätten meine Erfahrungen mit dem Alkohol zu Lande, zu Wasser und in der Luft und in jeder Lebenslage. Wer konnte auf so viele Trinkerjahre zurückblicken? Wer hatte soviel vertrunken wie ich: die Ehen, die Freundschaften, die Jobs und ein Vermögen oder auch zwei.

Nun saß ich aber doch wieder im Meeting. Ein paar Nummern kleiner. Der Alkohol hatte mich wieder hierhergebracht. Er war stärker als alle meine Theorien. Er hatte meine Alibis weggespült, er hatte mir die letzten Möglichkeiten des Selbstbetrugs genommen, er hatte mich so zugerichtet, daß ich nicht einmal wagte, heute das Ausmaß der Zerstörung anzusehen. Als einer sagte:

»Niemand ist zu dumm, das AA-Programm zu begreifen, aber mancher ist zu gescheit dazu«, fühlte ich mich dankbar betroffen.

»Gott sei Dank«, sagte ich am Schluß des Meetings, und das nicht nur, weil ich meinen schmerzenden Hintern vom Stuhl erheben durfte.

Zwei aus der Gruppe mußten mich erkannt haben. Während des Meetings hatten sie mir mit einem Blick und einem Lächeln zugewinkt. Das konnte heißen: Schön, daß du da bist. Ich empfand es so. Wenn sie nur sagen wollten: Na also, war es mir aber auch recht.

Nachher kamen sie auf mich zu. Natürlich sahen sie mir an der schwitzigen Stirn, den flackernden Augen und den zuckenden Gesichtsnerven meinen Zustand an. Ich stotterte etwas über »Fernbleiben aus eigener Schuld« oder ähnliches in Richtung schlechtes Gewissen. Es wurde überhört. Keine Chance, mich über die Hintertür der Selbstanklage und Selbstgerechtigkeit davonzustehlen.

»Wie geht's?« fragte der eine.

»Jetzt besser«, sagte ich.

»Das kenn' ich von mir« meinte der andere, »komm wieder, wenn du magst.«

Das Meeting war so aufregend gewesen, daß ich auf meine Beschwerden gar nicht mehr achten konnte. Der Klopfspecht in meinem Kopf stellte seine Tätigkeit ein und hörte zu. Ich wurde ruhig. Ich machte die Ohren auf, daß mir kein Wort entging.

Alle Berichte hatten mit den Worten begonnen: »Ich bin Alkoholiker.«

Bei manchen klang es fast wie ein Bekenntnis, bei den meisten war es einfach eine Feststellung. So wie die Feststellung: Ich atme, ich lebe, ich bin. Sie verstellen sich nicht, sie versuchten nicht besser zu sein, als sie sich empfanden, sie versteckten sich nicht hinter anspruchsvollen Ursachen.

»Ich habe getrunken«, sagten sie. »Ich habe gelogen und gestohlen, ich habe meine Ehe kaputtgemacht und meine Kinder vernachlässigt, um trinken zu können. Ich habe immer wieder versucht aufzuhören, mit Hilfe von Ärzten, von Kuren, von Medikamenten. Ich bin dem Meeting ferngeblieben, weil ich gemeint habe, so schlimm ist es bei mir nicht.«

Das sagten sie und vieles andere, das genau damit übereinstimmte, was ich erlebt und getan hatte. Die Ursachen? Keinen schien diese Frage zu interessieren. Weder Gott, noch der Teufel, noch eine versagte Mutterbrust, ein zu strenger Vater oder ein sturer Lehrer, nicht die Bundeswehr, der Arbeitsplatz, die Ehe, die Atombombe oder die Politiker oder Gesellschaft als Ganzes oder in Teilen mußten für das eigene Trinken herhalten.

Sie sagten: Ich bin krank, an Körper, Seele und Geist.

So hatte ich es noch nie hören können, sehen wollen, annehmen wollen.

Jetzt durfte ich es mir zu Herzen nehmen und mich entscheiden. Keiner hatte mich zum Alkoholiker erklärt. Dafür konnte ich allein die Verantwortung übernehmen.

Der Weg zu meinem Bus, für den ich vorher fast eine Stunde gebraucht hatte, dauerte jetzt nur einige Minuten. Ich konnte es fast nicht erwarten, nach Hause zu kommen. Ich wollte das Gehörte sofort aufschreiben, um möglichst nichts von diesem Meeting aus der Erinnerung zu verlieren. Leider brachte ich nur ein paar Stichworte zusammen, meine Finger gehorchten noch nicht.

Zum Schlafen war es noch zu früh, falls ich überhaupt nach diesem Abend so mir nichts dir nichts einschlafen konnte. Sie hatten mir ein Faltkärtchen mitgegeben, nicht viel größer als ein ausgewachsener Handteller, mit dem Programm der AA, den zwölf Schritten und den zwölf Traditionen. Das wollte ich im Bett nun gründlich durchlesen. Ich kam aber über die Zeilen des ersten Schrittes nicht hinaus. Er lautete:

»Wir gaben zu, daß wir dem Alkohol gegenüber machtlos sind und unser Leben nicht mehr meistern konnten.«

Ich gestehe, daß mir die letzten sieben Worte jetzt mehr zu schaffen machten als die ersten neun. Dem Alkohol gegenüber machtlos – daran war nicht zu rütteln. Aber dem Leben hatte ich doch, Suff hin, Suff her, ganz schön die Zähne gezeigt und mich durchgeschlagen.

Du bist tatsächlich ein unverbesserlicher Narr, sagte ich mir, daß du noch immer von Durchschlagen faseln kannst. Du hast dich durch Jahrzehnte durchgesoffen, und wenn nicht mehr Unheil geschehen ist, dann nur deshalb, weil ein Rest von Selbsterhaltungstrieb dann und wann Pausen erzwungen hat. Diese Pausen sind deine sogenannten guten Zeiten. Und wie sieht es unter dem Strich aus? Ende schlecht – alles schlecht.

Ich wollte noch ein bißchen mit mir selbst verhandeln, indem ich sagte: Aber wenn ich nicht trank, war ich gar nicht so übel. Der »Kerl wie Samt und Seide« mag seine Fehler haben, aber ...

»Ein Prachtstück! Aber man darf ihn nicht einen Tag allein lassen mit Wein, Weib und Gesang. Passen Sie gut auf ihn auf!«

Mit dieser zweideutigen Empfehlung hatte mich mein Förderer und Gönner, Herr W., meiner späteren Frau Erna in die Arme gelegt. Das hieß doch im Klartext: Er kann sein Leben nicht meistern, helfen Sie ihm!

»Mit dir schaffe ich es. Mit dir wird alles gut«, redete ich Angela ein, als ich sie einige Jahre nach der Scheidung von Erna heiratete. Damit hatte ich eingestanden, daß ich mein Leben nicht meistern konnte. Jeder ist auf seine Mitmenschen angewiesen, genau wie ich. Aber mir war es nicht beschieden, mit einem anderen Menschen gemeinsam mein Leben zu meistern, weil keiner dieser Menschen mir helfen konnte, das Glas stehen zu lassen.

Bisher hatte ich es mir anders erklärt und gesagt: Ich bin nun einmal problematisch und kompliziert. Das gebe ich zu. Wer sich mit mir einläßt, kennt dieses Risiko. So täuschte ich die Menschen, die sich mit mir, dem unberechenbaren Alkoholiker, wohlmeinend einließen. Wenn sie verbittert, traurig oder enttäuscht von mir gingen, fluchte ich höchstens noch hinter ihnen her.

Wie hatte ich es nur fertiggebracht, so viele Menschen zu täuschen, obwohl ich es mir niemals vorgenommen hatte? Wenn ich geschauspielert hatte, war es mir immer bewußt gewesen, und ich hatte höchstens in den Pausen zwischen den einzelnen Akten bewußt geschauspielert. Sonst war es mir immer ernst gewesen. Denn ich hatte mir immer geglaubt. Ich glaubte mir, dem mutigen und tapferen Odysseus, und wenn ich mich heute für einen geborenen Casanova hielt, glaubte ich mir das genauso wie morgen den noch unentdeckten idealen Ehemann.

Geregelte Arbeit im Team war heute das einzig brauchbare Rezept, morgen war es die freie Tätigkeit in eigener Verantwortung. Am besten bekommt mir die Ruhe, sagte ich am Vormittag. Die Unruhe sei mein Lebenselement, behauptete ich am Abend.

In den letzten Wochen vor meinem Tiefpunkt waren mir auf einige gute Ideen hin, die ich mit aller Überzeugungskraft ausbreitete, zwei schöne Aufträge erteilt worden. Es war eine letzte, wunderbare Chance, aus der materiellen Misere herauszukommen, denn die Aufträge garantierten ein sicheres Jahreseinkommen. Daraufhin war ich in den Imbiß gezogen – eine Flasche Sekt zur Feier dieses Ereignisses wird doch wohl erlaubt sein – und hatte die Chance vertrunken.

Ich hatte keine Mühe, mir einzureden, daß ich mich auch mit einem einfachen Leben zufriedengeben würde. Ein altes Bauernhäuschen in der Provence oder in der Toskana, eine verständige Frau neben mir und ein passender Auftrag – wollte ich mehr?

Gelegentlich schwebte mir ein Kiosk mit Tabakwaren, Getränken und Zeitschriften vor. Da hatte ich zu trinken, zu rauchen und zu lesen, sonst brauchte ich ja nicht viel. Mit einer richtigen Partnerin würde ich das Geschäft schon in Schwung halten. Und wenn ich die Vorteile des billigeren Einkaufes ausnutzen wollte, konnte ich ja auch gleich zwei oder drei Kioske betreiben.

Ich war auch bereit, den Butler zu machen. Heutzutage beschäftigen wohl überwiegend Parvenüs einen Butler. Als Mann von Lebensart könnte ich ihrem Haus den richtigen Touch geben. Vielleicht war ein Pförtnerposten gar nicht übel. Schon im Hinblick auf die Altersvorsorge über die Sozialversicherung. Ein Kabuff mit Telefon, Radio, Tischfernseher und die Aussicht auf ein ständiges Kommen und Gehen, das sich vor mir abspielen würde, denn am Pförtner muß jeder vorbei, erschienen mir so begehrenswert, daß ich mich tatsächlich um einen solchen Posten beworben hatte. Als ich die Absage bekam, tröstete ich mich, es wäre wohl doch zuviel Selbstverleugnung von mir verlangt worden in einer Pförtnerloge.

War ich nicht jederzeit gut für einen Chefposten? Mein fortgeschrittenes Alter konnte kein Hindernis sein, die Jahre hatten mir schließlich viele Erfahrungen eingetragen.

Und hätte man mich gefragt: Was haben Sie zuletzt gemacht, dann konnte ich sagen: Ich war Boß im Imbiß. Dauerstellung. Ich hatte diesen Job sechs Jahre!

Wenn es einen Narren gibt auf dieser Welt gibt, dann bist du es, sagte ich mir. Aber bilde dir um Gottes willen nicht ein, der Oberste aller Narren zu sein. Ich schminkte mir die Maske ab. Ich ließ den »Kerl wie Samt und Seide« sterben.

Ich bin ein Alkoholiker. Krank an Körper, Seele und Geist, sagte ich mir, und darüber schlief ich zufrieden ein.

Nur für heute

Der Rückfall kam nach hundertneunzig Tagen.

Für mich unfaßbar und unerklärlich. Was hatte ich falsch gemacht? Das Wichtigste ist, den ersten Schluck stehenlassen, hörte ich im Meeting. Als ich nach Hause fuhr, fragte ich mich: Wenn du jetzt ein Glas risikolos trinken könntest, würdest du es trinken? Nein.

Ich erklärte meine Standfestigkeit damit, daß ich für den heutigen Tag bedingungslos kaptituliert hatte. Heute war es mein Wunsch, nicht zu trinken, morgen konnte ich es mir anders überlegen. Heute wollte ich zu meinem Wort stehen, mir selber treu sein.

Vor vielen Jahren hatte ein kluger Freund gemeint, man dürfe mich nicht einen Tag allein lassen. Wie recht er hatte!

Nichts hatte ich mit meinen Vorsätzen erreicht, sobald sie über einen Tag hinausgingen – aber Vorsätze für einen Tag zu fassen, ich bitte Sie, war das meiner würdig, so wie ich mich sah und einschätzte? Mit einem Tag gab ich mich doch nicht ab.

Ich stand auf einem Trümmerhaufen: kaputte Gefühle, kaputte Gedanken, kaputte Pläne, gescheiterte Vorsätze, zerstörte Beziehungen, vom Materiellen ganz zu schweigen, von den Schulden, vom verspielten Kredit und dem versoffenen beruflichen Ansehen.

Im Augenblick konnte ich daran nicht viel ändern, aber

wenn ich das Glas stehen ließ, hatte ich an jedem nüchternen Tag für diese vierundzwanzig Stunden eine Chance. Das hatte ich begriffen. Wollte ich es auch annehmen, mit dem Herzen begreifen, danach leben? Ja, ich wollte es versuchen.

Ich sah, daß meine Kraft, ohne Alkohol zu leben, begrenzt war. Solange ich mit den letzten Reserven das Delir auszitterte, hatte ich wirklich nur den einzigen Gedanken: überleben. Als Schiffbrüchiger, kurz vor dem Ertrinken, war ich von einem Rettungsboot aufgenommen worden. Also war das Wichtigste: an Bord bleiben, und das hieß: Geh' ins Meeting, sooft du kannst, sooft du das Bedürfnis hast, freiwillig.

Im Meeting drückte mich der Trümmerhaufen nicht. Für zwei Stunden hatte ich Ruhe vor den Ängsten und Sorgen. Im Meeting konnten sie mir nichts anhaben. Im Meeting konnte mir nichts passieren. Im Meeting konnte ich nichts falsch machen.

Es ging mir wie beim Erlernen einer Fremdsprache. Zunächst verstand ich nur einzelne Worte und einfache Sätze. Damit konnte ich mich aber durchschlagen. Das Vertrauen in die Gemeinschaft stützte sich nicht auf Erwartungen, denn ich hatte keine mehr. Ich gab für mich keinen Groschen mehr, und die Gemeinschaft hatte mich aufgenommen ohne Fragen, ohne Bedingungen, ohne Gebote, ohne Mißtrauen. So lernte ich Vertrauen. Vertrauen, daß ich nicht ersaufen mußte.

Am Tag werkelte ich vor mich hin. Die mich Zeit meines Lebens immer mehr bedrückende Frage, wie es weitergehen, was kommen, wie es ausgehen werde, hatte mich zuletzt völlig gelähmt. Es fiel mir schwer, diese Frage im Alltag und in meiner Lage zu stellen und meine materielle Situation realistisch zu beurteilen.

Zeitlebens stand die Sorge um Geld für mich an vorderster Stelle, schon im Elternhaus, lange bevor ich den ersten Tropfen trank. Ich lehnte mich schon als Kind gegen die Sorge um Geld auf, aus einer dunklen Ahnung heraus, die ich niemals in Worte fassen konnte. Ich wußte nur – und das ziemlich bald –, daß Geld mich nicht glücklich machen kann.

Es hatte mich nie viel Mühe gekostet, so viel zu verdienen, wie für ein zufriedenes Leben nötig gewesen war. Meistens verdiente ich mehr. Es kam die Zeit, in der ich vorwiegend für den Alkohol arbeitete, zuletzt kam ich überhaupt nur noch über den Alkohol zu Geld.

Daß ich mich bis zuletzt verbissen an meine Wohnung klammerte, geschah nur aus Furcht, rasch unterzugehen, wenn ich meine Höhle – wie ich die Wohnung nannte – nicht mehr hätte. Solange ich trank, fragte ich mich niemals ernsthaft, woher die nächste Miete kommen sollte. So rasch konnte ich wegen Mietschulden ja nicht 'rausfliegen wie aus der Kneipe wegen Zechschulden.

Bis zur nächsten Mietzahlung waren es noch achtzehn Tage, als ich vom Meeting nach Hause kam. Ich machte mir darum keine Sorgen.

Am anderen Tag begann ich aufzuräumen. Wie der Bewohner eines vom Wirbelsturm zerzausten Hauses mußte ich den Krempel ordnen. Körbeweise trug ich Plunder in die Mülltonne. Jetzt nahm ich zum ersten Mal wahr, daß ich hinter der Fassade einer oberflächlichen Ordnung im Chaos gehaust hatte.

Ganze Stapel unbeantworteter Briefe. Die meisten Schreiben bezogen sich auf vorherige, die ich gar nicht geöffnet hatte, weil ich aus dem Absender automatisch auf einen unerfreulichen Inhalt schloß. Oder ich hatte sie nach Kenntnisnahme zerrissen. Das war meine einzige Möglichkeit, um die Sache zu erledigen.

Beim Ordnungmachen stellte sich aber eine noch zerissene Form des Selbstbetruges heraus. Ich hatte Briefe, mit denen ich in meinem damaligen Zustand nichts anzufangen wußten, an allen möglichen Stellen niedergelegt, um sie zu verstecken, bis ich etwas damit anzufangen wußte.

Geld versteckte ich jahrzehntelang vor mir. Im Verborgenen war es, wie ich mir zunächst einbildete, besser vor unüberlegtem Zugriff geschützt als auf der Bank. Ich hätte genausogut Schnapsflaschen verstecken könne, um mich vor ihnen oder sie vor mir zu schützen.

Mit der Alkoholikerlogik, die im Laufe der Jahre mein Leben bis in den letzten Winkel des Alltags bestimmte, sagte ich mir immer wieder, ich müsse das Geld so sicher verstecken, daß es fast unmöglich sei, es wiederzufinden. Den Weg zum Geld so schwer wie möglich zu machen, nannte ich dieses Verfahren. Daß ich Briefe deponiert hatte, erinnerte ich mich überhaupt nicht, mit dem besten Gewissen der Welt hätte ich das als eine mir wesensfremde Verrücktheit bestritten.

Zwischen Krawatten, Handschuhen und Unterwäsche fand ich, ganz ordentlich zwischen zwei Slips liegend, den Brief eines Geschäftspartners, dessen Anblick mir Schrecken einflößte. Er konnte nur eine Kündigung unserer Abmachungen enthalten, die ich in den letzten vier Wochen total vernachlässigt hatte. Es geschah aus Galgenhumor – mal sehen, wie er dich abmeldete –, daß ich den Brief doch öffnete und las.

... erfreuliche Mitteilung, daß diese versehentlich zurückgestellte Zahlung mit gleicher Post durch Überweisung erfolgt. Nächste Zahlung nach Rückkehr aus meinem Urlaub zuverlässig am ...ten in Ihren Händen. Das war in drei Tagen. Zweitausend Mark hatte der gute Mann überwiesen. Wenn das zutraf, hatte ich sie am gleichen Tag bekommen wie den Brief.

Wo war das Geld? Ich wußte nicht, daß ich es bekommen hatte, ich wußte aber, daß ich es ausgegeben hätte, wenn ich es in die Hand bekommen hätte. Es mußte in der Wohnung versteckt sein.

Die Aussicht auf zweitausend bare Mark, dank einem Wunder vom Suff verschont geblieben, ließ mich, der sonst gar nicht gerne sucht, die Wohnung auf den Kopf stellen. Zweitausend Mark, zwanzig Hunderter, konnten nicht auf Dauer verborgen bleiben. Während der Suche wurde mir bewußt, wie viele mögliche Verstecke es gab, Hunderte, sinnlos, sie alle zu überprüfen. Viel vernünftiger war es, die Wohnung von Dreck und Staub zu säubern. Die Bilder mußte ich auch mal säubern.

Bilder? Auf der Rückseite von Bildern hatte ich auch schon mal Banknoten angeheftet. Ich fand nichts. Aber es waren auch nicht alle meine Bilder da, einige, die ich nicht hängen konnte, lagen in einer Kommode. Dort fand ich die zweitausend Mark.

Nach diesem Fund hatte ich keinen Grund mehr, mein Herz an Geldsorgen zu hängen. Ich bestritt mit den zweitausend Mark die nächsten Wochen, ich zahlte mit dem Scheck, der am übernächsten Tag eintraf, pünktlich eine Steuerrate und siebenundachtzig Mark, die ich dem Notarzt für Blutdruckmessung und zehn Milliliter Valium i.V. schuldete, und diese Rechnung zahlte ich mit einem grimmigen Vergnügen.

Ich war zufrieden.

Dann kam sie.

Sie behauptete, gar nicht bemerkt zu haben, daß sie mir gefalle, sagte sie errötend, als ich ihr gestand, daß es so sei. Sie war schon längere Zeit trocken und viel weiter als ich, wie mir schien. So ruhig, ausgeglichen, zielbewußt, herzhaft im Alltag stehend, daß ich sie neidlos darum bewunderte.

Ich war hungrig. Wann hatte mich zuletzt jemand gestreichelt? Angela, vor Jahren, die mir wie Jahrhunderte erschienen. Und Angela blieb unerreichbar. Es freute Angela zu hören, daß ich nicht mehr trank. Jede Annäherung sei aber ausgeschlossen, sagte sie mir unverblümt. Ich wollte es nicht glauben.

Dann war *sie* gekommen, und ich hatte von ihr die wunderbaren Worte: »Ich liebe dich« gehört. Die Schranken fielen, ich verliebte mich himmelhochjauchzend, als wäre ich nicht fünfundfünfzig, sondern fünfzehn. Dieser Jüngling mußte erschrecken, als er zufällig bei der Geliebten Medikamente sah, die ihr Verderben sein konnten, und mußte sie besorgt zur Rede stellen. Aber der Jüngling glaubte zu gerne, daß es sich um eine vergessene Packung handle, und kam nicht auf den Zusammenhang zwischen ihrer verwirrenden Ruhe und diesen bunten Seelentröstern.

Wenn sie ihm erzählte, in welche Tiefen ihr sozialer Abstieg geführt hatte, war er erschüttert und bemühte sich zu verstehen, daß sie jetzt Tag und Nacht arbeitete, um ihre Schulden loszuwerden, sich ein behagliches Nest zu schaffen, wieder am Steuer eines Wagens zu sitzen.

Ein wenig übertrieb sie. Es war Raubbau an der Gesundheit, den sie betrieb. Als ich ihr das sagte, gab es die erste Meinungsverschiedenheit. Es kam zur ältesten Form der Versöhnung, aber der Riß blieb. Als sie sich merklich zurückzog, drängte ich mich ihr auf. Nicht mit Gefühlen, sondern mit praktischer Hilfe, die mir wertfrei erschien. Auch einer anderen Frau würde ich so helfen, machte ich mir vor. Trotzdem wieder Zwist und Versöhnung.

Dann kam der Abend, an dem ich sagte: »Du bist das Wichtigste in meinem Leben. Nichts ist mir so wichtig wie du.«

Für den nächsten Morgen waren wir verabredet, um einige Tage wegzufahren. Statt ihrer kam ein Brief mit einer glatten Absage. Sehr ehrlich. Sie könne mich nicht so lieben, wie ich sie liebte. Für sie sei es ein »Abenteuer« gewesen, aber vielleicht könnten wir doch Freunde werden.

Später, viel später, gestand sie mir, zunehmend Angst vor einer dauernden Beziehung mit mir empfunden zu haben. Sie wollte nicht mit Liebe überschüttet werden, die sie nicht erwidern konnte. An jenem Morgen wünschte sie sich nur einige Stunden Ruhe vor mir, wollte sich entspannen, nach ihren Wünschen leben.

Ich aber ertrank im Selbstmitleid. Wieder einmal waren alle Versuche, dem Alleinsein zu entfliehen, gescheitert, und das mußte mir passieren, der alles für sie getan hatte, sagte ich mir. Einen anderen wollte sie glücklich machen und mit ihm glücklich sein. Das mit mir erlebte Glück beschmutzte sie mit der verächtlichen Bezeichnung »Abenteuer« und hatte nicht einmal den Mut, es mir ins Gesicht zu sagen, sondern drückte sich feige mit einem Brief vor einer ehrlichen Aussprache.

Ich Unglücklicher, sagte ich. Was konnte ich jetzt tun? Mein Unglück für einen Tag ertragen. Dieser Gedanke kam mir nicht. Mit der Möglichkeit, diesen Tag ohne sie zu verbringen, wollte ich mich nicht beschäftigen. In meinem Tagebuch steht nämlich als letzter Satz:

»Muß ich nun wieder trinken.«

Unbewußt hatte ich das Fragezeichen weggelassen, weil es schon keine Frage mehr war.

Bis heute weiß ich nicht, wo ich den ersten Schluck trank, ob Wein, Bier oder Schnaps. Wenn jemand behaupten würde, ich hätte in diesen Stunden einen Menschen getötet, müßte ich antworten: Ich weiß es nicht.

Die Erinnerung setzte erst am nächsten Morgen wieder

ein. Die Morgensonne weckte mich in einem fremden Bett bei einem befreundeten Ehepaar. Alle schliefen, es war noch sehr früh, auch ich wollte nur eines: weiterschlafen. Das hatten meine Gastgeber, an deren Bett die Flasche selten fehlte, vorausgesehen. Mein trüber Blick erfaßte eine nahezu volle Zweiliterflasche weißen italienischen Weines, eine »Bombe«. Ich trank, soviel der Magen behielt, und war wieder weg.

Später haben die Freunde mir erzählt, ich sei am Nachmittag völlig verstört bei ihnen erschienen, äußerlich soweit in Ordnung, aber seelisch ganz durcheinander, denn ich hätte sie nur gefragt, ob genug zu trinken da sei, und mich dann über ihre Vorräte hergemacht. So hätten sie mich noch nie gesehen, obwohl wir doch schon so viele Flaschen miteinander geleert hatten. Überhaupt sei ich anders gewesen, nicht zu einer Unterhaltung zu bewegen, ja, völlig unansprechbar. Nur verrückte Selbstgespräche: Alles ist aus, ich saufe mich zu Tode, ohne sie will ich nicht mehr leben. Immerzu dieser blödsinnige Satz.

Dann hätte ich sie aufgefordert, mit mir in einer Kneipe Schnaps zu trinken. Allein wollte ich nicht, sie mußten mit, und damit mir nichts passierte, hatten sie mich begleitet.

»Dort ist es erst richtig losgegangen, aber so wild, daß der Wirt gemeint hat, derartig habe er noch nie jemand Schnaps saufen sehen. Und dann warst du plötzlich verschwunden.«

Unsicher erinnere ich mich, eine Weile mit einem Taxi herumgefahren zu sein. Klar und deutlich sehe ich mich an der Theke des Imbiß, einmal war ich bestimmt dort, und durch die nächtlichen Straßen bin ich gelaufen. Ein Imbißkumpel war mir begegnet und hatte gefragt, ob etwas mit mir sei, aber ich hatte, völlig verrückt, geantwortet:

»Laß mir meine Ruh', ich sauf' mich zu Tode!«

Die Freunde hatten aus Angst mehrere Male in meiner Wohnung nachgesehen, aber mich nicht gefunden.

Vier Tage hielt ich aus. Am letzten Morgen fand ich mich wieder in einer Kneipe. Ungewaschen, unrasiert, vor Rausch und Schlaf kaum fähig, einen Satz zu Ende zu sprechen, schüttete ich Bier und Schnaps in mich hinein bis zum Es-geht-nicht-mehr. Vom Totsaufen war jedoch nicht mehr die Rede. Noch in meiner Volltrunkenheit spürte ich, daß diese Parole schal war, weil niemand meine Drohung ernst nahm und kein Mensch widersprach oder mich am Trinken hinderte. Bei klarem Bewußtsein hatte ich diesen Vorsatz ja auch nicht gehabt. Erst als ich schon angetrunken war und meine Bekannten hören wollten, warum ich wieder trinke, hatte ich diese großspurige Erklärung losgelassen. Vielleicht, um mich zu rechtfertigen, auf jeden Fall, um von mitleidigen Seelen für diesen schweren Gang mit Alkohol versehen zu werden ...

Als ich nach einem todesähnlichen Schlaf in meinem eigenen Bett zu mir kam, war der erste Gedanke und einzige Wunsch: Aufhören, 'raus aus dem Suff!

Dann hielt ich mir unter vielen Flüchen eine Standpauke. Mit Genugtuung verspürte ich, daß sich in meinem Inneren kein Widerspruch erhob, als ich mir sagte, daß ich allein die Ursache meines Rückfalls gewesen war, ich und nur ich, nicht »sie« oder ihr schnödes Benehmen. Von dieser Verantwortung wollte ich mich nicht weglügen.

In den Meetings der Anonymen Alkoholiker hatte ich oft den Satz gehört:

»Ich weiß, daß ich keinen Garantieschein auf Nüchternheit habe.«

Das sagten Männer und Frauen mit jahrelanger Erfahrung. Jetzt wurde mir bewußt, daß ich über diesen Hinweis sorglos hinweggegangen war, solange ich meinte, das Verlangen zu trinken sei für immer weg, wenn ich es wochen- und monatelang nicht bemerkte. Damit hatte ich mich für den Rückfall programmiert. Das also hatten erfahren AA gemeint, wenn sie vom »alkoholischen Denken« sprachen. Auf mein alkoholisches Denken folgte die Flasche. Unaufhaltsam.

»Ich habe gesoffen«, sagte ich mühsam, als es mir gelang, die endlich frei gewordene Nummer eines Anonymen Alkoholikers durchzuwählen.

Streicheleinheiten waren von ihm nicht zu erwarten. Oft hatte ich ihn bei mir einen sturen Büffel genannt, wenn ich ihn in den vergangenen Monaten mit meinen Scheinproblemen behelligt hatte und er gar nicht darauf eingegangen war. Er ließ immer die Luft aus mir heraus, indem er einfach sagte:

»Mag kommen, was will, heute gibt es für mich keinen Grund zum Trinken.«

Jetzt sagte er nur: »So?«

Für eine Kopfwäsche würde ich im Moment was geben, dann müßte ich nicht weiterreden. Doch mein Freund schwieg. »Ich will mich nicht reinwaschen«, versuchte ich ihm klarzumachen, »aber ...«

»Entschuldige, wenn ich dich unterbreche«, sagte er, »ich möchte nur wissen, was du möchtest. Entschuldigen mußt du dich nicht bei mir, wenn du getrunken hast. Du brauchst auch keine Begründung. Einen Grund zum Trinken brauchst du nicht. Also, was möchtest du mir sagen?«

»Ich bin noch ganz durcheinander, ich hätte mich gerne ein bißchen besser gemacht, man probiert es halt«, sagte ich. »Ja, ich habe getrunken, mörderisch, vier Tage, bis vor ein paar Stunden.«

Einige Takte Pause. Dann vorsichtig und leise:

»Und jetzt? Willst du aufhören?«

»Ich habe aufgehört. Ich bin noch betrunken, aber ich will nicht weitertrinken.«

»Könntest du in ein Meeting gehen?«

»Noch nicht«, sagte ich, »ich bin zu schwach. Ich hau' mich gleich wieder ins Bett. Ich hau' mich gleich wieder ins Bett. Ich hab' Angst vor der Nacht.«

Mein Freund konnte nicht zu mir kommen, weil er einem anderen »Nassen« Hilfe versprochen hatte, der jetzt warten mußte, weil mein Freund lange mit mir sprach, bis er den Eindruck hatte, daß ich ruhiger geworden war.

»Ich werde versuchen, jemanden zu finden, oder brauchst du einen Arzt?«

»Ich schätze, daß ich ohne Doktor zurechtkomme. Aber wenn mich noch einer anruft, wäre es besser.«

Eine Stunde später meldete sich ein anderer AA und kündigt sein Kommen an.

»Ich hab' Angst vor der Nacht«, bekenne ich ihm.

»Mein Hausarzt gibt dir ein paar Distra.«

»Vier Stück werden ausreichen, den Rest zittere ich aus.«

So kam ich durch. Mein Hausarzt gab mir am anderen Morgen einige Beruhigungsmittel, weil ich mir fest vorgenommen hatte, am Wochenende einen wichtigen Geschäftstermin auswärts wahrzunehmen, und wenn ich auf Krücken hin mußte.

Einen Tag verbrachte ich noch im Bett. Ich lenkte mich auf jede erdenkliche Art ab, um nicht zu grübeln, und wollte am nächsten Abend ins Meeting, wie ich es mir versprochen hatte. Aber bis dahin war es noch ein ganzer, langer Tag. Für einen Spaziergang war ich noch zu schwach, sonst würde ich versuchen, mich müde zu laufen. Zu lesen hatte ich versucht – mein Hirn nahm die Sätze zwar auf, ich hatte aber Mühe, den Zusammenhang zu verstehen. In der Badewanne war das Wasser entweder zu kalt oder zu heiß. Kaffee, der mich sonst beruhigte, vertrug ich noch nicht. Musik quälte mein Ohr – was fing ich nur an, um diesen Tag durchzustehen.

Trinken werde ich nicht, heute nicht. Später kannst du trinken, sagte ich mir vor, aber jetzt läßt du das Glas stehen. Daß die Zeit so schleicht. Ich versuchte auszurechnen, wie viele Sekunden ein Tag hat. Ich schaffte es nicht, so viel Geduld brachte ich noch nicht auf. Ich war ziemlich am Ende, als der Freund, der die Distra gebracht hatte, klingelte, mich am Arm nahm und ins Auto setzte.

Wir hatten eine halbe Stunde Autofahrt. Der Volkswagen war für mich ein schlingerndes Unterseeboot in stürmischer See. Ich mußte mich am Armaturenbrett anklammern und preßte die Zähne aufeinander, weil ich fürchtete, mein zuckender Unterkiefer würde sonst herunterklappen.

Im Meeting sagte ich viel. Gleich kam ich nicht raus mit der Wahrheit, drückte mich noch herum. Aber dann konnte ich doch sagen:

»Das war ein Kurzschluß. Es ist mir zu gut gegangen. Der alte Adam. Ich hab' ihn verleugnet, auch vor mir. Ich habe wirklich geglaubt, mit dem Nicht-Trinken sei alles getan, weil ich ja sonst okay bin. Ich hab' mir was vorgemacht, weil ich die Wirklichkeit nicht sehen wollte. Der Alkohol hat mich belehrt. Ihr könnt mich auslachen, ich bin dankbar für diesen Rückfall.«

Niemand lachte mich aus.

Bei dem großen Geschäftstermin einige Tage später wurde wie üblich nach harter Arbeit bei gutem Essen und launigen Gesprächen jede Menge Alkohol angeboten. Nur beim ersten Mal fiel es mir etwas schwer zu sagen:

»Danke, heute trinke ich nichts.«

Kein Verlangen rührte sich.

Aber darauf verlasse ich mich nicht mehr. Ich habe keinen Garantieschein.

Einen Garantieschein bekomme ich auch nach tausend Meetings nicht. Eher kann ich ein Heiliger werden als ein Nicht-mehr-Alkoholiker oder Ex-Alkoholiker oder »Ehemaliger«.

Der Tiger in mir, der Alkoholiker, der ich bin, ist für manche Überraschung gut, wie ich es noch zweimal erlebte, als ich vieles im Sinn hatte, aber bestimmt nicht den Alkohol.

Einige Monate nach dem Rückfall war ich auswärts bei einem Drei-Mann-Projekt, das in drei Tagen auf die Beine gestellt werden mußte. Diesen knappen Termin hatte ich zugestanden, um den Auftrag zu bekommen. Am Morgen des dritten Tages, als der Endspurt fällig war, fielen meine beiden Mitarbeiter aus. Zwei hätten den Rest geschafft, ich allein konnte die Arbeit bis zum letzten Drücker niemals schaffen. Den Krempel hinschmeißen, war mein erster Gedanke, der nächste galt der grimmigen Rache an den beiden Pissern, die mich sitzengelassen hatten.

Wie ein feuchtes Gespinst hing die Luft über dem Städtchen, als ich nach dem Frühstück wegging, um mich auf andere Gedanken zu bringen. Ablenkung. Ich suchte sie vergebens. Am Zeitungsstand mußte ich mich über den gedruckten Unsinn in Schlagzeilen und auf den Titelblättern ärgern. Der Schah und Prinzessin Margaret. Hatten die Leute jahraus, jahrein keine anderen Sorgen und die Zeitungsmacher keine anderen Einfälle, moserte ich und ärgerte mich anschließend, daß ich mich darüber aufgeregt hatte, trotz meines festen Vorsatzes, jedem Tierchen sein Pläsierchen zu gönnen.

Im Tabakgeschäft führten sie meine Sorte nicht, die sei hier nicht gefragt – ja, rauche ich vielleicht Kamelmist oder altes Laub? Um ein Haar wäre ich in ein aus einer

Seitenstraße herausschießendes Mofa gelaufen, weil ich nicht auf den Weg achtete. Das einzige Kaffeehaus am Ort öffnete erst am Nachmittag – ja, wo sind wir denn?

Wollüstig vertiefte ich mich in mein Mißgeschick. Eine mögliche Lösung des Tagesproblems überlegte ich nicht. Ich studierte eine ganze Weile die Aufschrift auf der Tafel neben dem Eingang zu einer kleinen Wirtschaft, bis mir zum Bewußtsein kam, daß ich die Worte »Budweiser Bier« las. In Prag hatte ich immer die Wahl zwischen Budweiser und Pilsener gehabt. Die Zeit war vorbei. Der Laden hieß Die kleine Kneipe. Daß solche Pinten mal mein Geschmack gewesen waren, war fast nicht zu fassen. Ich mußte mich direkt davon überzeugen, wie mies sie war.

An der Theke stand schon einer und hielt sich mit einer Hand am Bierglas fest, während er mit der anderen geübt einen großen Schnaps kippte. Er schluckte, schüttelte sich kurz und sagte:

»Noch einen.«

Der Wirt hatte die Flasche gar nicht erst in das Regal zurückgestellt. Der Trinker war noch ziemlich jung, er trug gute Kleidung, aber er sah aus, als habe er darin geschlafen, wenn auch nur für wenige Stunden, denn seine Augenlider waren gedunsen von Schlaf, und seine Stimme war müde und rauh vom Schnaps. Aber heute hatte er jedenfalls keine Sorgen mehr. Auch gestern hatte er sich bestimmt nicht bei der Arbeit angestrengt. Gewiß war er nicht wie ich auf Leute angewiesen, die ihn hängenlassen konnten. Der Mann hatte es gut.

Während ich ihm beim Trinken zusah, formten sich in mir wirre Vorstellungen wie: Der möchte bestimmt nicht mit dir tauschen oder ähnliches. Unsinn, dem wird elend sein, wenn der Schnaps alle ist und das Geld. Ja, aber, es war zweifelhaft, ob ich für diese drei Tage Geld bekommen würde. Meine Gedanken liefen um die Wette auf ein

Aber zu. Ich trank zwar nicht mehr, aber was nützte mir das jetzt?

»Was wollen Sie«, fragte der Wirt, »wollen Sie was?«

Ich trat rasch zurück ins Tageslicht. In der kühlen, dämmerigen Kneipe war mir ganz heiß geworden, die Schwüle draußen erschien mir dagegen kühl. Was war mit mir, daß die Temperatur mich durcheinanderbrachte? Und diese Beklommenheit, der eiserne Reif um die Brust?

Laut und deutlich sagte ich zu mir: Mann, du willst ja saufen. Das war es. An meiner Unzufriedenheit über Bagatellen hatte sich die alte Lust an der Selbstzerstörung aufgegeilt. Und mit dem ersten Schluck wären die nächsten Gläser schon bestellt gewesen. Aber einen bewußten Gedanken, zu trinken, hatte ich nicht gehabt.

Ich war richtig vergnügt, daß ich mich auf einem Schleichweg zur Flasche erwischt hatte. Und das Weitere? Der Auftrag? Wie es kommt, wird es gefressen, sagte ich mir, tu' jetzt das, was du mußt, und überlaß die Entscheidung einem anderen.

Im Büro saß einer der beiden über dem Zeichenbrett.

»Ich habe meine Grippe auf morgen verschoben«, sagte er.

»Ob wir unsere Aufgabe ohne den dritten Mann schaffen?«

»Das ist mir jetzt Wurscht«, sagte ich. »Für mich ist wichtig, daß ich heute nicht saufe.«

»Okay, packen wir's!«

Wir haben es in aller Ruhe geschafft!

Nach einer sehr erfreulichen Besprechung kurz darauf in einer Chefetage, die weit über meine Erwartungen aussichtsreich geendet, nachdem sie sehr zäh begonnen hatte, stand mir eine Kaffeepause zu. Die attraktive Frau am Fensterplatz des Schickeria-Kaffees sah mich so einladend an, als müßte ich mich zu ihr setzen, aber ich mußte gar nichts. An der Bar, so daß ich die Dame im Blick behielt, trank ich nach einem Apfelkuchen einen Cappuccino und rauchte. Einige Zeit war seit dem Erlebnis in der kleinen Kneipe vergangen. Einige ähnliche Zwischenfälle hatten sich in der Zwischenzeit ereignet. Jedesmal war die Unruhe weg, wenn ich zugab, daß hinter meiner Hast, alles wegzuwerfen, und meiner Unentschlossenheit, auf die Dinge zuzugehen, der Alkohol stand.

Mit dem heutigen Tag durfte ich mehr als zufrieden sein. Vorhin die Besprechung und jetzt die Möglichkeit eines Abenteuers nach meinem Gusto. Die Dame blickte immer häufiger herüber. Sie hatte sich etwas zu trinken bestellt. Sie trank geübt. In den alten Zeiten würde sie nicht lange allein trinken. Warum konnte ich es immer noch nicht lassen, diese Einst-und-Jetzt-Überlegungen anzustellen?

Wann ging es mir endlich in meinen störrischen Grübelkopf, daß sich unter solchen aufgewärmten Erinnerungen immer dasselbe Verlangen versteckte? In diesem Fall hier sah es ein Blinder: Ich phantasierte ein Abenteuer mit einer Frau, aber ohne Alkohol ging es nicht. Wenn ich zu der Dame sage: Ich trinke nichts, wird die Fragerei losgehen.

Überhaupt nichts, keinen Tropfen, das ist aber interessant! Warum nicht? Schon so lange nicht mehr? Da können Sie doch jetzt ruhig mal eine Ausnahme machen, mir zuliebe. Warum muß ich in Dreiteufelsnahmen auch noch die taktloseste Frage nach meinem Verhältnis zum Alkohol hinnehmen?

Nein, ich bin kein Anti-Alkoholiker, meine Dame, falls Sie das vermuten sollten.

Als ich noch auf wackeligen Beinen stand, flüchtete ich manchmal in Grobheiten. Oder ich trumpfte auf: Was ich gesoffen habe, reicht für zwei Leben.

Nur auf die Leber hatte ich mich nie hinausgeredet.

In meiner Kampfzeit gegen den Alkohol hatte manche Begegnung mit diesem Fragespiel begonnen. Einer hartnäckigen Debatte über meine Abstinenz war ich nie gewachsen. Nach ein paar Sätzen sagte ich nämlich wütend: »Wetten, daß ich mehr vertrage«, und weil es jeder darauf ankommen ließ, gab es im Handumdrehen zwei Alkoholisierte.

Die Dame am Fenster sah aus, als würde sie mit Wonne auf eine Cognac-Wette eingehen – aber nicht wegen des Cognacs. Alkoholische Gedanken! Es wird besser sein, ich zahle. In diesem Augenblick erhob sich die Dame. Sie war – schwanger. Deutlicher könnte es gar nicht sichtbar sein. Und als sie an mir vorbeiging, so nahe, daß sie mich fast berührte, sah ich in ihre Augen. Nichts, keine Reaktion – sie mußte kurzsichtig sein wie ein Maulwurf. Sie hatte mich gar nicht angeblickt, wahrscheinlich hatte sie mich überhaupt nicht bemerkt. Und ich hatte mir einen ganzen Roman zusammengesponnen – ich natürlich im Mittelpunkt, wo wohl sonst?

Ich hatte es nun sehr eilig, wegzukommen.

Wenn das so einfach wäre! Plötzlich waren die Beine schwer, ich verfehlte den Türgriff, ich stolperte über die Schwelle. Das kam nicht vom Kaffee. Und gut ausgeschlafen hatte ich auch. Ich taumelte.

Jetzt einen Cognac, schoß es mir durch den Kopf. Dann wäre die Herzschwäche weg oder was es auch sein mochte. Ein großes Glas Cognac, der Gesundheit zuliebe! Das warme, wohlige Gefühl durchströmte mich. Im Mund spürte ich es voll, das Herz schlug schneller, noch schneller, die Kraftspritze erreichte im Nu den fernsten Nerv.

Das ist der Suff, Junge, sagte ich mir und stützte mich mit der Hand an einen Lichtmast. Davon hast du im Meeting gehört, das haben andere vor dir erlebt, daß der Gedanke an den Alkohol den Alkoholiker besoffen machen kann. Das ist so ähnlich wie das Flash-Back bei manchen Drogensüchtigen. Wenn Menschen an der Vorstellung, krank zu sein, sterben können, dann können Menschen auch von der Vorstellung, getrunken zu haben, betrunken werden.

Ich ging langsam weiter, holte tief Atem, hielt ihn an, solange es ging, und gab ihn ganz langsam von mir.

Vielleicht hat dieser Spuk nicht länger gedauert als eine Minute.

In den AA-Meetings habe ich inzwischen mit vielen Alkoholikerinnen und Alkoholikern, die den ehrlichen Wunsch haben, mit dem Trinken aufzuhören, die Erfahrung teilen dürfen, daß das Verlangen nach Alkohol erlischt. Kein Saufdruck mehr.

Ich gehöre nicht zu denen, die mit dem ersten AA-Meeting zu trinken aufhören konnten und keinen Anfechtungen mehr ausgesetzt waren. Dafür, daß mir ein längerer Weg vorgeschrieben war, bin ich heute dankbar.

Die Inventur

Den Rückfall nahm ich mir sehr übel. Ich ärgerte mich darüber, daß ein verletzendes Wort, das zudem gar nicht so gemeint gewesen war, nämlich die Drohung einer Freundin, mich zu verlassen, genügt hatte, mich umzuwerfen. Weil eine Erwartung sich nicht erfüllte, hatte ich mich besinnungslos besoffen. Anders hätte ich mein Selbstmitleid nicht ertragen. Wie konnte das mir passieren?

Mir, für den es gar nicht so schwer gewesen war, mit dem Trinken aufzuhören, der ich gerne und oft ins Meeting ging, der ich die Kneipen mied und auf meine Gesundheit achtete, meine Schulden abtrug und mich bemühte, ein nützliches Mitglied der menschlichen Gesellschaft zu werden. Ich konnte es mir nicht erklären.

»Ich hab' ein halbes Jahr verloren«, sagte ich verdrossen zu meinem Sponsor.

»Verloren«, meinte der Freund bedächtig, »ist vielleicht die Zeit, die du auf Entschuldigungen verwendest, anstatt auf Besinnung. Für mich ist die AA keine Nüchternheitsolympiade. Jeder braucht seine Zeit. Es kann sein, daß ich morgen trinken möchte. Das kümmert mich heute nicht. Der Rückfall war gestern. Nichts kann ihn ungeschehen machen, mit nichts kannst du ihn wegerklären. Heute kannst du nur eines tun: den ersten Schluck meiden.«

So einfach und klar war es für ihn. Aber er ist genauso verrückt und verdreht und besoffen durch sein Leben getobt wie ich.

Besinnung hatte er mir empfohlen. Sich anzuklagen, oder zu grübeln, hatte er gesagt, führe schnurstracks zur Flasche.

»Das ist eine Erfahrung, die ich aus meiner Saufzeit in die AA-Praxis hinübergerettet habe«, sagte er und grinste, »eine von vielen Erfahrungen, die ich heute nutzen darf. Also, wenn ich damals wieder einmal richtig reingerasselt war und meiner Frau nicht mehr ins Gesicht sehen konnte, da habe ich an meine Brust geklopft und mich für schuldig erklärt. Erklären konnte ich es sowieso nicht. Meine Frau wußte so wenig wie ich, daß ich krank bin. Und weil es gegen meine Schuld und gegen meine Schwäche und gegen die Wut, die ich auf mich, den Versager, hatte, nur eine Medizin gab, mußte ich wieder trinken.«

Ein Rückfall kommt nicht aus heiterem Himmel, soviel wußte ich. Er läuft nach einem Programm ab. Ich sah mir das erste trockene Halbjahr bei den AA's genau an. Es war mir unverschämt gut gegangen. Ich hatte andere Anfänger, die mir unter vier Augen sagten, daß es ihnen verdammt schwer falle, einen Tag ohne Flasche zu überstehen, für undankbare Gesellen erklärt, die das große Geschenk ihrer Befreiung vom Alkohol nicht zu schätzen wußten und einfach nicht glücklich und zufrieden sein wollten, wie ich es war.

Daß ich so rasch wieder Arbeit gefunden hatte, schrieb ich mir ebenso auf mein Erfolgskonto wie die Tatsache, daß ich das Telefon jetzt abnahm und die Briefe öffnete, anstatt sie wie früher vor meinem Blick zu verstecken.

Und das war alles so rasch gegangen.

Ein halbes Jahr zuvor hatte ich noch zugegeben, mein Leben nicht meistern zu können und jetzt saß ich schon so auf dem hohen Roß, daß nur der Rückfall mich herunterholen konnte. Ich hatte den Rückfall gebraucht.

»Fang' einfach wieder von vorne an«, empfahl mir der Sponsor. »Du bist einer von denen, die immer nach den Sternen greifen wollen. Ich habe dabei mit Sicherheit die Flasche erwischt.«

Jedenfalls waren mit diesem Rückfall eine Menge Illusionen, die ich mir über mich gemacht hatte, weggeschwemmt worden. Aber es war noch ein Stachel in mir, der mit dem Gift des Hochmutes und des falschen Stolzes bestrichen war. Er schmerzte oft. Ich lernte damit auszukommen. Dankbar war ich dafür so wenig wie für einen kranken Zahn. Irgendwo ticke ich noch falsch, dachte ich manchmal. Doch meistens überwog die Dankbarkeit. Ich war so dankbar, nicht mehr trinken zu müssen, nicht mehr jede Stunde angstvoll fragen zu müssen: Welche Überraschung kommt als nächste?

Daß ich nicht mehr trinken mußte, hielt ich nun nicht mehr für mein Verdienst. Je länger das Glas stehen blieb, desto deutlicher wurde mir bewußt, daß die Gemeinschaft mich trug und eine höhere Macht, die ich Gnade nenne, mich in diese Gemeinschaft geschickt hatte.

Die Ängste kehrten wieder. Ängste, wieder zu versagen, wieder wegen meiner Unzulänglichkeit und Anfälligkeit zur Flasche greifen zu müssen, Wenn ich daran dachte, fror es mich so, daß mir für Augenblicke die Luft wegblieb. Müssen diese Ängste sein? Was kann ich dagegen tun? Ein Freund sagte mir:

»Ein bißchen Angst will ich mir immer erhalten. So ähnlich wie das Ewige Licht in Kirchen an Gott erinnert, soll dieses bißchen Angst die Aufmerksamkeit für das erste Glas erhalten. Denn nur, wenn ich nüchtern bleibe, kann ich an mir arbeiten. Ist dir schon aufgefallen, daß die Worte Alkohol und Alkoholiker im Programm nur zweimal vorkommen? Im ersten Schritt geben wir zu, daß wir dem Alkohol gegenüber machtlos sind und unser Leben nicht mehr meistern konnten. Im zwölften Schritt sagen wir, daß wir versuchen, unsere Botschaft an Alkoholiker weiterzugeben und unser Leben nach diesen Grundsätzen auszurichten. Wenn die Abstinenz allein und ausschließlich mein Lebensinhalt sein sollte: Ich weiß nicht, wie ich damit leben könnte. Wahrscheinlich würde ich irgendwann das Handtuch schmeißen.

Als ich aufhörte zu trinken, habe ich zu leben begonnen. Um zu leben, mußte ich die Angst verlieren, die mich beherrschte, solange ich vom Alkohol regiert worden war. Als ich das Glas stehenlassen durfte, fiel eine große Portion Angst mit einem Schlag von mir. Und mit jedem Meeting lernte ich etwas dazu. Erst einmal mit der noch vorhandenen Angst zu leben, ohne zu trinken, und dann, immer mehr von dieser Angst abzugeben. Das hat manchmal weh getan. Mit den Schmerzen ist jedesmal ein Stückchen Angst von mir genommen worden. Dieses restliche Stückchen Angst ertrage ich freiwillig – ich nenne es bei mir selbst auch gar nicht Angst, sondern Sorge um die Nüchternheit.«

Er zog an seiner Zigarette und überließ mich meinen Gedanken. Mir fiel ein, daß ich immer besonders viel von mir gehalten hatte, weil ich »ohne Bremsen« durch mein Leben gefahren war und daß mich das auch jetzt noch manchmal reizte.

Er lachte: »Was glaubst du, wie weit du kommst, wenn du mit Vollgas und ohne Bremse fährst?«

»Bestimmt nicht dorthin, wo ich hin möchte«, sagte ich.

»Ich veranstalte heute keine Grübeleien mehr über die Angst«, sagte der Freund. »Ich versuche, im Programm zu leben. Wer im Programm lebt«, sagte er, »hat nichts zu fürchten.«

Diese acht Worte, sagte er, sonst nichts. Hans, so hieß er, war länger trocken als irgend ein anderer AA, den ich damals kannte. Ihm konnte ich jedes Wort glauben, denn er sagte nichts, was er nicht selbst lebte. Ich nahm die Faltkarte mit den 12 Schritten und Traditionen der AA, die ich vom ersten Meeting an bei mir trug, aus der Geldbörse und schrieb die acht Worte auf die Rückseite.

Das Kärtchen ist mit den Jahren schwärzlich geworden, die Seiten sind angerissen, ich habe es schon ein paar Mal geklebt. Die Schrift ist fast verblaßt.

Aber die acht Worte stehen unverändert.

November 1991:

Mehr als zehn Jahre sind seitdem vergangen. Nüchterne Jahre.

Das Kärtchen habe ich noch immer.

Hinweis

Wenn sie glauben, daß AA auch für Sie etwas ist, können Sie die Gemeinschaft finden.

In vielen örtlichen Telefonbüchern ist die Rufnummer der AA-Kontaktstelle unter AA oder Anonyme Alkoholiker angegeben.

Diese Kontaktstellen und freiwillige Helfer aus der Gemeinschaft beantworten gerne Ihre Fragen und sagen Ihnen, wie Sie Verbindung mit einer AA-Gruppe bekommen.

Wenn an Ihrem Ort noch keine AA-Gruppe besteht, wenden Sie sich bitte an das Gemeinsame Dienstbüro:

Anonyme Alkoholiker
Gemeinsames Dienstbüro
Postfach 46 027
Ingolstädter Straße 68 A
8000 München 45
FAX 069/3165100